제2판

사회복지조사론

임병우 · 주경희 · 이은아

창지사

머 리 말

인류 역사의 발전은 불확실성을 예측하는 것에서부터 시작하였다. 혼돈과 무질서 속에서 일련의 규칙을 찾고 원인을 규명하려는 노력은 인류 발전의 원동력이 되었다. 사회복지학의 과학적 학문으로의 출발은 복지 수혜 대상자에게 체계적이고 조직적으로 개입하려는 데에서 찾을 수 있다. 초기에는 사회사업가들의 노력에도 불구하고 인간행동과 욕구 파악에 대한 이해 부족으로 적절한 도움을 제공하는 데 많은 시행착오가 있었다. 그러나 자본주의 사회에서 빈곤 문제를 해결하고 불평등을 완화해야 한다는 커다란 패러다임은 변하지 않았다. 사회복지학이 학문으로 정착하게 된 배경에는 과학적이고 체계적인 접근 방식을 통한 사회조사의 검증도구를 도입했기 때문이다.

사회복지조사론은 사회복지 현상을 규명하는 데 있어 조사라는 과학적 검증절차 방식을 도입한 분야이다. 사회복지 실천현장에서는 재정 결핍으로 효율성 강조와 더불어 과학적 접근이 요구되면서, 효과적이고 전문적인 개입이 더욱 중요시되었다. 사회복지 현장에 종사하는 사람들은 아동, 노인, 장애인에 관한 면밀한 욕구조사를 토대로 체계적인 개입 방안을 마련하여야 한다. 최근에는 사회복지 시설을 평가할 때 과학적 결론을 도출하기 위해 사회조사 수행방법을 다양하게 시도하고 있다. 1급 사회복지사 자격시험에 사회복지조사론이 필수과목으로 선정된 것은 현장 실무자나 예비 사회복지사들이 복지 관련 시설에서 업무나 정책결정을 위해 연구조사의 지식과 기술을 갖추어야 하기 때문이다.

사회복지조사론을 가르치면서 학생들에게 항상 듣는 얘기가 "어렵다."이다. 그이유는 사회복지 현상을 규명하는 데 있어서 서양인의 생각에 근거하여 논리를 전개하고 검증하는 방식을 취하고 있기 때문이다. 본서는 사회복지조사의 토착화를 위해 조금이라도 보탬이 되고자 반드시 알아야 할 내용은 수록하되, 전문용어를 될 수 있는 대로 풀어 쓰고 충분한 예를 들어 설명하고자 하였다. 사회복지조사와 관련된 기본적인 개념은 과학적 탐구를 하기 위한 도구이다. 이러한 도구를 바탕으로 여러 조사 유형을 소개하였고, 욕구조사와 프로그램 평가를 접목하여 집필하였다.

제1부는 사회복지조사의 이해 부분으로, 일반적 지식과 과학적 지식을 구분해서 설명하였고, 과학적 지식의 구성요소를 살펴보고 이론과 사회복지조사의 관련성과 사회복지조사의 윤리적 측면과 사회복지조사의 유형과 과정을 담았다.

제2부는 사회복지조사의 설계 부분으로, 조사 설계의 개요와 유형, 표본조사의 개념과 표집 유형, 측정과 측정의 타당도와 신뢰도를 다루었다. 제3부는 사회복지조사의 적용으로, 측정도구의 작성부터 자료수집, 사회복지 욕구조사와 프로그램 평가조사, 질적 조사를 기술하였고, 보고서 및 학위논문 작성법을 기술하였다. 그리고 장마다 내용의 이해를 돕고자 사회복지사 1급 기출문제를 중심으로 연습문제를 제시하였다.

아무쪼록 본서를 통해 사회복지조사를 알고자 하는 실무자와 학생에게 조금이라도 쉽게 접근되었으면 하는 바람이다. 본서를 출간하는 데 여러 가지 도움을 아끼지 않은 창지사 김기섭 사장님과 이상대 상무님께 감사의 말을 전한다.

2021년 3월

저자 일동

차 례

P/A/R/T/ 01

사회복지조사의 이해

사회복지조사론

Research Methods for Social Welfare

CHAPTER 01

과학과 사회조사 방법

1 지 식

인간은 생활하면서 해결해야 할 다양한 현상 또는 문제에 직면하게 된다. 이러한 현상의 파악 또는 문제해결을 위하여 눈에 보이는 현상학적인 사고뿐만 아니라 논리적인 사고에 근거한 원인파악과 이에 따른 해결방안 등에 대한 지식을 필요로 한다.

지식은 개념적 정의를 시도하는 학자마다 또는 적용하고자 하는 환경에 따라 다르게 정의되고 있다. 넓은 의미의 지식의 개념은 사물 또는 현상에 관하여 인정하여 알아가는 인지와 사물 또는 현상 개개의 단편적인 경험을 통하여 분별하고 판단하여 알아가는 인식을 뜻하고, 좀 더 엄밀한 의미로 지식의 개념은 주관적뿐만 아니라 객관적으로 원리적 · 통일적으로 조직된 판단체계이다.

지식의 범위는 단순지식인 상식에서 과학적으로 검증된 과학적 지식까지 다양하다. 상식(common sense)이란 어떠한 사회에서 반복된 문화와 지식에 대하여 단순하게 경험이 사회적으로 축적되어 일반적 공통성을 띠게 된 지식을 말한다. 즉, 어떠한 사회에서 사람들이 보통 알고 있거나 알아야 하는 지식을 말한다. 때로는 어떠한 사건 또는 현상에 대한 이해력, 판단력, 사리 분별 능력을 통칭하여 사용하기도 한다. 상식의 범위 내에서 지식이 모자라면 '무식하다'는 말을 듣게 되고, 판단력 또는 분별 능력이 모자라면 '무개념'이라는 말을 듣게 된다. 예를 들어 사회복지 현장에서 인권의 개념과 중요성에 대하여 이해하지 못한다면 '무식하다'는 말을 듣게 되고 인권의 해석을 과도하게 확대 또는 축소한다면 '무개념'이라는 말을 듣게 될 것이다. 이러한 상식을 '있다' 또는 '없다'라는 기준이 나이, 종교, 문화 등에 따라 상대적이기 때문에 상식은 애매한 경우가 많으며, 짧은 시간 내에 쉽게 생성과 소멸을 경험하게 된다.

반면에 지식(knowledge)은 상식에 비하여 명확하고 확정적이라고 알려져 있으나, 지식과 상식을 명확하게 구별하는 것은 쉬운 일이 아니다. 왜냐하면, 상식이 순화(純化)되어 지식으로 발전하기도 하고, 반대로 일반적 지식 또는 고도(高度)의 과학적 지식이 상식화(常識化) 되는 경우도 있기 때문이다.

〈표 1-1〉 상식과 지식의 차이

분류 지표	상식	지식
지역성/역사성	영향 받음	영향을 적게 받음
체계성	비체계적	체계적
학술성	학문 이전 지식	학문적 지식
검증 정도	원인 근거에 대한 비판/검증 안 됨	일정의 원인 근거에 대한 비판 결과

1) 지식의 습득 방법

지식의 습득은 직접 경험에 의한 방법과 간접 경험에 의한 방법, 그리고 과학적 방법과 비과학적인 방법으로 다양한 경로를 통하여 이루어진다. 지식습득에 대한 분류는 전통에 의한 방법, 권위에 의한 방법, 그리고 직관에 의한 방법을 포함하는 비과학적인 방법과 연역적 또는 귀납적 접근에 의한 과학적 방법으로 분류하는 것이 일반적이다. 본 절에서는 비과학적 방법에 의한 지식습득에 대하여 학습하고 다음 절에서 과학적 방법에 의한 지식습득에 대하여 학습하기로 한다.

모리스 R. 코헨과 어나스트 네이글(1934)의 공동 저서『논리와 과학적 방법 개론』에서는 지식의 습득 방법을 다음과 같이 분류하였다.

(1) 직접 경험에 의한 지식습득

직접 경험에 의한 지식의 습득은 직관에 의한 방법으로 인간은 언제 어디서든지 감각을 통한 경험에 의한 지식습득을 의미한다. 즉, 인간은 개인적으로 보거나, 듣거나, 만지거나 하는 등 직접적인 경험을 통하여 나름대로의 지식을 습득하게 된다. 그러나 이러한 방법에 의한 지식의 습득은 다양한 오류에 의하여 왜곡된 지식을 습득하게 될 가능성이 크다고 할 수 있다. 대표적인 예로 직접 경험한 지식은 직관에 의하여 습득하는 지식으로 개인의 편견이 작용할 우려가 있다. 즉, 직접 경험에 의한 지식은 주관성과 상대성에서 오는 오류를 범할 가능성이 매우 크다고 할 수 있다. 그러나 이러한 직접 경험에 의한 지식의 습득은 간접적인 경험에 의한 지식습득에 앞서 이루어지는 경험적 지식습득의 활동이라고 할 수 있지만 다른 한편으로 간접 경험에 의하여 습득된 지식을 기반으로 직접 경험을 통한 지식습득을 시도하기도 한다.

(2) 간접 경험(합의적)에 의한 지식습득

어떠한 지식이든지 모두 직접 경험에 의해서만 습득되어져야 한다고는 할 수 없다. 이것은 현대사회에는 많은 문자, 기호(메시지), 언론매체 같은 수단으로 지식의 축적이 가능하고 지식은 대단히 넓은 범위 또는 분야에 걸쳐 존재하므로, 간접 경험을 통한 지식의 습득은 오늘날 매우 중요하다고 할 수 있다. 그러나 이와 같은 방법은 사건 또는 현상에 대한 인과관계(명제)의 정확성 또는 응용성이 부족하여 맹신에 빠질 위험성이 있다.

간접 경험에 의한 합의적 지식습득은 대표적으로 전통과 권위라는 두 개의 경로로 전달된다.

① 전통에 의한 지식의 습득

전통에 의한 지식의 습득은 한 시대 한 사회의 인간이 합의된 사실을 받아들이고 전달함으로써 지속적으로 습득된다. 즉, 전통에 의한 지식은 반복되거나 일정기간 축적되어 일정한 지식을 형성한 경우로 대표적인 예는 민간요법에 의한 질병의 치료 등이 있다. 전통에 의한 지식습득은 비판 없이 그대로 수용하는 경우가 많으며, 시대가 지남에 따라 과학의 발달로 변하는 경우가 있다. 학술적 측면에서 전통에 의한 지식습득의 대표적인 예로 우리가 대학에서 배우는 교재에 실려 있는 지식을 학습함으로써 습득되는 것이라고 할 수 있다.

② 권위에 의한 지식의 습득

권위에 의한 지식의 습득은 사회적으로 권위가 인정된 다양한 전문가 또는 전문조직에 의하여 형성 및 전달되는 지식으로 지식의 유용성이 권위에 의하여 결정된다. 이러한 권위는 사회적으로 인정되는 지식을 만들어 낼 수 있으며 이러한 지식은 비판 없이 받아들여지는 경향이 있다. 권위에 의한 지식은 빠른 시간 내에 많은 전문적 지식을 제공한다는 장점이 있으나 비판 없이 무조건적으로 받아들이는 것은 문제가 있다고 할 수 있다. 또한, 똑같은 현상/사건에 대하여 권위 있는 전문가들의 견해가 다를 수도 있다. 예를 들어, 최근 코로나19의 감염(전파) 경로에 대한 전문가들의 의견이 비말(침방울)이라는 견해와 공기 전파 가능성을 제기하는 등 다른 경우를 발견할 수 있다. 또한 권위에 의한 지식이 과학적 지식으로 발전한 예는 대학에서 교수의 강의를 통하여 습득되는 지식이 대표적이다.

(3) 합리성에 의한 지식습득

합리성에 의한 지식습득은 경험적 지식보다는 논리적 타당성과 같은 인간의 정신적 통찰에 의하여 습득하는 지식을 말하며, 신뢰성과 타당성이 매우 높게 인정된다. 그러나 인간의 경험적 합리성은 본시 불완전하기 때문에 종종 현실세계에서 적용되기 어려운 경우도 많다. 즉, 합리성에 의한 지식의 습득은 인간이 소유한 본질적인 이성을 근거로 논리적으로 추론하기 때문에 현실적인 경험과 무관하게 이루어지는 한계를 가지게 된다. 예를 들어, 일반적으로 'IQ(지능 지수)가 높은 학생은 학업성취도인 성적이 좋다.'라는 것을 합리적으로 생각할 수 있다. 그러나 실제 IQ가 높음에도 성적이 좋지 않은 경우를 종종 발견할 수가 있는데 이처럼 합리적인 사고가 반드시 맞지 않을 수도 있다.

(4) 믿음 · 신념에 의한 지식습득

믿음 또는 신념은 어떠한 사상, 명제 등을 적절하고 진실한 것으로 수용하는 심리적인 태도로 믿음 또는 신념에 의한 지식은 관습에 의한 인간 내면의 반응, 감정에 의하여 얻어진 지식을 의미한다. 즉, 개인이 경험하는 어떤 대상에 관한 인지, 평가, 그리고 행동 등에 대한 종합적이고 지속적인 경향을 '태도'라는 개념으로 규정하는데, 믿음 또는 신념은 그 인지적인 측면을 형성한다고 할 수 있다.

이러한 믿음 또는 신념에 의한 지식의 습득은 다소간에 서로 관련이 있고 전체로서의 체계를 이루나, 그 구조에서는 개인차가 있게 된다. 즉, 학력이 높아지거나, 나이가 많아지거나, 경험이 많아질수록 믿음 또는 신념에 의한 지식은 가치를 상실하는 경우가 발생한다. 또한, 믿음 또는 신념에 의한 지식습득은 객관적 현실을 과장하거나 왜곡 또는 일탈(逸脫)을 초래할 수 있는데, 예로써 미신, 편견, 고정관념 등을 들 수 있다.

믿음 또는 신념에 의하여 습득된 지식은 경험 또는 합리성에 의한 지식보다 오래 기억된다. 예를 들면, 어린이는 논리적인 사고를 하기 전까지 부모로부터 착한 행위를 하면 크리스마스이브에 산타클로스가 양말에 선물을 놓고 간다고 믿고 산타클로스의 존재를 받아들이게 된다. 이는 부모를 믿는 감정에서 얻어지는 지식이라고 할 수 있다.

(5) 통합적인 지식습득

① 경험과 합리성의 통합에 의한 지식습득

인간의 외면적 경험과 내면적 통찰의 결합에 의한 지식습득이나 경험적으로 우리는 '어제도 오늘도 태양은 떠오른다'는 것을 알고 있다(경험). 또한, 우리는 합리적인 사고를 통하여 '내일도 태양은 떠오르리라는 것'을 알고 있다(합리성). 그래서 우리의 경험과 합리적 사고를 통하여 '태양은 앞으로 계속 떠오르리라' 예측할 수 있다(경험+합리성).

② 경험과 신념의 통합에 의한 지식습득

경험과 신념의 기능이 함께 작용하여 지식을 습득하는 과정으로서 경험의 반복에 의하여 생성되는 신념이 지속되어 형성되는 지식이다. 경험에 의하여 진실하지 않다고 인정(경험)되는 사람의 이야기는 더 믿지 않는다(신념). 이솝 우화의 『양치기 소년』 이야기가 대표적인 예이다.

③ 합리성과 신념의 통합에 의한 지식습득

인간의 논리적 통찰에 의한 합리성과 신념이 통합되어 얻어지는 지식이다. 어떤 사건 또는 사물에 대하여 인간이 할 수 있는 경험의 한계에 의하여 논리적 통찰에 의한 합리성이 성립 및 유지되지 않을 때 전통적으로 유지되어 오는 신념에 기인되는 지식을 말한다. 대표적으로 초자연적인 신에 대한 믿음을 예로 들 수 있다.

2) 지식 습득의 오류

인간이 공유하는 같은 지식이라 할지라도 습득하는 방법과 절차 또는 습득하는 사람에 따라 다르게 받아들일 수 있다. 즉, 직접 또는 간접적인 경험에 의하여 습득되는 지식은 습득의 과정에서 다양한 요인에 의하여 오류를 범하게 될 가능성이 존재한다. 지식 습득 과정에서 일반적인 오류(Rubin, A. & Babbie, E, 1998)는 다음과 같다.

(1) 부정확한 관찰

관찰은 일반적으로 사물 또는 현상의 실태를 객관적으로 파악하기 위하여 주의 깊게 살펴보는 것을 의미한다. 인간은 일상생활을 영위하면서 자신의 관점에서 무의식적으로 관찰하여 사물 또는 현상을 발견하고 이해하기 때문에 지식 습득의 오류를 흔히 경험하게 된다. 예를 들어, 지난주에 상담한 클라이언트를 기억하고, 그 클라이언트의 머리 스타일, 신발의 종류, 바지의 색깔을 생각해 보기로 하자. 여러분이 상담에 집중하였기 때문에 의도적으로 관찰을 하지 않았다면, 무심코 관찰하였기 때문에 여러분의 관찰이 부정확하여 사실과 다르게 기억할 수도 있을 것이다.

과학적 관점에서의 관찰은 관찰 대상, 시기, 방법 등을 사전에 명확히 해두는 것이 필요한데, 이러한 점에서 무의식적 관찰과 구별된다. 즉, 과학적 관찰은 의식적으로 이루어지는 계획된 활동으로 오류를 일으키는 요인에 대한 통제가 가능하다. 좀 더 구체적으로 부정확한 관찰의 오류를 피하기 위해서는 과학적 접근인 사전계획이나 측정도구 또는 기기를 활용한 관찰을 생각해 볼 수 있다. 따라서 객관적 사실과 관찰자의 해석을 혼동하지 않도록 하는 것과 관찰의 결과를 일반화함에 있어서 충분한 자료를 얻어서 다른 관찰자와 협의를 거친 후 결정하는 일 등을 매우 중요시한다.

사회복지현장에서 부정확한 관찰의 오류를 줄이기 위한 다양한 방법들이 도입되고 있다. 예를 들면 청소년 인터넷 중독 예방프로그램 도입하기 위하여 프로그램 개발을 위한 사전조사와 기획을 통하여 프로그램 계획서를 작성함으로써 부정확한 관찰의 오류를 예방하고, 프로그램 실행 시 모니터링과 수퍼비전으로 관찰의 오류를 예방한다. 프로그램 종료 후에는 평가를 통해 부정확한 관찰을 통한 오류를 찾아내는 노력을 하고 있다.

(2) 과도한 일반화(과잉 일반화)

과도한 일반화는 소수의 경험에 의한 지식을 다수에게 확대 적용하여 일반화했을 때 오류가 발생하게 되며, 이것을 과도한 일반화 오류라고 말한다. 즉, 소수의 사례에서 얻은 한정된 경험을 가지고 그 집단이나 유사한 집단에 대하여 일반적인 사실로 받아들일 때 범하는 오류이다. 예를 들어, 사회복지현장에서 소수의 부도덕한 시설의 부조리에 의한 기사를 종종 접하게 될 때, 모든 사회복지시설이 그럴 것이라고 과도하게 일반화하는 것을 의미한다.

일반화된 지식은 객관성이 담보되며, 예측할 수 있고, 규칙적이다. 즉, 일반화된 지식의 기초는 어떠한 현상/대상에 대하여 다수의 경험이 인정되는 지식의 유사성이라고 할 수 있다. 따라서 조사를 통한 지식습득 과정에서 과도한 일반화의 오류를 피하기 위하여 조사자들은 관찰을 위한 충분한 표본의 크기를 확보하고 비슷한 도구로 반복하여 그 결과가 동일한지 관찰을 시도해야 한다. 예를 들면, 사회복지현장에서 알코올 중독 가정의 가정폭력 예방을 위한 프로그램의 개발, 실행 및 평가에서 성공적인 결과를 도출했다고 하여도 이것은 시작에 불과하다고 간주해야 한다. 왜냐하면 알코올 중독 상황에 처해 있는 또 다른 가정에 프로그램이 반복적으로 적용되고, 다문화 가정과 같은 상황에 있는 가정에도 프로그램이 적용되어 프로그램의 일반화 가능성과 한계를 동시에 발견할 수 있게 해야 한다.

(3) 선별적 관찰

어떠한 사건 또는 현상을 관찰할 때 개인 차원의 일반화된 사건 또는 현상에 초점을 두어 관찰 시도함으로써 발생하는 오류를 말한다. 앞에서 언급된 과도한 일반화는 선별적 관찰을 초래하는 원인 중의 하나이기도 하다. 특히, 사람이 어떤 사물이나 대상에 대하여 선입관을 갖고 있을 때, 특정 사건이나 상황이 발생하였을 경우 자기 생각과 일치하는 것에 주의를 기울이고, 일치하지 않는 것은 무시하는 경향을 말한다. 예를 들어 실업의 문제를 평소 일할 능력과 일할 의지를 관찰할 수 없는 사람들의 게으름이라는 편견은 일할 능력과 의사가 있는 사람들에게 선별적 관찰의 오류를 범할 수 있다. 사회복지현장에서 많은 애정을 가진 사회복지사라 할지라도 다문화 가정의 클라이언트의 언어 능력에 대하여 순간적으로 부정적인 견해를 갖게 된다면, 클라이언트의 부정적인 행동만 선별적으로 관찰하여 이들이 가진 문제해결 능력을 과소평가할 수가 있을 것이다.

과학적 조사에서 선별적 관찰의 오류를 범하지 않기 위하여 조사자는 타당한 결론을 도출할 수 있는 관찰의 수와 유형을 조사 설계 단계에서 미리 정하고 조사자들 간의 피드백 또는 상호조언을 통하여 오류를 최소화할 수 있다.

(4) 꾸며진 지식

자신이 어떤 대상에 대하여 일반화된 결론을 갖고 있을 때, 그렇게 기대하는 방향으로 행동을 하지 않을 경우 이를 부정하기 위하여 지식을 꾸며내는 경우에 생기는 오류이다. 즉, 자신의 선입견이나 과도한 일반화된 지식에 들어맞지 않는 현상을 접할 때 억지로 그 이유를 끼워 맞추는 경우이다. 자신의 고정관념과 일치하지 않을 때 그럴듯한 이유를 생각하는 것처럼, 과학적 탐구에 관여하는 과학자도 자신의 조사결과가 기대한 방식으로 나타나지 않았을 때 비과학적인 설명을 꾸며내는 오류에 빠질 수도 있다. 대표적인 예는 중국의 고려역사에 대하여 꾸며낸 지식의 개발에 의한 고구려사 왜곡을 들 수 있다. 사회복지현장에서 행동수정모델을 활용한 프로그램을 수행하였으나 그 개입이 효과적이지 않다는 결과가 나왔을 때, 담당 사회복지사가 프로그램 장소 또는 날씨 등의 이유로 참여한 클라이언트가 집중하지 못했기 때문이라고 주장하는 경우를 예로 들 수 있다.

꾸며진 지식은 환경적 요인이 아닌 조사자의 지식습득에 관한 가치관 또는 윤리적인 문제이므로 과학적 조사에서는 이러한 오류를 방지하기 위해 관찰에 대하여 객관적이고 비판적인 견해를 유지하며, 나아가 새로운 증거가 나오면 지식은 언제든 수정될 수 있다는 가능성을 열어 두는 등의 지식에 대한 개방적인 마음을 견지해야 한다.

(5) 사후 발생적(소급) 가설

가설은 일반적 사실에 대하여 의문을 조사문제로 발전시키고 조사문제를 근거로 가설을 설정하고 관찰을 통하여 가설을 검증하게 된다. 즉, 검증을 위한 가설 설정이 관찰보다 시간적 우선성을 갖게 된다. 그러나 사후 발생적 가설이란 어떤 경험이나 관찰을 하고 난 후 그에 대해 설정하는 가설을 말한다. 예를 들어, '시험을 망친 후 잠을 많이 자서 그랬을 것이다.' 또는 '친구가 놀자고 해서 그랬을 것이다.' 등 사후에 떠오르는 것을 시험과 관련지어 가정하는 것이다. 이러한 가설의 경우 이미 지나버린 사건이므로 검증할 수 없다는 한계를 가지게 된다.

일반적으로 과학적인 탐구는 사전에 가설을 설정하고 관찰을 하여 사실 규명을 하게 된다. 즉, 어떠한 사실관계에 대한 규명은 그 관계에 대한 가설의 설정과 적절한 테스트를 통하여 가설의 진위를 결정하는 것이 과학적인 방법이다. 그러나 우리는 자신이 의도한 대로 결과가 나오지 않았다고 해서 테스트 후 가설을 설정하는 경우가 종종 있다. 예를 들어, 손자녀에 대한 조부모의 아동 양육태도에 대하여 프로그램을 몇 주에 걸쳐 실시한 후 개입결과 아동 양육태도를 조사하였더니, 사전에 설정한 긍정적인 태도 변화가 나타나지 않았다. 이럴 경우 조사자가 사전에 설정한 가설을 관찰이 끝난 이후 변경한다면, 관찰에 의한 추론과정이 아닐 것이다.

사회복지현장에서 프로그램 개발(요인조사) 및 프로그램 효과성 연구를 위하여 사회복지사가 설정한 가설검증의 결과가 받아들여지지 않더라도 사후 가설을 설정 또는 변경할 필요가 없다. 왜냐하면 가설이 받아들여지지 않았다고 할지라도 그 자체로서의 의미를 가질 수 있을 뿐만 아니라, 여러 번 반복하여 실행하면 가설이 받아들여질 가능성이 있어 그 결과의 일반화가 가능하기 때문이다.

(6) 비논리적인 추론

추론이란 원인과 결과의 관계를 논리적인 근거(지식)를 동원하여 사고의 연쇄를 더듬어가는 과정이다. 비논리적인 추론은 서로 관계가 무관한 독립적인 사건 A와 B를 서로 연관시켜 추론하는 오류를 말한다. 즉, 자기 생각이나 믿음에 따라 사물을 이해하고 관찰하여 비논리적 추론에 빠지는 경우를 말한다. 과학적인 방법으로 해석하기 위하여 논리적인 체계를 사용하지 않을 경우 생기는 오류이며, 일관된 규칙이나 정형화된 패턴을 발견하려는 인간의 마음에서 비롯된 것이기는 하나 주관적 사유체계에 의존할 경우 종종 비논리적인 판단을 하게 된다.

일상적 추론에서의 비논리적 추론에 대한 좋은 예로 도박자 오류(gambler's fallacy)는 만약 좋은 운인데 나쁜 결과가 계속 있었다면, 우리는 앞으로 그 반대의 결과가 일어날 것이라고 믿는 경우이다. 예컨대 포커 게임에서 나쁜 운은 승리의 전조라고 믿음으로 더 많은 돈을 잃을 수도 있다. 혹은 주중에 계속 좋은 날씨는 주말에 확실히 비가 올 징조라고 여겨 걱정하는 경우이다. 단순한 사실은 다른 사람이 논리의 오류를 지적해 줄 때 우리가 방어적이 될 수 있다는 점이다.

사회복지현장에서 비논리적인 추론에 의한 지식 습득의 오류를 줄이기 위하여 사회복지사는 항상 논리적인 체계에 의한 접근을 시도하여야 한다. 즉, 추론을 시도할 때 논리적 추론인 연역적 추론, 귀납적 추론, 유추적 추론을 시도해야 한다.

(7) 자아 개입

자아 개입에 의한 지식습득의 오류는 지식의 습득과정에서 자신의 자아가 개입됨으로서 객관적으로 받아들여지기 어려운 경우를 말한다. 특히, 자기 생각과 상충하는 결과가 발생했을 때 자아가 부적절하게 개입하게 되어 정확한 사실 규명과 이해에 엄청난 장애를 초래하는 경우이다.

과학적 탐구에 있어서 일반화나 객관화가 담보되어야 지식으로 인정된다는 점을 고려한다면 주관적인 자아의 개입은 치명적이라고 할 수 있다. 예를 들어, 사회복지사가 평가조사(evaluation research)를 실시하였는데 프로그램의 효과를 증명하지 못했다면, 자아 개입의 유혹에 빠지게 될 수도 있다. 프로그램을 평가할 때 엄격한 방법을 적용하기보다는 명백한 결함에도 불구하고 프로그램의 가치를 입증하려고 노력하는 오류를 범하는 경우이다. 때문에 평가 조사를 수행하는 사회복지사는 가치중립적 자세와 노력이 중요하다.

(8) 탐구의 성급한 종결

어떠한 사실 또는 현상을 완벽하게 이해 또는 종결되지 않은 상태에서 결론을 도출하고 마무리하는 경우이다. 앞에서 언급된 지나친 일반화, 선별적 관찰, 꾸며낸 지식, 비논리적 추론 등은 모두 어떤 사실에 대하여 충분한 검증을 하지 않고 성급하게 결론을 맺으려 하는 오류와 관련이 깊다고 볼 수 있다.

예를 들어, 사회복지현장에서 사회복지사가 프로그램을 기획하는 데 있어 몇몇의 지역주민 인터뷰를 통해 자신이 생각한 결과가 나오자 더 이상의 조사를 하지 않은 채 종료하는 경우 성급한 종결의 오류를 범할 수 있다. 또한 사회복지기관 조직진단 조사결과가 주어지는 의미가 조사자 자신 또는 조직에 부정적인 영향 미친다는 것이 조사 중간에 발견될 경우, 신중하게 검토하지 않고 종결하는 경우가 해당된다.

인간이 지식을 탐구해 온 역사를 보면, 우리가 아는 것은 계속 변해 왔다는 것을 알 수 있다. 그래서 인간을 대상으로 하는 사회과학 연구에서는 한 현상에 대한 일정지식을 습득한 후에 더 이상 탐구하지 않아도 된다는 식의 조기 종결은 바람직하지 않다. 따라서 탐구의 성급한 종결의 오류를 범하지 않기 위하여 조사자는 조사의 결과가 시대와 장소 등의 환경에 따라 언제든지 변화될 수 있다는 개방적인 의식을 갖는 것이 매우 중요하다.

(9) 신비화

우리가 가지고 있는 지식이나 상식으로 이해하지 못하는 사실 또는 현상에 직면할 때, 이해할 수 없는 원인이 궁극적으로 실재한다고 생각하여 초자연적이거나 신비적인 것에 원인을 돌리는 행위를 말한다. 세상을 아무리 지적(知的)으로 성실하게 이해하려 해도 여전히 이해 못하는 상황과 사건이 존재하기 마련이다. 사회복지 실천현장에서 똑같은 개입을 했는데도 어떤 대상자는 효과가 있고 어떤 대상자는 효과가 없는지 아무런 이유를 찾기가 어려운 경우에 직면할 수도 있다. 이런 경우 이해할 수 없는 현상을 초자연적이거나 신비한 원인으로 돌리는 경우 신비화 오류에 빠졌다고 할 수 있다. 그러나 과학적 방법에서는 이러한 신비화를 배제하고 경험적으로 인식할 수 있는 것만을 조사 대상으로 삼는다.

2 과 학

1) 과학과 과학적 방법

과학은 어떠한 자연 현상과 인간 사회를 체계적으로 관찰하여, 그 결과를 근거로 자연현상과 인간 사회에 내재한 진리, 본질, 본성, 법칙을 객관적인 방법으로 발견 · 규명한다. 이러한 결과가 보편성을 확보하도록 하는 방법이자 이것의 결과로 이루어진 체계적인 지식이다. 즉, 과학이란 지금까지 아무도 반증(反證)을 하지 못한 확고한 경험적 사실을 근거로 한 보편성과 객관성이 인정되는 지식의 체계이어야 한다는 것이 필수 조건이다. 따라서 이러한 측면에서 신학 · 철학과 같은 학문을 과학으로 규정하는 데에는 한계가 있다. 그러나 보편성이 인정되는 형식 논리학이나 수학은 넓은 의미의 과학에 포함된다고 할 수 있다. 결국 과학이란 그 현상에 대하여 보편성을 띤 객관적인 과학적 결과뿐만 아니라 그 결과를 산출할 수 있는 과학적 방법을 의미하기도 한다.

과학적 방법이란 조사의 대상이 사회과학이든 자연과학이든 관계없이 체계적인 관찰과 논리의 구성을 통하여 객관화되고 일반화가 가능한 지식을 산출할 수 있는 방법을 의미한다. 즉, 과학적 방법의 핵심은 관찰(경험)과 논리라고 할 수 있다. 그 논리적 과정은 어떠한 현상을 설명하는 이론을 기초로 가설이 설정될 수 있으며, 이러한 가설은 관찰(경험)에 의하여 일반화되어 다시 이론으로 발전할 수 있다. 이러한 논리적 구조는 반복될 수 있으며 그 논리는 관찰에 의하여 검증받게 된다. 바꾸어 말하면, 과학적 방법은 논리와 관찰(경험)의 일치성을 검증하는 방법이다. 그러나 우리는 과학적 방법을 적용함에 있어서 구성된 논리를 기초로 하여 관찰을 할 것인지(연역법), 아니면 관찰을 통하여 논리를 구성할 것(귀납법)인지를 고민하게 된다(2장에서 자세히 다룸).

이와 같은 과학적인 방법을 사용하기 위한 전제조건을 나크마스와 나크마스(Nachmias & Nachmias, 1992)는 다음과 같이 제시하였다.

첫째, 어떠한 현상이든 그것을 일으키는 원인이 있다. 현재 우리가 경험하는 것으로 어떠한 현상에 대한 결과를 경험하게 된다. 이러한 결과를 일으킨 원인이 존재하기 때문에 인과관계에 대한 규명이 가능하다.

둘째, 어떠한 현상이든 규칙적인 질서가 있다. 어떠한 현상에 대한 인과관계는 우연에 의한 것이 아니라 일정한 구조 속에서 일정한 규칙과 질서가 존재하게 된다.

셋째, 인간은 어떠한 현상에 대하여 경험에 의하여 알 수 있다. 인간은 어떠한 현상에 대하여 논리뿐만 아니라 경험적 탐구의 능력이 있으며 이러한 탐구에 의한 결과를 비판적으로 받아들일 수 있다.

좀 더 구체적으로 사회과학의 특징을 세분화하여 요약 제시하면 연역 또는 귀납접근의 논리성, 확정적 결정이 아닌 확률적 결정론, 일반적 이해와 설명이 가능한 보편성, 체계적 표준화된 절차, 경험적 검증가능성, 선입견 또는 편견이 최소화된 객관성, 조사자의 가치관이 개입되지 않은 간주관성, 최소한의 원인으로 결과의 설명이 가능한 간결한 설명, 재생가능성 등으로 구분된다.

2) 사회과학과 자연과학

과학의 대상은 어떠한 현상이든지 관찰이 가능하면 포함된다고 할 수 있다. 그러나 미신, 공상, 허구 등과 같이 현실세계에서 관찰이 불가능한 경우 과학의 대상에 포함되지 않는다. 과학은 목적에 따라, 어떠한 현상에 관한 기초원리 또는 이론 개발을 목적으로 하는 순수과학(기초과학)과 기초원리 또는 이론을 응용하여 활용을 목적으로 하는 응용과학(실천과학)으로 분류된다. 또한 연구대상에 따라 이분법적으로 자연과 물리현상 등을 다루는 자연과학과 사회현상, 즉 인간의 행위, 제도 등을 다루는 사회과학으로 나누어진다.

사회과학에는 다시 순수사회과학과 응용사회과학으로 나누어진다. 순수사회과학에는 심리학, 사회학 등이 있으며, 응용사회과학으로는 경영학, 정치학, 사회복지학 등이 포함된다. 사회과학은 인간과 관련된 현상을 연구하는 학문분야이기 때문에 자연과학과는 달리 조사 상황을 완전하게 통제할 수 없는 한계를 극복하기 위하여 방법론을 강조하게 된다.

일반적으로 사회과학과 자연과학의 차이는 조사 대상, 접근방법, 통제 정도와 분석기법, 조사결과의 객관성 등이 언급된다. 구체적인 차이점을 제시하면 다음과 같다.

〈표 1-2〉 사회과학과 자연과학의 특징

분류 지표	사회과학	자연과학
조사 대상	사회현상	자연현상
사고 범위	인간의 행동 내에서 사고	사고의 범위 제한이 없음
접근 방법	내 · 외적 현상	외적 현상, 현상 간의 관계
현상의 규칙성	규칙적임	매우 규칙적임
사회 · 문화적 요인	사회 · 문화적 요인의 영향 받음	사회 · 문화적 요인의 영향 없음
조사자의 가치 개입	가치가 개입됨	가치가 개입 안 됨
통제 정도	어느 정도 통제 가능	완벽하게 통제 가능
분석 기법	다양함, 중요치 않음	매우 다양함, 중요함
조사결과의 객관성	객관성, 일반화의 한계	객관성, 일반화가 담보됨
결론	결론이 명확하지 않음	결론이 명확함

(1) 사회과학

① 사회과학의 개념

사회과학은 인간과 인간 사이의 관계에서 발생하는 믿음, 행동, 상호작용, 제도 등 인간과 관련된 사회현상을 합리적 추론과 분석을 기초로 설명, 예측하기 위한 사회법칙을 찾아내는 지식체계라고 할 수 있다. 즉, 사회현상과 관련된 사회적 법칙을 발견하여 인간에 대한 가치의 극대화를 실현하기 위한 학문이다. 이러한 사회과학도 자연과학과 같이 과학이라는 큰 범주에서 과학적인 인식 또는 조사방법을 활용하여 왔다. 그러나 사회과학에서의 과학적 조사방법은 자연과학에서 과학주의(scientism)로 통용되는 엄격한 조사방법과 동일하지는 않다. 사회과학에서 엄격한 과학적 방법을 적용할 수 없는 이유는 다음과 같다.

첫째, 사회과학의 조사 대상인 사회현상이나 인간의 행태는 불규칙하고 대상에 따라 상대적인 요인이 많이 존재한다.

둘째, 도덕 또는 윤리와 같은 가치문제를 측정도구를 사용하여 객관화하기 힘들다는 것이다. 그러나 사회과학이 과학으로 인정되는 근거는 과학의 본질적인 요소인 체계적으로 수립된 이론, 체계적인 자료수집, 체계적인 자료분석 방법을 사용하여 규칙을 발견하고 논리와 이론을 연결한다는 것이다.

② 사회과학의 목표

사회과학의 기본 목표는 과학의 최종 산물이라고 할 수 있는 이론의 형성과 이론의 검증에 있으며, 2차적 목표는 사회현상에 대한 이해, 설명, 예측, 통제, 그리고 일반화 등에 있다. 그러나 사회과학의 비판론자는 기본 목표와 2차 목표를 달성할 수 있는가에 의문을 제기하기도 한다. 즉, 인간의 행태에 대한 조사를 통하여 사회과학의 기본 목표와 2차 목표를 달성할 수 있는가 하는 의문이다. 왜냐하면 개개의 인간과 인간집단의 행태는 항상 일정한 질서와 규칙으로 나타나지 않기 때문이다.

본서에서는 사회과학의 2차 목표인 어떠한 현상에 대한 이해, 설명, 예측에 대하여 간략하게 진술하기로 한다.

첫째, 사회현상에 대한 이해이다. 즉, 규칙의 일반화라고 할 수 있다. 어떠한 사건과 현상 속에 존재하는 규칙은 과학을 통하여 일반화 · 객관화된다. 이러한 과정에서 과학은 객관성을 담보해야 한다. 여기서 객관성이란 유사한 현상을 유사 방법을 적용하면 유사한 결과를 경험할 수 있다는 의미이다. 어떠한 사회현상에 대한 이해는 관찰자마다 다를 수가 있지만 이해를 위한 과학적인 방법이 적용된다면 일반화와 객관화를 통하여 사회과학의 기본 목표인 이론의 형성과 검증에 접근할 수 있다.

둘째, 사회현상에 대한 설명이다. 사회과학의 목표 중의 하나는 어떠한 현상에 대한 '왜 또는 무엇 때문에'라는 의문을 설명할 수 있는 것이다. 이러한 의문 '왜 또는 무엇 때문에'는 어떠한 현상에 대한 인과관계의 검증과 분석을 통하여 설명이 가능하게 된다. 예를 들면, '경제적 불안은 외부의 경제적 지원을 초래하게 된다.'라는 일반적인 법칙에 근거하여 '한국은 경제적 불안 때문에 IMF의 지원을 경험했다.'라는 설명이 가능하다.

셋째, 사회현상에 대한 예측이다. 어떠한 사회현상의 인과관계에 대한 지식을 소유하고 있다면, 유사한 사회현상의 인과관계를 예측할 수 있다. 예를 들어, 노인의 재취업 프로그램이 성공적으로 정착되면 노인의 소득보장에 큰 도움이 된다는 것이 일반적 법칙이라면, 노인의 재취업 프로그램이 성공적이면 노인의 소비지출은 늘어날 것이라는 예측이 가능하다.

③ 사회과학의 특징

사회과학을 포함한 과학의 특징은 어떠한 사건 또는 현상에 대한 원인에 대하여 끊임없이 의심하고 의문을 제기한다는 것이다. 어떠한 원인에 대한 탐구가 사회과학에서 중요한 요소 중의 하나임은 사회현상의 원인과 결과간의 관계를 통하여 규칙을 발견하고 규명할 수 있기 때문이다. 사회과학 조사를 위해 방법론자는 사회현상의 과학적인 방법에 의한 접근의 가능성을 증명하기 위하여 여러 가지 과학적 특성을 다음과 같이 제시하고 있다.

첫째, 사회현상은 객관성을 포함한다. 자연과학과 같이 완벽한 객관성은 아니지만 사회과학은 실증적일 만큼의 객관성을 확보할 수 있다. 즉, 일정한 규칙이 있는 대다수의 사회현상은 어느 정도의 객관적인 성격을 띠게 된다. 사회현상은 일정한 규칙과 질서가 있고 이러한 규칙과 질서를 일으키는 원인이 있다고 가정하여 조사자는 인과관계에 대하여 조사하게 된다. 이렇게 어떠한 현상이 우연이 아닌 어떠한 원인에 의하여 출현하게 됨을 규명하게 되면 그 결과는 객관성을 담보하게 된다. 특히, 탐색과정에서 조사자의 편견, 가치관, 주관적인 판단이 개입되지 않아야 한다.

둘째, 사회현상의 일반화 가능성이다. 일반적인 사회현상은 시간적, 문화적, 지리적인 차이는 있을 수 있지만 어느 정도의 규칙성이 확보되며 이것의 일반화가 가능하다는 것이다. 또한, 사회현상의 전체성이라고도 표현할 수 있다. 사회과학은 일반적으로 합의된 절차와 방법에 의하여 조사가 진행된다. 따라서 동일 조사자 또는 다른 조사자가 어떠한 현상에 대하여 시간과 장소를 달리하여 조사가 진행되어도 유사한 결과의 산출이 가능하다.

셋째, 사회현상의 실증 가능성이다. 어떠한 사회현상을 증명함에 있어서 자연과학과 같이 변인을 엄격하게 통제할 수는 없지만 나름대로 실증을 통하여 꾸준히 이론을 발전시켜 왔다. 일반적인 사회현상은 가치판단에 의하여 평가되어지기 때문에 실증이 요구된다. 이렇게 실증된 가치는 어느 정도의 위계질서를 갖게 된다. 즉, 사회과학은 관찰(경험)을 근간으로 하며 철학 또는 관념과는 차이가 있다. 물론 사회과학에서도 이론 또는 논리가 핵심적인 요소이기는 하지만 이러한 것이 현실 세계에서 실증이 가능할 때 그 가치를 인정받게 된다. 인간이 관찰 또는 검증할 수 없는 사회현상은 사회과학이라고 할 수 없다.

3) 과학철학

과학철학이란 과학 또는 과학적 방법이란 무엇인가에 대하여 논하는 학문으로 16세기 영국 철학자 베이컨(Francis Bacon, 1561~1626)의 반복 경험에 의한 관찰을 강조하는 귀납주의와 17세기 일반적 사건을 전제로 특수한 사건을 검증하는 프랑스 철학자 데카르트(René Descartes, 1596~1650)의 연역주의로부터 시작되었다. 이후 논리적 실증주의, 포퍼의 반증주의, 쿤의 과학혁명주의로 이어지고 있다.

사회과학의 궁극적인 목적은 과학적 방법을 적용하여 사회현상과 관련된 과학적 지식을 정립하는 데 있다. 이러한 과학적 지식의 수용이 가능하도록 하는 것이 과학철학이다. 즉, 과학철학은 사회과학에 대한 지식의 검증과 논리적인 토대를 제공하기 때문에 과학철학은 객관성과 논리성을 기본 요소로 하고 있다. 과학철학은 1960년대 이후 활발하게 논의 및 발전되기 시작했으며, 이것은 기존의 과학적 방법과 이론에 대한 반성적 흐름으로 인식되어졌다.

사회과학에서 과학철학은 경험에 의한 지식의 객관성을 추구하는 절대론적 입장(실증-경험-반증)과 주관적 개입을 인정하는 상대론적 입장(과학혁명-인식론–상대주의) 측면에서 살펴볼 수 있다. 절대론적 입장은 표준과학의 관점인 실증주의 철학에 기초하여 관찰을 통한 지식의 객관성 확보를 추구하고, 상대론적 입장은 해석학적 관점으로 지식의 주관성이 인정되어 구조적인 측면이 강조된다.

(1) 절대론적 입장

① 논리적 실증주의(logical positivism)

논리적 실증주의는 고전적 실증주의, 경험주의, 논리학 등의 영향이 결합되어 발전한 과학철학이다. 경험적으로 검증이 가능한 명제만이 유의미하다고 주장하며 유한한 관찰만으로는 완전한 진리를 규명할 수 없다는 실증주의의 한계를 극복하기 위하여 출발하였다. 이것은 진리의 입증이 아닌 진리의 확인으로의 전환을 의미한다.

즉, 논리적 실증주의의 과학적 접근은 초월적 사고인 형이상학적인 접근을 부정하고 경험적으로 검증이 가능한 사실만을 인정한다. 그러므로 현실경험 세계에서 검증을 가능하게 하는 귀납법을 중용하게 된다. 검증된 결론을 잠정적인 것으로 인정하고 지속적인 관찰 과정을 거쳐 보편적이고 완전한 결론으로 발전시킨다. 논리적 실증주의는 경험을 바탕으로 형성된 이론을 기반으로 가설을 설정하여 추가적인 관찰이 이루어짐으로써 이론이 점차로 입증(verification)되어 간다고 보고 있다.

논리적 실증주의는 명제를 두 가지로 분류하여 단어의 뜻과 단어들 간의 논리적인 관계만을 알면 경험적 지식이 없더라도 진위판단이 가능한 '분석명제'(分析命題, analytic statement)와 단어의 뜻을 알아도 경험적 지식이 없으면 진위판단이 불가능한 '종합명제'(綜合命題, synthetic statement)로 구분하였다. 분석명제의 예로는 '모든 총각은 결혼하지 않았다'에서 총각이라는 단어 자체에 결혼하지 않은 이라는 의미가 포함되어 있기 때문에 경험하지 않아도 진위판단이 가능하다. 종합명제의 예로는 '모든 백조는 하얗다'라는 문장에서 백조가 모두 하얀지는 관찰을 통하여 경험적 지식을 쌓아야 판단할 수 있다.

1920년대 비엔나와 베를린 대학 중심으로 형성되어 형이상학적 논쟁을 대체할 과학적인 방법을 추구한 논리적 실증주의는 어떠한 사실을 경험적인 사실에 한정시키려는 경향으로 여러 가지 도전에 직면하게 된다.

첫째, 한정된 경험적인 관찰과 증명만으로 일반화에는 한계가 있다. 관찰되지 않은 사실에 대하여 간과한다는 사실이다.

둘째, 관찰을 근거로 접근하기 때문에 조사자의 주관이 개입될 수 있다. 한정된 경험적인 관찰을 통한 측정의 오류와 해석의 오류에 대하여 간과한다는 사실이다.

셋째, 관찰 결과의 해석 기준이 기존의 이론이기 때문에 경험적 범위에 한정할 수밖에 없다.

넷째, 경험을 근거로 하는 결론을 다시 경험으로 검증하는 것은 모순일 수밖에 없다.

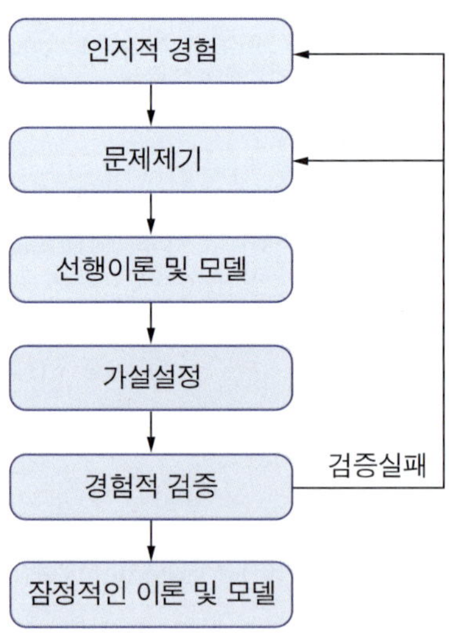

[그림 1-1] 논리적 실증주의 접근

② 논리적 경험주의(logical empiricism)

논리적 경험주의는 관찰에 의한 실증과정을 통하여 진리가 규명된다는 논리적 실증주의의 한계를 극복하기 위한 대안으로 출현하였다. 논리적 실증주의가 가장 비판을 받은 진리의 검증 가능성 부분에서 논리적 경험주의자는 진리의 검증 또는 입증이 아니라 연속적인 관찰을 통해 확률적으로 진리를 검증해가는 확인(conformation)의 과정을 강조하였다. 즉, 진행되는 관찰이 최종적인 결론에 도달하기보다는 확률론에 근거하여 확인하는 과정을 거치게 된다는 점에 다소 유연한 입장을 취하였다.

논리적 경험주의는 관찰은 단지 논리의 출발점에 불과하고 일반적인 실증은 연속적인 경험의 축적으로 진리로 발달할 수 있다고 본다. 사회현상은 관찰에서 시작하는 귀납적인 논리를 사용하여 점진적으로 확증되어 가기 때문에 통계 검증을 통하여 이론이 검증된다.

그러나 논리적 경험주의는 어떠한 사회현상에 통계적인 방법이 병행되기는 하지만 소수의 관찰로 일반화하는 데에는 한계가 있다. 관찰은 관찰자의 주관이 개입되어 오차가 발생할 수 있고, 이론에 의존할 수밖에 없는 한계가 있다.

③ 반증주의(falsificationism)

포퍼(Popper, 1961)는 귀납법을 근간으로 하는 경험주의의 한계극복을 위한 대안으로 연역법에 근거를 둔 반증주의(falsification)를 제안하였다. 포퍼는 그의 저서『과학적 발견의 논리』(*The logic of scientific discovery*)에서 과학과 비과학의 판단 기준은 반증의 가능성(falsifiability)에 있다고 주장하였다.

과학적 지식의 발전은 기존 이론에 대한 선입견을 배제하고 과학적 지식을 부정하는 데에서 출발하며 기존의 이론과 상충되는 현상을 찾아내어 이를 토대로 기존 이론을 계속 반증하는 과정을 거쳐 이루어진다고 보았다. 반증(反證)이란 어떠한 법칙이나 이론이 참이 아님을 증명하는 특수 명제를 찾아 보여 주는 작업을 말한다. 따라서 가설의 검증은 엄격한 논리적인 연역적 검증을 통한 반증에 의하여 이루어져야 한다. 즉, 과학적 지식의 발전은 기존의 이론과 상충(모순)된 현상을 관찰하는 데에서 출발하여 추측과 검증의 과정으로 진행하여 반증에 의하여 나타난 이론은 문제해결의 임시적 해결책으로 간주한다.

이러한 검증과정에서 반증에 반하여 남게 되는 과학적 지식이 채택되게 된다. 이렇게 반증을 견뎌낸 이론도 절대적인 참에 이르지는 못하며, 다만 이전의 것에 비하여 상대적으로 우월할 뿐 그 이론 역시 다음 이론에게 반증을 허락할 수 있다. 따라서 많은 과학적 이론은 그것의 진위가 검증되었기 때문이라기보다는 숱한 반증을 견뎌냈기 때문에 채택된 것들이며, 언젠가는 그것이 틀렸음을 누군가가 반증하는 데 성공하면 그 이론은 폐기되고 새로운 이론이 그 지위를 점하게 될 것이다. 이러한 과정을 되풀이함으로써 과학이 진리에 점진적으로 근접하게 되는 것이라고 포퍼는 말한다.

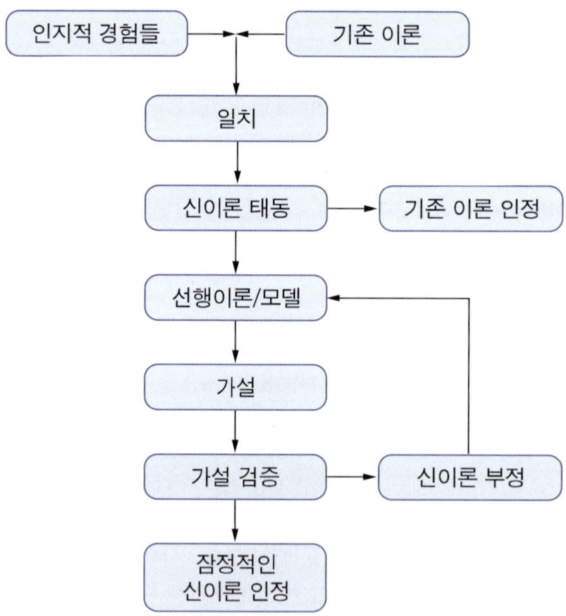

[그림 1-2] 반증과정

영가설을 기각할 수 있는가를 중심으로 진행되는 일반적인 조사 과정은 이러한 반증주의에 기반을 둔다. 흔히 과학적 조사를 수행할 때 조사자는 조사가설(A가

B에 영향을 미친다.)을 반박하는 형태의 영가설(A는 B에 영향을 미치지 않는다.)을 세우고 이 영가설을 기각할 수 있는지 없는지를 수집된 경험적 자료의 분석 결과를 기초로 판단하는 절차를 따른다. 자료를 기초로 영가설을 기각할 수 없다면 조사가설이 '반증'을 견뎌낸 것으로 보고 다음 번 반증에 직면할 때까지는 잠정적으로 유용한 이론이라고 채택한다.

다른 과학철학과 마찬가지로 반증주의 역시 여러 한계를 극복해야 하는 문제를 안고 있다.

첫째, 검증이 기존의 과학적 지식을 기반으로 하기 때문에 반증하는 것이 쉽지 않으며 기존의 과학적 지식을 임시적으로 수정하므로 반증은 더욱 어렵다.

둘째, 과학적 지식은 역사적으로 경험에 의하여 발달해 왔기 때문에 어떤 과학적 지식에 대한 기존의 지지 세력으로 인해 한 번의 반증만으로는 부정이 어렵다.

셋째, 실증을 위한 검증과정의 오류로 과학적 지식이 완전히 부정될 수 있다.

(2) 상대론적 입장

① 과학혁명론(scientific revolution)

정상과학은 기존에 형성된 패러다임(paradigm)을 기반으로 조사가 이루어짐으로써 과학이 점진적으로 발전이 이루어진다고 본다. 그러나 토마스 쿤(Tomas Kuhn)은 과학적 방법의 규정과 절차를 중요시하는 관행과 과학자 공동체의 권력관계, 그 속에 안주하려는 사고방식과 행동양식은 과학발전의 장애요인으로 작용할 위험성이 크다고 지적하면서 혁명과학을 통해 과학혁명이 일어난다고 주장하였다.

과학혁명론에서는 과학의 발전은 변칙, 무작위적인 발견 등에 의하여 새로운 패러다임이 출현한다고 보고 있다. 패러다임이란 우리가 어떠한 현상에 대한 인식을 형성하는 기본적인 구조 또는 틀을 의미한다. 구체적으로 패러다임은 동시대의 학자들이 가지고 있는 공통적인 신념체계라고 이해하면 된다. 즉, 이론, 원형, 모델이라는 의미가 함축되어 있다고 할 수 있다. 예를 들면, 뉴턴의 만유인력의 법칙 또는 진화론과 같이 동시대에 많은 학자에게 조사의 기반을 형성하여 주었으며, 패러다임이 깨지지 않는 이상 만유인력의 법칙 또는 진화론을 기반으로 많은 조사가 이루어지고 지식이 축적될 것이다.

쿤(1962)의 대표적인 저서 『과학혁명의 구조』(*The structure of scientific revolution*)에서 사회의 세계관을 구성하며 몇 개의 특정 이론으로 구성된 기존의 패러다임에 익숙해지면 새로운 인식체계를 추구할 수 없다는 반증주의자들과 견해를 같이 하지만 이러한 문제점 해결을 위한 대안으로 기존인식 체계에 대한 반증이 아닌 과학적 혁명을 주장하였다. 과학적 지식의 발전은 점진적인 축적에 의하여 이루어지는 것이 아니라 혁명과 같은 급격한 변화에 의하여 이루어지는 것으로 보고 있다. 즉, 기존의 패러다임에 치명적인 오류의 내재가 발견되어 위기에 봉착하게 되고 새로운 패러다임으로 이동하게 된다는 것이다.

따라서 쿤은 새로운 패러다임은 어느 날 갑자기 나타나지만 그 패러다임이 완전히 종전 것을 교체하는 과학혁명은 갑자기 이루어지는 것이 아니라 서서히 이루어진다고 하였다. 그리고 이러한 과학혁명은 자주 일어나는 것은 아니라고 보았다. 과학혁명은 패러다임이 완전히 새로운 것으로 바뀌는 것이기 때문에 쿤은 과학혁명을 패러다임의 전환이라고 하였다. 새로운 지식의 창출은 다음과 같은 흐름으로 파악할 수 있다고 본다. 즉, '기존 패러다임 → 위기 → 신 패러다임 → 갈등 → 수용 → 정상과학 → 위기 → 신 패러다임 → 갈등' 순으로 지식이 창출된다.

패러다임에 의한 상대론적 입장은 학문분야에서 공통적으로 받아들여지는 가치체계로 볼 수 있으나 다른 패러다임을 가진 사람은 다른 세계관을 갖기 때문에 패러다임 간의 비교가 불가능하며 여러 개의 경쟁적 패러다임이 공존하고 과학자의 신념에 의하여 과학적 지식이 선택됨을 설명하기에는 한계가 있다.

4) 사회과학과 패러다임

패러다임은 사회현상이 어떻게 구성되어 있고 어떻게 작용하고 있으며 사회현상에 대한 지식을 어떻게 획득할 수 있을 것인가에 대한 일반적 사고방식이며, 한 시대의 사회 전체가 공유하는 이론, 방법, 문제의식 등의 체계를 의미한다. 패러다임은 무엇인가에 대한 우리의 관점을 조직화하는 근본적인 도식이라는 측면에서 이데올로기와 유사하나 패러다임은 이데올로기보다 질문과 수정에서 좀 더 개방적이라고 할 수 있다.

사회과학자가 어떤 패러다임을 취하고 있는가에 따라 사회현실의 성격, 인간의 본성, 이론의 의미와 이에 대한 증거 등이 달라지고, 따라서 과학적 방법으로서의 사회과학 조사방법도 달라진다. 예를 들어 천동설이 진리로 받아들여지면 어떠한 현상은 천동설의 테두리에서 설명이 된다. 토마스 쿤은 천동설에서 지동설로 이론체계가 변화되는 과정을 과학혁명의 하나의 예로 들었다. 사회과학에서 인과관계를 설명하는 어떠한 이론이 옳고 다른 어떠한 이론이 틀리다는 것이 아니라 당시에 풍미하는 신념과 가치체계가 변화한 것이며, 문제해결 방법이 달라진다는 것이다.

사회과학과 사회복지에서 조사를 수행하는 대표적인 3대 패러다임 조사방법론에는 실증주의, 해석주의, 비판주의 등이 있다.

(1) 실증주의(positivist social science)

실증주의는 프랑스의 콩트(Auguste Comte, 1798~1857)에 의해 제창되었으며, 사회현상에 대한 과학적 접근을 가능하게 하였다. 실증주의는 흔히 경험주의라고도 부른다. 사회과학과 자연과학의 차이는 조사 대상의 차이일 뿐 방법 자체는 동일하다고 본다. 즉, 사회를 자연과 동일시하여 사회과학도 자연과학과 같은 방법으로 조사할 수 있다고 본다. 따라서 실증주의 조사 패러다임의 특징은 다음과 같다.

첫째, 조사에서는 경험적인 관찰(통제된 실험, 표준화된 척도)을 통해 이론을 검증 · 재검증하고자 하며, 구조화된 양적 방법을 고수하고, 정해진 조사 절차를 철저히 따른다. 즉, '이론 → 가설 → 관찰 → 일반화(연역적 방법)'의 절차를 따르며, 엄격한 측정과 양적 자료수집 및 통계 분석을 중요시한다. 이를 통해 사회 내의 법칙(혹은 규칙)을 찾아내고자 한다. 따라서 조사 과정에서 가치나 태도 등이 배제된 객관성을 강조한다.

둘째, 실증주의는 현상의 원인을 객관적으로 측정하고 객관적 실재가 독립적으로 존재한다고 간주한다. 그리고 보편적으로 적용가능한 분석도구가 존재한다고 보며, 현상에 대한 직접적 이해가 가능하다고 본다.

실증주의 패러다임에 의한 사회과학은 인간행동의 일반적 형태를 예측하는 데 사용할 수 있는 확률적 일반적 법칙을 발견하고 확인하기 위하여 논리적 유추와 정확한 경험적 관찰을 결합하여 인간행동을 조사하는 방법이라 할 수 있다(Neuman, 2003).

실증주의 패러다임에 속하는 것으로 기능주의 또는 구조기능주의(structural-functionalism), 합리적 선택이론(rational choice theory), 사회교환이론(social ex-change theory) 등이 있다.

(2) 해석주의(interpretive social science)

해석주의 패러다임은 막스 베버(M. Weber)와 빌헬름 딜타이(W. Dilthey)에서 그 연원을 찾을 수 있다. 딜타이는 사회현상을 이해하는 데 있어 조사 대상자 입장에서의 이해를 강조하였고, 베버는 사회과학은 인간의 행동 중에 '의미 있는 사회적 행동'(meaningful social action)에 초점을 두고 조사할 것을 강조하였다. 베버는 사회적 행동은 두 사람이 우연히 부딪히는 행동과 같은 것이 아니라 그 행동을 하는 사람이 주관적 의미를 부여하는 행동이라고 하였고, 이 의미 있는 행동만이 사회과학의 조사 대상이 된다고 하였다(최성재, 2005).

해석주의 패러다임에서는 인간의 주관적 의식을 중요시하며, 행동 깊숙이 자리잡고 있는 행위자 입장에서의 의미를 찾아내는 데 초점을 둔다. 따라서 사람들이 어떻게 사회 세계를 창조하고 유지하는가를 이해하고 해석하기 위해 자연스러운 상황 속에 있는 사람들을 직접 상세하게 관찰하여 사회적으로 의미 있는 행동을 체계적으로 분석한다. 이를 위해 참여 관찰과 현지조사 같은 질적 방법을 주로 사용한다. 해석주의는 상호 주관적으로 인식된 사회적 실재의 특성을 서술하고자 하며, 이를 통해 실증주의에 입각한 객관주의적 경험론을 극복하려고 한다. 실증주의와 달리 비조작적, 불개입적, 질적인 방법을 선호하며, 인간행동에 대한 특수한 이유를 설명하여 감정이입적 이해를 얻고자 한다.

해석주의는 실증주의와는 달리 독립적으로 존재하는 객관적인 실재란 없다고 주장하고 현상에 대한 직접적 이해는 가능하지 않으며, 그것을 경험하는 사람들을 통해서만 알 수 있다고 하였다. 또한, 보편적으로 적용가능한 분석도구란 존재하지 않으며 주로 언어를 분석 대상으로 활용하여 사람들의 삶에 대한 심층적이고 주관적인 이해를 얻고자 함으로써 조사의 주관성을 중요시한다.

해석주의 패러다임에 속하는 것으로 상징적 상호작용주의(symbolic interactionism), 해석학(hermeneutics), 구성주의(constructionism), 현상주의(phenomenology) 등이 있다.

(3) 비판주의(critical social science)

비판주의는 마르크스와 프로이트에게서 그 연원을 찾을 수 있으며, 비판주의는 실증주의에 대해서는 실제로 사람들이 의미하는 것과 사람들이 느끼고 생각하는 능력을 제대로 다루지 못하였다. 또한, 사회적 상황을 무시하고 반인간적이라 하였고 현실사회를 변화하지 않은 상태로 보는 현상유지의 자세를 취한다고 비판하였다. 해석주의에 대해서는 너무 주관적이고 상대적이며, 장기적인 맥락을 무시하고 지엽적이고 단기적인 맥락에만 초점을 두고 있으며, 비도적적이고 수동적이라고 비판하였다(최성재, 2003).

비판적 사회과학에서는 사회라는 실체를 역사적 구조 속에서 총체적으로 파악해야 한다고 보고 사람들이 스스로 현재의 조건을 변화시키고 개선된 사회를 구성해 나가도록 도와주기 위해 표면적 환상을 넘어 물질세계 속의 실제적 구조를 발견하는 데 초점을 둔다. 비판적 사회과학은 억압에 초점을 맞추며 억압받는 집단의 임파워먼트를 위해 조사 절차를 활용한다. 따라서 이론을 실천적 입장에서 바라볼 것을 강조한다. 이러한 목적을 위해서라면 양적 방법을 사용하든 질적 방법을 사용하든 상관이 없다고 본다.

비판주의 패러다임에 속하는 것은 변증법적 유물론(dialectical materialism), 계급분석(class analysis), 구조주의(structuralism), 갈등이론(conflict theory), 여성주의(feminism) 등이 있다.

〈표 1-3〉 실증주의, 해석주의, 비판주의 비교

분류지표	실증주의	해석주의	비판주의
전제	고정불변의 측정 가능한 실제세계(진실)가 인간과는 독립적으로 존재	실제와 진실이 사회적으로 구성	외부적 실제를 수용하나 객관적이라고 생각 않음. 물질세계는 개인의 삶에 영향을 미치는 역사적 상황의 구조가 중요.
문제 초점	개별적(사회복지사, 서비스 이용자)	큰 배경(상호작용)	구조적(사회)
인간 본성	이기적이고 합리적 존재	상호작용 통해 의미체계 구성하고 사회를 해석하는 존재	잠재력과 창의력을 가진 존재
조사 목적	보편적인 목적과 규칙의 발견(예측과 통제)	특정현상에서 참여자들이 구성해 내는 상황과 맥락(일상생활에 대한 경험과 의미 부여)	변화가 일어날 정치적 논쟁과 논의의 조성(사회변화)
방법	실증적 접근	전체적 질적 접근	역사적 흐름 접근
	양적 방법 중심	양적 방법 수용과 자연주의적 질적 방법(양적 조사는 이해를 위한 잠재적 자료 중의 하나)	인식론적인 측면이 강하여 조사방법과 범위에 한계가 없음
결과	객관성과 보편성 중요	역사성과 맥락이 중요	자료자체에 의미가 없고 비판적 관점에서 분석과 성찰하여 이데올로기적 왜곡의 비판 또는 발견
조사와 실천관계	조사와 실천이 구분	조사와 실천이 통합	조사와 실천이 통합

3 과학적 지식

1) 과학적 지식의 개념

과학적 지식이란 과학적인 방법으로 어떠한 현상 속에 내재한 인과관계를 규명하여 일반화시킨 지식을 의미한다. 변인에 대한 단순한 지식이 아니라 그 변인이 어떻게 서로 관계되었느냐 하는 관계형태가 경험적으로 검증된 지식이다. 우리는 이러한 것을 과학적 지식이라고 말하며, 과학적 지식의 최종 산물은 이론이라고 할 수 있다.

〈표 1-4〉 과학적 지식과 비과학적 지식의 차이

분류 지표	과학적 지식	비과학적 지식
개념/변인	명확한 개념적 정의와 조작적 정의	애매한 개념적 정의
가설	검증 가능	검증 불가능
접근태도	비판적/회의적	무비판적/수용적
관찰	경험적/분석적	직관적/전체적
측정도구	정확하고 정밀함	부정확하고 정밀하지 못함
분석	체계적이고 통계적임	비체계적이고 비통계적임
결과	신뢰성/객관성 담보됨	신뢰성/객관성 담보 안 됨

사회과학에 대한 과학적 지식은 사회현상 간의 추정된 관계에 대한 이론과 가설에 따라 추진되는 체계적이고 통제된, 경험적이며 비판적인 조사로 축적된 지식을 말한다. 좀 더 구체적으로 설명하면 다음과 같다.

첫째, 과학적 지식이 체계적이고 통제된 조사의 결과라고 하면 하나의 현상을 설명할 수 있는 많은 대안 중 가장 잘 설명할 수 있는 하나를 제외한 나머지는 모두 체계적으로 배제한 조사의 결과이다.

둘째, 과학적 지식이 경험적이고 비판적인 조사가 되기 위해서 조사자가 잠정적으로 진술한 가설이 경험적으로 검증이 가능해야 한다. 또한, 조사결과의 오류를 범하고 과장되게 일반화되기 쉽기 때문에 비판적으로 접근한 조사의 결과이다.

2) 과학적 지식의 특성

(1) 논리성

과학적 지식은 논리성을 전제로 한다. 논리성은 어떠한 현상의 원인과 결과에 대한 시간적 우선성과 공변성이 뒷받침되어야 한다.

시간적 우선성이란 원인의 변화가 결과의 변화보다 먼저 일어나야 하며, 공변성이란 원인이 변하면 결과가 변해야 함을 의미한다. 예를 들어, '경제 상황이 악화되면 신용불량자의 수가 늘어난다.'라는 진술에서 경제 상황의 악화가 신용불량자의 증가보다 시간적으로 앞서게 됨으로써 경제 상황의 악화가 원인이 되고 신용불량자의 증가가 결과임을 알 수 있다. 또한, 경제 상황의 악화 정도에 따라 신용불량자 수의 증감에 대한 변화가 일어난다면 원인이 변함에 따라 결과가 변하는 공변성 때문이라고 볼 수 있다.

(2) 재생 가능성

과학적 지식은 과학적 방법을 통해 도출되기 때문에 재생 가능성의 특징을 갖고 있다. 재생 가능성은 어떠한 현상을 같은 방법(표준화된 방법)으로 조사하여 누구나 같은 결과나 결론을 얻어낼 수 있는 가능성을 의미한다. 어느 정도 재생 가능한가에 대한 정도를 파악하기 위해 크게 입증 가능성과 산출 가능성으로 나눌 수 있다. 즉, 유사한 조사절차나 과정을 사용한 현상의 인과관계에 대한 규명을 입증 가능성이라 하며, 유사한 결과가 어느 정도 도출되었는가는 산출 가능성의 판단기준이 된다. 이것은 과학과 예술을 구분하는 근거가 되기도 한다.

재생 가능성은 조사과정과 결과의 객관성 간에 밀접한 관계가 있다. 과학적 지식은 신뢰성을 확보하기 위하여 어떠한 현상에 대해 여러 사람에 의하여 반복적으로 검증이 이루어져야 한다. 그러나 동일한 현상에 대한 조사에서도 그 현상과 관련된 개념을 측정하기 위한 개념화와 조작화의 과정이 다를 경우 다른 결과가 나타난다. 예를 들어, 노인의 부양부담을 조사할 때 한 조사자는 와상노인 부양자를 다른 조사자는 일반 노인 부양자를 대상으로 한다면 같은 주제의 조사임에도 불구하고 다른 결과를 도출할 수밖에 없다.

(3) 경험 가능성

과학적 지식은 신뢰할 수 있는 객관적인 근거를 요구하기 때문에 경험적으로 검증이 가능해야 한다. 경험적이란 어떠한 현상에 대한 직 · 간접적인 인식 및 지각을 의미하며, 경험적 검증이란 인식 또는 지각과 관련된 자료를 수집/분석하는 것을 말한다. 즉, 과학적 지식은 우리의 감각기관에 의하여 인식 또는 지각될 수 있어야 하나 감각기관을 얼마나 신뢰할 수 있는가 하는 것은 의문으로 남아 있다.

(4) 객관성

인간의 행위와 관련된 현상에 대하여 조사하는 사회과학에서 하나의 현상에 대하여 다수의 사람들이 공통적으로 인지하여 결과가 동일하게 하는 객관성의 산출은 쉬운 일이 아니다. 그러나 과학적 지식은 어떠한 현상에 대한 개별적인 결과보다는 보다 광범위하게 적용될 수 있는 객관적인 지식을 요구하게 된다. 과학에서 말하는 객관성이란 과학자 공동체에 속한 모든 사람의 동의가 아니라 그 문제에 대하여 관심을 가지고 이해할 수 있는 사람들 간의 동의를 말한다. 이를 간(間)주관성(상호 주관성)이라고도 부른다.

3) 과학적 지식의 목적

(1) 기술

과학적 지식의 일차적인 목적은 어떠한 현상에 대하여 단순한 속성이나 특성을 기술하기 위한 목적이다. 여기서 말하는 '기술'의 의미는 나타난 현상을 있는 그대로 관찰 및 서술하는 것을 말한다. 기술은 어떠한 상태를 묘사 혹은 어떠한 과정을 있는 그대로 표현하는 활동을 포함한다.

첫째, 상태의 기술은 어떠한 현상에 관계되는 변인을 찾아내어 상태를 기술하는 것을 말한다. 즉, 어떠한 변인의 값을 구체적으로 명기하는 것을 의미한다. 예를 들어, 어떠한 사람을 기술할 때, 학력은 대학 졸업, 키는 178cm, 나이는 25세 등으로 명기하는 것을 말한다.

둘째, 과정에 대한 기술은 두 개 이상의 변인의 인과관계를 명기하는 것을 말한다. 즉, 변인 간의 인과관계에 대하여 기술함으로써 그 현상을 이해하는 데 있다. 예를 들어, '복지의식은 학력이 높아질수록 높아진다.'와 같이 독립변인이 변하면 종속변인이 변한다는 식의 표현이다.

(2) 설명

나타난 현상이 일차적으로 기술이 종결되면 기술된 현상에 대한 설명이 요구된다. 예를 들어, '사회복지사의 능력이 사회복지 서비스의 질에 영향을 준다.'라고 기술이 끝나면 그 이유를 밝히게 되는데, 이것을 밝히는 것을 설명이라고 한다. 설명은 어떠한 현상이 일어나게 된 원인에 대한 진술에 초점이 맞추어지게 된다. 예를 들어, '이혼율이 증가하는가?'라는 질문을 직·간접적인 경험 또는 선행조사를 통하여 대답하려는 목적으로 구축되는 과학적 지식의 목적이다.

따라서 기술적 목적이 일반적으로 두 변인 간의 인과관계의 진술이라면 설명목적은 세 변인 이상의 인과관계에 대한 진술인 경우가 많다. 왜냐하면 설명을 하기 위해서는 많은 변인이 필요하기 때문이다.

(3) 예측

예측이란 어떠한 현상의 인과관계의 과학적인 근거로 미래에 나타날 수 있는 현상을 진술하는 가설이다. 예측은 앞에서 진술한 기술과 설명이 가능한 현상의 경우에만 가능하다. 따라서 예측이란 어떠한 현상을 대상으로 독립변인을 어떻게 변화시키면 종속변인이 어떻게 변할 것이라는 것을 과학적인 근거에 의하여 진술하는 것이다.

(4) 통제

어떠한 현상에 있어서 부정적인 면과 긍정적인 면이 부각되었을 때 부정적인 면을 통제하고 긍정적인 면을 강화하여 사회의 안정과 발전에 기여할 수 있다. 통제는 예측의 단계를 넘어서 주어진 조사문제를 해결하고 조사결과를 실용화하는 것이다. 예를 들어, 최근 급격한 이혼율의 증가 현상은 청소년 문제, 노인 문제, 빈곤 문제 등의 사회문제를 파생시킬 수 있다. 예측을 목적으로 하는 과학적 지식의 구축은 이혼을 방지할 수 있는 변인을 통제하여 이혼율을 줄일 수 있고 이혼 후 파생될 문제를 예측하여 사회적 안전망을 위한 제도를 구축할 수 있다.

이와 같이 과학적 지식의 목적은 기술과 설명, 예측, 통제를 위한 것이며 이러한 목적은 기술에서 통제까지 위계질서를 구축 및 유지하게 된다.

요 약

• **지식:** 사물에 대한 개개의 단편적인 실제적 · 경험적 인식

• **지식의 습득 방법**
① 직접 경험에 의한 지식 습득
② 간접 경험(합의적)에 의한 지식 습득(전통, 권위)
③ 합리성에 의한 지식 습득
④ 믿음/신념에 의한 지식 습득
⑤ 통합적인 지식 습득

• **지식 습득의 오류**
① 부정확한 관찰 ② 과도한 일반화 ③ 선별적 관찰 ④ 꾸며진 지식
⑤ 사후 발생적(소급) 가설 ⑥ 비논리적인 추론 ⑦ 자아 개입 ⑧ 탐구의 성급한 종결
⑨ 신비화

• **과학:** 현상에 대하여 보편성을 띤 객관적인 과학적 결과가 무엇인가뿐만 아니라 그 결과를 산출할 수 있는 과학적 방법 의미

• **과학철학의 절대론**: 경험에 의한 지식의 객관성 추구
① 논리적 실증주의: 경험을 바탕으로 형성된 이론을 기반으로 가설을 설정하여 추가적인 관찰이 이루어짐으로써 이론이 점차로 확인
② 논리적 경험주의: 연속적인 경험의 축적으로 진리로 발달
③ 반증주의: 기존의 이론과 상충된 현상을 관찰하는 데에서 출발하며 반증의 유무로 확인

• **과학철학의 상대론:** 주관적 개입을 인정하고 구조적인 측면 강조
과학혁명론: 과학적 지식의 발전은 점진적인 축적에 의해 이루어지는 것이 아니라 혁명과 같은 급격한 변화에 의하여 이루어짐

• **사회과학 패러다임**
① 실증주의: 사회를 자연과 동일시하여 사회과학도 자연과학과 같은 방법으로 연구할 수 있다.
② 해석주의: 인간의 주관적 의식을 중요시하며, 주로 언어를 분석대상으로 활용한다.
③ 비판주의: 억압된 사람들의 임파워먼트를 위해서라면 어떤 방법이든 그것이 중요한 문제는 아니다.

• **과학적 지식**
① 개념: 과학적인 방법으로 어떠한 현상 속에 내재한 인과관계를 규명하여 일반화시킨 지식
② 특성: 논리성, 재생가능성, 경험가능성, 객관성
③ 목적: 기술, 설명, 예측, 통제

CHAPTER 1 연습문제

1 지식을 습득하는 과정에서 발생하는 오류에 관한 설명으로 옳은 것은? (15회 기출)

① 부정확한 관찰은 규칙성을 전제로 이와 부합되는 특수한 사례만을 관찰하는 것이다.
② 과도한 일반화는 관찰된 소수의 사건이나 경험을 근거로 현상의 규칙성을 일반화시키는 것이다.
③ 선별적 관찰은 관찰자의 자아특성이 현상을 이해하는 데 영향을 미치는 것이다.
④ 꾸며진 지식은 의식적 활동의 부재로 현상에 대한 정확한 관찰이 이루어지지 않는 것이다.
⑤ 자아개입은 일반화된 관점을 유지하기 위해 스스로 사실이 아닌 정보를 만들어 내는 것이다.

2 과학적 방법에 과한 설명으로 옳지 않은 것은? (15회 기출)

① 잠정적이지 않은 지식을 추구한다.
② 철학이나 신념보다는 이론에 기반한다
③ 경험적인 증거에 기반하여 지식을 탐구한다.
④ 현상의 규칙성에 대한 관심이 높다.
⑤ 허위화(falsification)의 가능성에 대해 개방적이어야 한다.

3 다음 (　　)에 알맞은 것은? (10회 기출)

과학에서 (㉠)은(는) 과학자 공동체에 속한 모든 사람의 동의가 아니라 그 문제에 대하여 관심을 가지고 이해할 수 있는 사람들 간의 동의를 말한다. 즉, 일부가 자기끼리 동의한 것이라는 의미에서 (㉡)(이)라고 부른다.

	㉠	㉡
①	패러다임	외적 타당성
②	일상적 지식	내적 타당성
③	이론	결정주의
④	객관성	간(間)주관성
⑤	일반화	내적 한계

4 사회과학 패러다임에 관한 설명으로 옳은 것을 모두 고른 것은? (14회 기출)

ㄱ. 사회과학의 패러다임이 폐기되는 경우는 자연과학의 패러다임에 비해 흔하지 않다.
ㄴ. 한 시기에 여러 개의 패러다임이 공존할 수 있다.
ㄷ. 쿤은 패러다임의 변화를 점진적인 것이 아니라 혁신적인 것으로 봤다.
ㄹ. 일반적으로 패러다임의 우열을 가릴 수 있는 객관적 기준이 존재한다.

① ㄱ, ㄴ, ㄷ ② ㄱ, ㄷ ③ ㄴ, ㄹ
④ ㄹ ⑤ ㄱ, ㄴ, ㄷ, ㄹ

5 쿤(T. Kuhn)의 과학적 패러다임에 관한 설명으로 옳지 않은 것은? (16회 기출)

① 현상에 대한 우리의 관점을 조직하는 근본적인 도식을 패러다임이라 한다.
② 과학은 지식의 누적에 의해 점진적으로 진보한다고 본다.
③ 학문 공동체의 사회적 성격이 과학이론 선택에 중요한 역할을 한다.
④ 상이한 과학적 패러다임은 실재의 본질에 대한 다른 입장을 반영한다.
⑤ 기존 패러다임의 위기가 명백해지면 새로운 패러다임으로 전환된다.

정답 1. ② 2. ① 3. ④ 4 ① 5. ②

CHAPTER 02

이론과 사회복지조사

1 이 론

이론은 앞장에서 언급된 패러다임과 조사자가 어떻게 조사를 진행해야 할지에 영향을 준다는 측면에서 유사하기 때문에 구별하기가 모호한 측면이 있다. 예를 들어 특정 이론인 정신분석학 이론에 심취되어 광범위한 현상을 정신분석학 이론으로만 해석을 시도함으로써 정신분석학 패러다임으로 묘사되기도 한다. 그러나 패러다임은 삶을 바라보는 일반적인 틀이고 이론은 삶의 특정 측면을 설명하고 의미를 찾아 우리의 이해를 풍성하게 만든다는 점에서 차이가 있다. 동일한 패러다임을 추구하는 사람들이 각자 다른 이론을 또는 같은 이론을 추구할 수도 있다.

1) 이론의 개념

이론은 어떠한 현상을 설명하고 예측하기 위한 목적으로 구성된 일련의 진술을 말한다. 이론은 경험사회에서 반복적으로 실증된 하나의 추상적 구성체를 의미한다. 이러한 추상적 세계를 나타내는 이론이 조사를 통하여 현실 경험세계와 연결되게 된다. 이론은 단순한 믿음이나 철학이 아니다. 무엇이 실제로 존재하는가에 대한 설명, 즉 무엇이, 언제, 왜 존재한다는 것의 설명이 이루어져야 한다.

이론의 개념적 정의는 학자마다 매우 다양하게 진술하고 있다. 브레이스웨이트(Braithwaite)는 "이론이란 연역적 체계를 형성하고 있는 가설의 집합이다."라고 정의하고 있다. 즉, 이론의 구성요소가 가설이며 가설이 조사를 통하여 경험적으로 검증되면 이론이라고 할 수 있다. 블랙과 챔피온(Black & Champion)은 "변인 간의 인과관계를 명시하는 체계적인 명제들의 집합"이라고 주장한다. 이들 학자들의 주장을 좀 더 체계적으로 정리한 켈린저(Kerlinger)는 "이론이란 주어진 현상을 설명하고 예측할 목적으로 그 현상과 관련된 변인 간의 관계를 명시하고 그 현상을 체계적으로 인식할 수 있게 하는 개념과 정의로 구성된 명제의 집합"이라고 규정하고 있다.

이러한 이론의 개념을 좀 더 구체적으로 진술하면 다음과 같다.

첫째, 이론은 상호 관련이 있는 변인으로 이루어지고 상호 관련성을 명백히 하는 일련의 구성체이다. 즉, 이론은 명백한 상호 관련성이 있는 변인에 의하여 기술되어지는 현상에 대한 체계적인 관점이다. 예를 들어, 자기행동의 결점을 인지하였을 때 그것을 극복하기 위하여 노력함으로써 행동의 변화를 초래할 수 있다는 자아심리이론에서는 '자기 행동의 결점인지', '극복을 위한 노력', '행동의 변화'가 주요 변인이 될 수 있다.

둘째, 이론은 추상적인 서술이다. 이론은 어떠한 현상을 구체화시켜 일반화한 서술형태이기 때문에 추상성이 높을수록 보다 폭넓은 범위에 적용될 수 있다.

셋째, 변인 간의 관련성 정도와 어떻게 관련되었는가가 체계화되어 현상을 구체적으로 설명하고 예측이 가능하게 한다. 이론의 생명력은 반드시 어떠한 현상을 설명하는 것뿐만 아니라 예측할 수 있는 정도에 의하여 결정된다. 예를 들어, 노인종합사회복지관에서 제공되는 프로그램에 참여하는 노인의 중단(중도포기)을 설명하는 이론이 있다고 하자. 중단(중도포기)의 원인에 대한 변인으로 성취동기, 동료관계, 가족지원, 프로그램 흥미 등이 있다면 이 네 개의 변인과 중단(중도포기) 간의 구체화된 관계 또는 네 개 변인의 조합으로 설명된다. 조사자는 일련의 변인을 사용하여 중단(중도포기)의 현상에 대하여 탐구와 설명, 예측이 가능해진다.

2) 이론의 역할

과학적 지식의 최종산물인 이론은 경험과 논리가 일치하는 것으로 검증된 높은 수준의 지식이다. 즉, 이론은 추상성이 높음에도 불구하고 현실 세계에 가장 잘 부합되는 논리적인 구성체이다. 때문에 이론은 지식의 축적과 전수뿐만 아니라 복잡한 현상을 단순화하고 체계화하는 다양한 역할을 수행한다. 구체적인 이론의 역할은 다음과 같다.

첫째, 이론은 과학적 조사의 토대가 된다고 할 수 있다. 조사의 범위를 한정하고 방향을 제시한다. 조사자는 이론을 통하여 조사하고자 하는 현상이나 사건에 대한 분석의 근거가 되는 요인과 요인을 조합한 유형을 제시한다. 또한, 조사자는 이론을 통하여 요인의 관계 또는 유형의 특징을 인식하게 되고, 이를 통하여 조사의 새로운 사실을 예측하게 하여 가설을 세울 수 있게 한다. 이론은 가설의 설정뿐만 아니라 가설을 검증하는 데 사용하는 절차, 즉 표본추출, 자료수집, 자료분석 등의 방법에 직·간접적인 영향을 주게 된다.

둘째, 이론은 조사하려는 현상에 대한 개념적 준거 틀을 제공한다. 이론은 조사하고자 하는 현상 또는 사건에 대한 주요 개념의 도출이 가능하게 하며, 이들 개념 간의 관계를 설명이 가능하게 한다. 따라서 이론은 조사자에게 조사하고자 하는 현상 또는 사건과 관련된 개념의 관련 정도를 제시하여 조사에 포함될 개념과 포함되지 않을 개념을 구분하게 하는 준거 틀을 제공한다.

셋째, 이론은 조사의 결과를 판단하는 근거를 제시한다. 이론은 과학적 지식을 간단명료하게 표현해 주고 불확실한 가설에 대한 판단 근거가 된다. 조사자는 이러저러한 한계로 어떠한 현상에 대하여 여러 번의 반복적 조사가 불가능한 경우가 대부분이다.

그러나 다수의 학자와 반복적인 조사에 의하여 구축된 이론은 한 조사자에 의하여 이루어진 단편적인 조사의 결과를 판단할 수 있게 한다.

이러한 역할을 수행하기 위하여 이론이 갖추어야 할 조건은 다음과 같다.

첫째, 현상 또는 사건의 본질에 대한 해답을 제공할 수 있어야 한다.

둘째, 사회현상과 인간의 행태를 설명 가능하고 적용될 수 있어야 한다.

셋째, 간결하고 분명히 정의된 개념으로 이론이 구성되어야 한다.

넷째, 이론은 수정 가능하고 진위의 판단이 가능해야 한다.

다섯째, 이론은 정책적인 지침과 함의를 많이 제공할 수 있어 현실화가 가능해야 한다.

3) 이론의 구성요소

이론의 구성요소는 가설-변수-개념(속성)의 위계로 설명되곤 한다. 왜냐하면 이론의 구성요소가 가설이고, 가설의 구성요소는 변수이며, 변수의 구성요소는 개념이고, 개념의 구성요소가 속성이라고 할 수 있기 때문이다.

이론은 사건 또는 현상을 이해하고 설명이 가능하도록 만든 인과관계 진술의 집합체라고 할 수 있다. 이러한 사건 또는 현상을 설명하려는 잠정적이고 검증이 가능한 진술이 가설이다. 가설은 두 변수 간의 관계를 통하여 변수를 예측한다. 즉, 두 변수 간의 관계에서 독립변수가 변하면 종속변수가 변할 것이라는 것을 예측한다. 변수는 개념의 변형으로 측정이 가능한 개념이라고 할 수 있고, 때로는 개념을 속성과 동일시하는 경우도 있다. 일반적으로 개념은 어떠한 사건 또는 현상에 대한 추상적 이미지인 속성들의 구성체이기 때문에 측정이 불가능하여 측정이 가능하도록 변수로 변형하여 조사에 활용한다. 좀 더 구체적인 이론의 구성요소는 다음과 같다.

(1) 속성

속성이란 어떤 개체, 사건, 현상의 성질을 세분화하여 묘사한 것이라고 정의한다. 즉, 하나하나의 개체, 사건, 현상에 대한 정보가 유지되며, 이들 개체가 갖는 관심의 대상이 되는 또는 공통적으로 갖는 성질을 일컫는다. 예를 들어, 사과(개념)는 '빨갛다'는 속성을 가지고 있고, 소방차(개념)도 '빨갛다'는 속성을 가지고 있다. 때문에 사과와 소방차는 '빨갛다'는 점에서 속성이 같다고 할 수 있다.

(2) 개념

인간은 어떠한 사건 또는 현상에 대한 속성의 인지를 통합하여 추상적으로 형상화하게 된다. 즉, 경험세계에서 인간은 특정의 사건 또는 현상을 관찰과 묘사를 통하여 좀 더 체계적으로 설명하고 예측하게 된다. 이러한 과정에서 관찰 · 묘사된 현상과 실체에 대하여 공통된 관념 또는 생각을 공유하게 되는데 이것을 개념이라고 한다. 예를 들어, 참나무, 사과나무, 소나무 등의 구체적으로 공통된 속성을 하나로 묶어서 '나무'라는 추상적인 언어로 표기하게 된다.

개념이란 경험적으로 인지할 수 있는 어떤 대상이나 현상에 대한 공통적인 특성을 일반화하기 위하여 약속된 언어로 추상적으로 표현하는 것이라고 할 수 있다. 예를 들어, 지능은 하나의 개념인데 학습을 수행함에 있어서 이해 또는 논리적인 사고력과 관련된 인간의 지적 능력을 관찰하여 하나의 단어로 표현해 놓은 것이다. 사회복지 분야에서 접하게 되는 일반적인 개념의 예는 사회복지, 노인복지, 사회적 지위, 수입, 역할, 사회문제, 인간행동 등 다양하다.

개념의 기능이 적절하게 작용되기 위하여 다음과 같은 구성요건을 갖추어야 할 필요성이 있다.

첫째, 개념을 표현하는 용어, 언어, 기호, 상징이 일반적 합의를 도출하기 위하여 적절하고 정확한 통일성과 일관성이 유지되어야 한다. 어떠한 현상 또는 실체를 나타내는 개념은 통일성과 일관성이 유지되어 누구에게나 동일한 의미로 사용되어야 한다.

예를 들어, 공동체라는 용어를 보고 동네 마을을 상기하는 사람이 있는가 하면 혹자는 EU 공동체를 연상한다면 의사소통에 문제가 될 것이다.

둘째, 개념의 표현은 영역/대상에 대한 시 · 공간 범위의 명확한 규정을 통하여 추상성을 줄여야 한다. 개념이 추상적일수록 인지, 판단, 의사소통 기능이 발휘될 수 없기 때문이다. 즉, 추상성이 낮아지면 낮아질수록 보다 구체적이고 현실성이 확보되어 인지 또는 측정이 쉬워지게 된다. 예를 들어, 공동체라는 개념에 어떤 사람은 경제적 의미를, 어떤 사람은 연대감의 의미가 담길 것이냐에 대한 의견이 다를 수 있다.

셋째, 지식으로서의 개념은 경험/관찰할 수 있는 명확한 대상이어야 한다.

(3) 명제

명제는 일반적으로 두 가지 이상의 개념이 연결된 의미 있는 진술을 의미하고, 논리적 상호 관계를 바탕으로 결론이 도출된 개념 간의 관계를 말한다. 명제는 '만약 A이면 반드시 B이다.'라든지 'A는 B이다.'와 같이 단정적인 관계를 일컫는다.

때문에 명제는 반드시 참 또는 거짓이라는 두 가지 형태로 표현되어져야 한다. 예를 들어, 'H2O는 물이다.' 또는 '만약에 극약을 치사량 이상을 먹으면 사람은 반드시 죽는다.'와 같이 단순하게 명제는 검증된 가설이라고 할 수 있다.

명제의 진위 판정을 위한 접근방법은 세 가지가 있다.

첫째, 논리적인 접근(logical approach)이다. 명제를 구성하는 개념의 논리적인 관계를 분석하여 진위를 판별하게 된다.

둘째, 경험적 접근이다. 주어진 명제에 나타난 변인의 관찰을 통하여 변인 간의관계 규명을 통하여 진위를 판별한다.

셋째, 앞에 언급한 두 가지 방법을 적용하여 진위를 판별하는 방법이다. 즉, 논리적인 방법을 사용하고 검증하며 경험적인 방법을 사용하여 확인하는 접근이다.

이러한 방법을 통하여 참으로 판명된 명제는 이론 또는 이론의 구성요소로 간주될 수 있다.

명제는 여러 가지의 형태가 있는데, 가설(hypothesis), 공리(axiom), 법칙(theorem) 등이 있다.

첫째, 가설은 어떠한 현상을 설명하거나 어떠한 이론을 구체적으로 증명하기 위하여 사용되는 아직 증명되지 않은 이론이라고 할 수 있다. 좀 더 구체적으로 가설은 이론의 어떠한 현상을 예측하거나 내용을 검증하기 위하여 이론으로부터 도출된 관찰이 가능한 두 개 이상의 변인 간의 관계에 대한 잠정적인 결론의 진술이다. 가설에 대한 구체적인 내용은 본서 4장에서 학습하게 된다.

둘째, 공리는 변인 간의 관계에 대한 검증 없이 참으로 인정되는 것을 말한다. 다른 말로 표현하면 직접적으로 검증이 불가능하며 검증할 필요가 없다. 왜냐하면 검증 없이 자명한 진리로 인정되며 다른 명제를 증명하는 데 전제가 되는 원리이기 때문이다.

예를 들어, 공리는 '시간은 금이다.'와 같이 진리로 인정되는 사실이며, 공리로 인정되면 명제보다 높은 경험적 근거를 갖게 된다.

셋째, 법칙은 둘 이상의 변인 간에 관련이 되어 있고 일반화가 가능한 보편적인 진술을 의미한다. 다시 말해, 법칙은 일정 사실을 일반화한 것이다. 때문에 모든 법칙이 이론은 될 수 없으나 일반적인 법칙은 이론 또는 이론의 구성요소가 될 수 있다. 법칙은 명제의 일종이지만 어떠한 사실/현상과 관련된 변인 간의 관계가 일정한 규칙성을 포함하고 있다는 진술이라는 점이 다르다. 법칙은 공리보다 강력한 경험적 근거를 갖게 되어 보다 강력한 객관성을 갖게 된다. 대표적인 예로 뉴턴의 운동의 법칙, 중력의 법칙, 질량보존의 법칙 등이 있다.

4) 이론형성을 위한 접근

(1) 연역적 논리체계

연역적 논리란 일반적인 사실(이론)의 논리적 추론에서 특수한 사실(관찰)에 대한 결론을 추론하는 방법이다. 즉, 전체에 대한 사실을 통하여 특수한 부분에 대한 사실을 추론하는 실증주의 체계이다. 연역적 논리는 일반적 사실에 대한 설명(과학적 지식), 그 사실의 조작화와 관찰 경험을 통하는 세 번의 추론 과정을 거치게 되어 삼단논법이라 칭하게 된다. 예를 들면 다음과 같다.

☞ 논리, 이론, 일반화된 설명 … 모든 사람은 죽는다.
☞ 조작화: 소크라테스는 사람이다.
☞ 관찰 경험: 소크라테스는 죽는다.

☞ 대전제(논리, 이론, 일반화된 설명): 모유가 나오고 새끼에게 모유를 먹이는 동물은 포유류다.
☞ 소전제(조작화): 사람도 모유를 먹이는 동물이다.
☞ 결론(관찰 경험): 그러므로 사람은 동물이다.

위의 예에서 볼 수 있듯이 연역적 논리체계는 기존의 과학적 지식을 통하여 경험이 가능한 가설을 설정하여 실증적으로 검증하게 된다. 설정된 가설이 기존의 과학적 지식과 일치하게 될 때 하나의 과학적 지식으로 발전하게 된다. 즉, '과학적 지식 → 가설 → 관찰/경험 → 과학적 지식(가설채택)'의 과정을 거치게 된다.

위의 내용들을 요약하면, 연역적 방법은 과학적 지식의 최종산물인 기존의 이론을 기반으로 하여 변인 간의 관계의 논리적 추론을 통하여 가설을 설정한다. 설정된 가설이 현실세계에서 어떻게 나타나는지 경험적으로 관찰한다. 설정된 가설이 경험적 관찰과 일치하면 그 이론은 간접적으로 검증되는 것이다. 그러나 설정된 가설이 경험세계와 일치하지 않으면 가설의 근간이 된 이론은 수정이 되거나 재검정 과정을 거치게 된다. 때문에 이론은 연역적 방법에 의하여 개발되거나 수정된다고 할 수 있다.

연역법적 논리체계의 한계는 구성의 오류(fallacy of composition)를 들 수 있다. 앞에서 언급된 삼단논법은 대전제, 소전제, 결론이 참이라고 간주하게 되지만 그렇지 않은 경우가 있을 수 있다.

첫째, 대전제가 오류이면 결론이 오류일 수 있다.

☞ 대전제(논리, 이론, 일반화된 설명): 네 발을 가졌으면 포유류다.
☞ 소전제(조작화): 의자는 네 발이다.
☞ 결론(관찰 경험): 그러므로 의자는 포유류다.

둘째, 소전제가 오류 이므로 결론이 오류일 수도 있다는 것이다.

☞ 대전제(논리, 이론, 일반화된 설명): 모유가 나오고 새끼에게 모유를 먹이는 동물은 포유류다.
☞ 소전제(조작화): 닭은 병아리에게 모유를 먹인다.
☞ 결론(관찰 경험): 그러므로 닭은 동물이다.

셋째, 대전제와 소전제가 참일지라도 결론이 오류일 수도 있다는 것이다.

☞ 대전제(논리, 이론, 일반화된 설명): 모유가 나오고 새끼에게 모유를 먹이는 동물은 포유류다.
☞ 소전제(조작화): 병아리는 우유를 먹을 수 있다.
☞ 결론(관찰 경험): 그러므로 병아리는 포유류다.

(2) 귀납적 논리체계

귀납적 논리체계는 특수한 사실에서 일반적 사실로 접근하는 과학적 추론방법이다. 즉, 경험적 사실에서 일반적인 공통적 사실을 발견하고 그 사실을 과학적 방법으로 증명함으로써 과학적 지식으로 구축하는 논리적 추론과정이다. 구체적인 사실들을 관찰하여 일반화된 논리를 개발하는 방법이다. 예를 들어, 관심이 되는 어떠한 현상에 대한 이론이 존재하지 않을 경우 변인 간의 관계를 통한 어떠한 논리도 도입할 수 없다. 이때 유사한 현상의 반복되는 관찰을 통하여 공통된 특성이 도출되고 이것은 이론으로 발전할 수 있게 되는 귀납법을 채택하게 된다. 예를 들면 다음과 같다.

☞ 관찰 … A도 죽는다.
☞ 관찰 … B도 죽는다.
☞ 관찰 … 소크라테스도 죽는다.
☞ 이론 … 모든 사람은 죽는다.

어떠한 사실에 관한 일반화는 유사한 사실에 대한 반복적인 관찰을 통하여 공통적인 특성 또는 유형을 발견하고 검증과정을 거쳐 일반화하는 과정이다. 즉, '사실의 관찰 → 관찰 → 공통적 특성 또는 유형 발견 → 일반화' 과정을 거치게 된다.

귀납적 논리체계의 한계는 부분과 전체의 관계에 대한 성급한 해석의 오류, 관찰자체의 오류, 인과관계 해석의 오류, 잘못된 유추의 오류, 단순열거의 오류 등으로 분류되나, 대표적인 한계로 인과관계의 오류(post hoc fallacy)를 들 수 있다.

이것은 상관관계를 인과관계로 해석한다든지 인과관계를 거꾸로 해석하는 오류를 말하다.

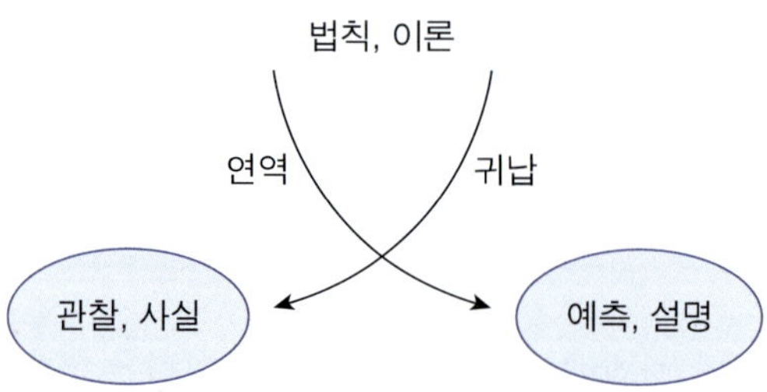

[그림 2-1] 귀납법과 연역법

(3) 연역적과 귀납적 논리체계의 통합

과학적 지식의 축적과 구축은 오랜 시간을 두고 이루어지는 역사적인 과정이라고 할 수 있다. 이러한 과정에서 논리적으로 연역과 귀납적 접근이 구별되지만, 어느 방법으로 먼저 시작하느냐의 문제이지 실제 과학적 지식이 축적되는 과정은 연역과 귀납의 순환과정이라고 할 수 있다. 그 순환과정은 '연역적 방법 – 귀납적 방법 – 연역적 방법 – 귀납적 방법'의 반복 또는 '귀납적 방법 – 연역적 방법 – 귀납적 방법 – 연역적 방법'의 반복이다. 이것은 조사자가 조사목적에 따라 선 과학적 지식(이론) 후 조사 또는 선 조사 후 과학적 지식(이론)을 택할 것인지 결정에 따라 달라질 수 있다.

연역적 논리체계는 기존의 과학적 지식에서 가설을 도출과 검증을 하는 양적 조사의 접근이 시도되어 새로운 과학적 지식을 구축하는 데에는 한계가 있는 반면에 귀납적 논리체계는 사실 간에 내재한 공통 특성을 규명하는 질적 조사의 접근이 시도되어 탐색조사의 특성을 지니고 있어 가설을 제시하는 특성이 있다. 때문에 연역과 귀납적 논리체계는 상호 보완적 체계라고 볼 수 있다.

일반적으로 논리적 실증주의자는 지식탐구를 위한 모델로서 개념의 관계에 대한 논리적 명제를 찾고 수집된 자료를 통해 검증하는 연역법을 선호하고, 논리적 실증주의의 반대 견해, 즉 해석주의자들은 귀납법을 선호한다.

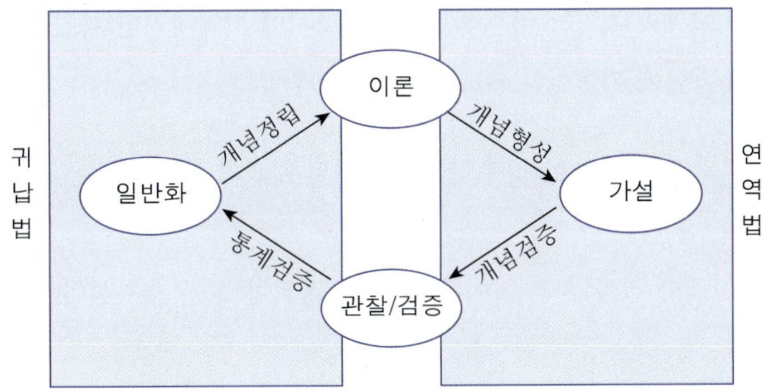

[그림 2-2] 연역법과 귀납법의 통합 논리체계

5) 이론과 사회복지조사와의 관계

(1) 사회복지조사에 대한 이론의 기능

이론적인 배경 없이 사회복지조사를 수행한다는 것은 기초 공사 없이 빌딩을 짓는 것과 같다고 할 수 있다. 이론은 사회복지조사의 시작을 알리는 출발점인 동시에 결과의 옳고 그름을 판단하는 종착점이라고 할 수 있다. 사회복지조사에서 이론의 기능은 다음과 같다.

첫째, 경험적 조사를 행하기 전에 측정할 수 있는 사실을 통해 조사의 틀을 제시하고, 과학적 조사과정에 대한 논리를 제공하며, 그 결과를 평가하는 기준이 된다.

둘째, 조사의 배경을 제공하여 조사의 시작을 알리는 출발점이 되게 하고, 조사를 통하여 일반화될 수 있는 내용을 예측할 수 있게 한다.

셋째, 조사결과를 검증 또는 비교할 수 있고 논리적으로 통합할 수 있게 하고, 가설 검증의 전략적 근거를 제공한다.

(2) 이론에 대한 사회복지조사의 기능

사회복지조사는 이론을 바탕으로 시작하지만 이 둘은 일방적인 관계가 아니라 상호작용을 주고받는 관계이다. 즉, 이론이 사회복지조사에 기여하지만 마찬가지로 사회복지조사도 이론의 발달에 기여한다. 그 이유는 다음과 같다.

첫째, 사회복지조사의 과정에서 우연하게 발견된 결과가 새로운 이론의 개발로 이어지는 경우가 있다.

둘째, 사회복지조사 결과는 기존 이론의 확장, 정교화 또는 재구성의 기회를 제공한다.

셋째, 새로운 사회복지조사 방법은 기존 이론에 새로운 관점을 제공하기도 한다.

2 사회복지조사의 윤리

1) 사회복지조사

(1) 사회복지조사의 필요성

사회복지조사는 우리가 알고자 하는 사회복지와 관련된 현상 또는 사건의 경험적 증거를 찾고 확인하는 구체적인 방법이다. 즉, 인간 간 또는 인간과 환경 간에서 발생하는 다양하고 복잡한 사회복지와 관련된 현상 또는 사건의 관계를 객관적으로 정확하게 파악하여 현상 속에 내재한 규칙을 규명하는 과학적 방법이다.

과학적 방법이란 과학성을 높이는 수단을 의미하며 자연과학에서 의미하는 현상 또는 사건 자체를 의미하는 것이 아닌 현상 또는 사건을 다루는 방법을 의미한다. 예를 들어, 어떤 현상을 개념화와 조작화를 통하여 가설을 설정하고 이 가설의 검증과정을 거쳐 이론을 도출하는 과정을 의미한다.

급격한 사회변화의 결과에 의하여 발생하는 사회문제의 해결을 위한 사회복지실천은 아직 충분히 검증을 받지 않은 개입과 절차로 주로 이루어질 수밖에 없는 것이 현실이다. 기존의 사회과학과 응용사회과학 지식으로 설명이 가능하던 현상과 사건이 사회복지 현장에서 한계를 보이곤 한다. 이러한 한계를 극복하기 위한 대안적 지식의 개발 또는 지식의 확장이 사회복지조사에 의하여 이루어질 수 있다.

객관성이 담보된 사회복지 실천의 개입과 절차의 검증은 오랜 시간이 요구된다. 또한, 객관성이 담보된 실천 개입과 절차일지라도 유사한 문제/욕구 해결이 필요한 클라이언트마다 개별적인 특성의 다양성에 의하여 일괄적으로 적용하기가 쉽지 않다. 또한, 사회복지와 관련된 현상이나 사건이 복잡하게 나타나고 있고 이러한 현상과 사건의 분석과 해석이 각자의 관점에 따라 다르므로, 다른 해결방안을 제시하곤 한다. 사회복지조사를 통하여 객관적이고 일반화가 가능한 결과를 도출함으로써 이러한 약점을 보완할 수 있다. 때문에 사회복지전문가에게 다양한 케이스에 대한 타인의 조사 결과를 비판적 그리고 차별적으로 활용할 수 있는 능력이 요구된다.

직접적인 사회복지조사의 수행 또는 타인의 조사 결과의 활용은 클라이언트에게 최선의 서비스를 제공하기 위해 가능한 모든 것을 자신이 할 수 있다는 자신감을 통한 전문가로서의 직업 만족도를 증진시킬 수 있다. 즉, 사회복지현장에서 사회복지전문가로서 과학적 지식을 기반으로 하는 개입과 실천은 사회복지조사의 활용을 통하여 이루어질 수 있다. 다른 한편으로, 사회복지분야의 전문가는 다른 분야의 전문가와는 다르게 공적으로 조성된 사회적 자원을 필요한 사람들을 위하여 할당한다. 그러므로 다른 전문직에 비하여 강력한 직무의 책임성이 강조된다.

즉, 사회복지전문가의 사회적 책임구현을 위한 객관적/과학적 방법을 통한 서비스의 실행과 검증이 필수적이다.

(2) 사회복지조사의 목적

① 학문적 목적

사회복지 관련 이론의 재구성을 목적으로 어떠한 실체를 정확히 파악하고 가설을 설정하며 검증을 위하여 사회복지조사를 하게 된다. 사회복지조사의 학문적 목적은 사회복지와 관련된 현상을 일으키는 원인이 무엇이며, 어떻게 작용하며, 왜 그렇게 되었는지 등의 설명이 가능하도록 이론을 구성 및 재구성, 지지, 반증이다. 이러한 학문적 목적의 사회복지조사는 사회복지와 관련된 어떠한 현상에 대한 조사의 결과를 일반화하는 근거가 되는 지식을 제공하기 위함이며 이것은 사회복지와 관련된 현상에 대한 기본적인 이해를 증진시키는 역할을 하게 된다.

좀 더 구체적인 사회복지조사의 학문적 목적은 다음과 같다.

첫째, 순수한 이론에 대한 사회복지조사의 목적으로 자신이 독창적인 이론을 구성하거나 다른 학자가 구성한 이론을 비판 또는 재구성하는 조사를 들 수 있다.

둘째, 이론에 중점을 둔 사회복지조사의 목적으로 다른 학자에 의해 구성된 이론이 사회복지현장에 얼마나 잘 적용되는지 검증하려는 것이다.

셋째, 기술 또는 서술적 목적의 사회복지조사이다. 어떠한 사회복지현상에 대하여 자세히 기술하여 학문적 이해를 돕는다.

넷째, 탐색적 조사는 탐색 자체에 목적을 두지 않고 조사하고자 하는 문제의 성격을 파악하여 가설 설정의 기초 자료를 제공한다.

② 실천적 목적

사회복지조사의 실천적인 목적으로 사회복지실천 현장에서 문제의 파악, 정책문제해결 위한 정책수립 및 개입, 정책수행 및 개입결과의 평가까지 광범위하게 사용된다. 즉, 사회복지와 관련된 실천적인 문제해결을 위한 해답 또는 대안을 찾기 위한 목적이다.

첫째, 사회복지와 관련된 근본적인 쟁점을 파악하여 사회적 변혁을 추구하는 데 기여한다. 즉, 사회복지조사가 실천적 사회운동의 수단으로 사용된다.

둘째, 사회복지와 관련된 문제해결을 위한 단서를 제공한다. 즉, 사회복지와 관련된 문제의 개혁보다는 현상유지를 위한 대안을 제공한다. 사회복지현장에서 발생하는 사회문제 중 정책수립 어젠다를 형성하기 위한 기초 자료와 사회복지서비스 제공과정과 관련된 문제해결 또는 개선을 위한 과학적 자료, 그리고 클라이언트의 욕구만족과 문제해결을 위한 서비스 내용의 개선을 위한 합리적인 자료를 제공한다.

(3) 사회복지조사의 특성

사회복지조사의 특성은 다른 사회과학의 특성과 몇 가지 측면에서 차별화되고 있다.

첫째, 응용 조사적 특성이다. 사회복지조사는 인간의 욕구충족과 문제해결을 위한 프로그램 수행과 관련된 필요 지식 창출이 요구된다는 측면에서 순수조사보다는 응용조사에 가깝다고 할 수 있다.

둘째, 사회 개량적 특성이다. 사회복지조사는 조사 대상자가 사회적으로 약자 집단에 한정되는 경우가 대부분이기 때문에 사회변화를 유도 또는 시도하기 위한 사회 개량적 특성이 강하다.

셋째, 계획적 특성이다. 사회복지조사는 사회복지서비스를 계획적으로 제공 가능하도록 활용된다. 예를 들어 사례관리를 위한 지역사회수준의 자원조사와 욕구조사를 통하여 효율적인 자원 활용으로 욕구의 만족을 최대화할 수 있도록 계획적인 조사가 이루어진다.

넷째, 평가적 특성이다. 사회복지조사는 거시적으로 사회복지 정책적 개입의 효과를 평가하기도 하며 미시적으로는 주로 사회복지프로그램의 효율성과 효과성을 평가하게 된다.

다섯째, 시험적 · 대안적 특성이다. 사회복지조사는 사회복지 환경의 변화 또는 대상자의 욕구가 변화되면 대안서비스를 찾기 위한 조사가 시행되곤 한다.

(4) 사회복지조사의 한계

응용사회과학으로서 사회복지조사는 사회과학이 가지는 일반적인 특징을 공유하고 있으나 사회과학적인 조사 방법론의 입장에서 사회복지조사에 대한 한계를 지적하곤 한다.

첫째, 인간을 대상으로 이루어지는 사회복지분야에서의 조사 방법은 일정한 한계를 가질 수밖에 없다. 과학적인 방법인 사회복지조사는 조사결과의 객관화와 일반화가 매우 중요한 요소이다. 때문에 일반적으로 자료분석(통계)을 적용하여 결과의 객관화를 위한 신뢰도와 타당도를 검정하게 된다. 일반적으로 일반화와 객관화를 위하여 적용되는 95%의 신뢰도가 조사 대상인 사람에게 적용된다는 사실이다. 나머지 5%도 인간으로서 매우 중요한 의미를 갖고 있다고 할 수 있으나 통계적으로 무시를 당할 수밖에 없다.

둘째, 사회복지조사의 특성상 일부의 계층 또는 소수의 특정 대상자를 대상으로 조사가 이루어지는 경우가 일반적이다. 일부의 계층 또는 소수의 대상으로 이루어지는 조사의 일반화와 객관화 가능성에 의문이 제기되곤 한다.

셋째, 사회복지분야에서 필요로 하는 지식이 '전문적 가치'에 기반을 둘 것인지 '과학적 방법론'에 기초할 것인지의 대립이다. 최근에 과학적 조사 방법에 기초한 전문지식의 개발의 중요성이 강조되고 있기는 하나 여전히 규범적 지식이 필요하고 강조되고 있다. 윤리적 규범성이 강조되는 한 과학적 방법론에 대하여 한계가 있을 수밖에 없다. 왜냐하면 과학적 지식도 중요하지만 실질적으로 사용할 수 있는 실천지식이 중요하기 때문이다.

2) 사회복지조사의 윤리

(1) 사회복지조사과정의 윤리

사회복지조사는 인간을 대상으로 이루어지는 일련의 과정이다. 때문에 이러한 과정 속에서 필연적으로 윤리적인 이슈 또는 문제가 대두하게 될 수밖에 없다.

게다가 1990년대 이후 인간의 권리 또는 윤리가 강조되는 시대적인 조류에 따라 사회복지와 관련하여 윤리헌장뿐만 아니라 인권보호를 위한 법적/제도적 장치가 구비되고 있고 사회복지조사도 이러한 영향을 받을 수밖에 없는 것이 현실이다.

그러나 사회복지조사에서 윤리적인 문제에 대한 판단기준이 마련되기가 쉽지 않다. 최근 생명공학조사와 관련하여 국가적 차원에서 윤리위원회가 구성되어 운영되고 있지만 사회복지조사와 관련한 제도는 아직 미비한 상황이다.

사회복지조사는 사회복지와 관련하여 학문적 차원과 실천적 차원에서 다양하게 이루어지고 있다. 윤리적인 문제는 두 차원에서 이루어지는 조사의 과정, 즉 연구주제의 선정과 관찰 및 자료수집 과정 등에서 공히 직면하게 된다.

① 조사주제의 선정

사회복지조사를 위한 주제 선정 시 분야별 또는 개인적, 집단적 또는 사회적인 차원에서 이루어지며 다양한 차원에서 다양한 윤리 문제에 직면하게 된다. 사회복지분야별 측면은 다른 분야에 비하여 정신건강서비스 관련 조사의 주제 선정 시 윤리적인 문제의 제약이 많이 있었다. 예를 들어, 마약의 효과에 관한 실험연구, 정신장애인의 성에 관한 조사 등이 있다.

개인, 집단 또는 사회적 차원의 조사의 주제 선정 시에도 윤리적인 문제에 직면하게 된다. 예를 들어, 개인적인 차원에서 자살실패가 개인의 절망감에, 집단 또는 가족적인 차원에서 안락사가 가족 경제에 미치는 영향, 사회적인 차원에서 인종에 따른 지적 능력의 차이 등을 들 수 있다.

② 관찰 및 자료수집의 과정

사회복지조사의 관찰 및 자료수집 과정에서 장소에 따라 윤리적인 문제가 발생할 수 있다. 예를 들면, 정신병동, 교도소 등과 같이 폐쇄적이고 자율적인 의사결정이 어려운 장소에서의 조사는 필연적으로 윤리적인 문제가 발생할 수밖에 없다.

사회복지조사의 설계에 따른 윤리적인 문제는 특히 순수 실험 설계를 사용할 경우 발생하게 된다. 실험 설계 시 실험집단과 통제집단으로 분류하게 되는데 이들 집단이 실험의 직접적인 대상이 되는 데에서 윤리적인 문제가 발생할 수밖에 없다.

사회복지조사의 대상자 선정에 따른 윤리적인 문제는 조사주제의 선정과 밀접하게 관련되어 있다. 예를 들면, 동성애자, 저소득층, AIDS 환자에 관한 조사는 윤리적인 문제를 일으킬 가능성이 크다.

③ 조사결과의 분석과 보고

사회복지조사의 결과분석 및 보고의 윤리적인 문제는 조사 대상자와 관련된 문제라기보다는 조사자 자신과 관련된 문제이다.

초보 조사자가 흔히 빠지게 되는 오류 중의 하나가 조사결과는 긍정적이어야 한다는 것이다. 긍정적인 결과가 아닐지라도 조사결과 자체만으로도 조사의 성과로 인정받을 수 있다. 예를 들어, 조사자가 세운 가설을 검증한 결과 조사가설이 기각되고 영가설이 받아들여진다고 해도 그 자체로 조사의 가치가 있다고 볼 수 있다.

또한, 사회복지분야의 전문가가 매우 정밀하고 엄격한 조사를 실시한다고 할지라도 조사의 내용적 · 기술적인 약점을 갖게 된다. 이러한 약점이 드러나는 것은 당연한 것이며 후속조사자 또는 독자를 위하여 논문/보고서에 기술해야 한다.

(2) 사회복지조사의 윤리 쟁점

① 비밀보장과 익명성 보장

비밀보장은 사생활 권리보장과 밀접하게 관련되어 있으며, 사회복지조사의 과정에서 얻어진 모든 정보는 조사의 목적 이외에는 공개하지 않는 것을 말한다. 사회복지조사자는 조사의 주제에 따라 개인, 집단/가족 또는 사회적인 비밀을 접하고 얻게 된다. 예를 들면, 노인 개인에 관한 조사에서 노인의 질병력, 가족에 관한 조사 등이 있다. 이러한 면접 과정에서 학대 또는 자살 등 자신이나 타인에게 심각한 해를 끼칠 위험성이 있을 때는 비밀보장의 예외적 상황이 존재한다. 따라서 조사 대상자에게 비밀보장의 예외적 상황을 사전에 고지해야 한다.

비밀보장 중에서 조사 대상자의 익명성 유지는 매우 중요하다. 익명성이란 조사의 결과가 공개되더라도 조사 대상자의 이름이 확인되지 않는 것을 의미한다.

과도하게 익명성의 확보가 요구되면 추가조사 또는 추적조사를 어렵게 한다. 때문에 조사의 편의와 익명성의 확보를 동시에 이루기 위하여 질적 조사에서는 연구자만 알 수 있도록 조사 대상자를 가명 또는 이니셜로 표시하게 되며, 양적 조사에서는 설문지에 번호 또는 기호로 표시하여 정보를 수집한다.

② 고지된 동의

어떠한 상황이든 사회복지조사를 진행하기 위하여 조사 대상자로부터의 고지된 동의는 기본적인 절차이다. 고지된 동의란 잠정적인 조사 대상자에게 미리 본인이 잠정적 조사 대상자임을 고지하고 조사에 참여할 것인지 동의를 얻는 것을 의미한다.

특히, 잠정적 조사 대상자의 연령, 장애, 인지능력 등의 사유로 의사결정의 어려움에 있어 고지된 동의를 얻을 수 없을 때는 보호자 또는 후견인을 통하여 고지된 동의를 얻어야 한다. 고지된 동의는 잠정적 조사 대상자의 합리적인 판단 능력과 조사에 대한 충분한 정보를 바탕으로 조사와 관련된 자신의 결정을 스스로 책임질 수 있는 자발성이 요구되어지며, 이것은 잠정적 조사 대상자가 조사의 환경 및 절차뿐만 아니라 많은 것에 대한 이해를 전제로 한다.

이러한 고지된 동의와 관련해 고려해야 할 쟁점이 일반화 가능성의 문제이다. 자발적 참여자가 모집단을 대표하지 못하고 편향적으로 특정 집단을 대표할 가능성이 높으며(대상의 편향성), 조사 대상자 스스로 조사되고 있음에 대한 인식으로 평소와는 다른 방식으로 행동할 수 있기에(조사반응성) 이러한 상황에서 수집된 자료로 결과를 일반화할 경우 타당도가 떨어질 수 있다(5장에서 자세히 다룸).

따라서 고지된 동의에 입각한 자발적 참여라는 조사 윤리에는 예외가 존재한다. 그것은 고지된 동의를 하지 않음으로써 조사 대상자가 입을 수 있는 피해보다 조사 대상자에게 돌아갈 수 있는 장기적인 이익이 더 클 경우이다. 고지된 동의의 원칙보다 더 중요한 조사 윤리는 어떤 경우에도 조사 대상자에게 피해를 주면 안 된다는 것이다. 예를 들어, 교통신호등 설치를 위한 사전조사 차원에서 교통 혼잡이 심각한 교차로의 차량 통행량과 통행 속도를 조사한다고 하자. 이 경우 해당 차로를 통과하는 모든 차량운전자에게 조사에 대한 충분한 정보를 제공하고 동의를 얻을 필요는 없다. 고지를 하지 않아도 운전자가 입을 피해가 없고 고지 없이 정확한 실태 자료를 수집하여 해당 지역의 교통 혼잡을 줄일 수 있는 현실적인 대책을 마련함으로써 운전자들에게 돌아갈 수 있는 장기적 이익이 큰 경우이기 때문이다.

③ 조사 대상자 속이기

사회복지조사의 주제와 방법에 따라 조사자는 본인의 신분을 속일 경우가 발생한다. 특히, 참여 관찰의 경우 자연스런 관찰 환경에서 일반화되고 객관화된 자료를 얻기 위하여 조사 대상자(들)를 속이는 경우가 있다. 예를 들면, 교도소 수감자들의 생활 행태에 관한 조사를 위하여 조사자는 자신의 신분을 속이고 일정 기간 동안 수감자들과 교도소에서 생활할 수 있을 것이다.

앞서, 사회복지조사의 윤리적 쟁점인 비밀보장과 익명성을 보장하지 못하는 경우, 고지된 동의의 예외적 상황, 연구자의 신분을 속이고 위장된 참여관찰을 수행하는 등을 정당화할 수 있는지 쉽게 판단하기 어렵다. 따라서 오늘날 이러한 결정은 기관 윤리위원회(Institutional Review Board: IRB)라는 독립된 전문가 집단으로부터 승인을 얻어야만 할 것이다.

요 약

- **이론:** 상호 관련이 있는 변인으로 이루어지고 상호 관련성을 명백히 하는 일련의 구성체로 추상적인 서술
- **속성:** 어떤 개체, 사건, 현상의 성질을 세분화하여 묘사한 것으로 공통적으로 갖는 성질
- **개념:** 경험적으로 인지할 수 있는 어떤 대상이나 현상에 대한 공통적인 특성을 일반화하기 위하여 약속된 언어로 추상적으로 표현하는 것
- **명제:** 논리적 상호관계를 바탕으로 결론이 도출된 개념 간의 관계
- **가설:** 어떠한 현상을 설명하거나 어떠한 이론을 구체적으로 증명하기 위하여 사용되는 아직 증명되지 않은 이론
- **공리:** 변인 간의 관계에 대한 검증 없이 참으로 인정되는 것
- **법칙:** 둘 이상의 변인 간에 관련이 되어 있고 일반화가 가능한 보편적인 진술
- **연역법:** 일반적인 사실의 논리적 추론에서 특수한 사실에 대한 결론을 추론하는 방법
- **귀납법:** 특수한 사실에서 일반적인 사실로 접근하는 과학적 추론 방법
- **사회복지조사의 필요성:**
  ① 증거기반 실천
  ② 책무성 강조
- **사회복지조사의 윤리 쟁점:**
  ① 비밀보장과 익명성
  ② 고지된 동의
  ③ 조사 대상자 속이기

1 인식론에 관한 설명으로 옳지 않은 것은? (13회 기출)

① 실증주의는 경험적 관찰을 통해 이론을 재검증한다.
② 해석주의는 사회적 행위의 주관적 의미에 대한 이해를 강조한다.
③ 실증주의는 적은 수의 표본으로 결과를 일반화하는 것은 무리라고 주장한다.
④ 해석주의는 주로 언어를 분석 대상으로 활용한다.
⑤ 실증주의는 연구자의 가치나 태도 활용을 강조한다.

2 후기실증주의 과학철학에 관한 설명으로 옳은 것은? (18회 기출)

① 실증주의가 주장하는 연역주의에 대한 대안이다.
② 관찰대상이 인간과 무관하게 존재할 수 있다고 본다.
③ 지식의 본질을 잠정적, 확률적으로 본다.
④ 관찰의 이론의존성을 부인한다.
⑤ 과학은 혁명적으로 변화한다고 본다.

3 실증주의에 관한 설명으로 옳지 않은 것은? (17회 기출)

① 인간행위를 예측할 수 있는 확률적 법칙을 강조한다.
② 과학과 비과학을 철저히 구분하려 한다.
③ 관찰결과의 일반화 가능성을 강조한다.
④ 연구결과를 잠정적인 지식으로 강조한다.
⑤ 사회적 행동을 행위자의 입장에서 이해하려 한다.

4 귀납법과 연역법에 관한 설명으로 옳은 것은? (11회 기출)

① 귀납법과 연역법은 상호 배타적이다.
② 귀납법은 이론에서 조작화와 관찰로 이어진다.
③ '모든 사람은 죽는다'와 같은 명제에서 시작하는 것은 귀납법이다.
④ 연역법은 개별 사례의 관찰에서 출발하다.
⑤ 경험적 관찰에서 보편적 유형을 찾는 것은 귀납법이다.

5 과학적 조사가 필요한 사례에 해당하지 않는 것은? (12회 기출)

① 사회복지사의 윤리적 갈등을 해소할 필요가 있을 때
② 결혼이주민 조사 시 연구자의 문화적 편견을 검토하고 싶을 때
③ 주민대표자의 응답이 전체 주민의 의견을 대표하는지 알고 싶을 때
④ 정량평가 외에 정성평가를 체계화하고 싶을 때
⑤ 선임 사회복지사의 경험적 지식이 타당한지 알고 싶을 때

6 연구윤리에 부합되는 사회복지조사로 옳은 것은? (18회 기출)

① 연구참여자가 평소와 다른 행동을 하지 않도록 연구자의 신분을 숨기고 자료를 수집하였다.
② 연구결과의 확산을 위해 연구참여자의 신분은 다른 연구기관에 동의 없이 공개하였다.
③ 연구결과에 영향을 미치지 않도록 연구참여자에게 일어날 수 있는 이익을 미리 알리지 않았다.
④ 연구 참여 여부를 성적평가와 연계하여 연구참여자의 참여동기를 높였다.
⑤ 연구참여자에게 연구과정에서 발생할 수 있는 고통을 미리 알리고 사전 동의를 구하였다.

정답 1. ⑤ 2. ③ 3. ⑤ 4 ⑤ 5. ① 6. ⑤

CHAPTER 03

사회복지조사의 유형과 단계

1 사회복지조사의 유형

1) 조사의 목적에 따른 분류

(1) 탐색적 조사(exploratory study)

사회복지와 관련된 관심 주제에 대한 기존의 조사 결과물이 없을 때 예비 조사의 목적으로 이용된다. 주제나 상황에 대한 제한된 범위에서 조사가 이루어지는 것이 일반적이다. 예를 들어, 커뮤니티케어(community care)와 관련한 조사에 관심이 있으나, 2019년 시범사업이 진행되기 전까지 사회복지분야에서 이와 관련된 조사가 거의 진행되지 않았으며 단지 몇몇 선진국에서 발행되는 외국문헌에서나 찾아볼 수 있었다. 우리나라 커뮤니티케어 관련된 정책을 개발하기 위하여 잠재적 대상자들에 대한 일상생활 능력뿐만 아니라 도구적 일상생활 능력 등을 포함한 기초조사가 이루어져야 한다. 이러한 조사 형태가 곧 탐색 목적의 조사가 된다. 이는 조사의 주제가 비교적 새로운 것이든지 새로운 통찰을 얻기 위한 목적이다. 때문에 조사에 대한 아이디어나 현황 파악 정도의 수준에 머물게 된다.

즉, 조사문제의 정교화를 추구하는 문제형성 조사가 여기에 속한다. 예를 들어 'AI(인공지능) 케어에서 사회복지사의 역할'에 관한 조사를 시도한다면, 사회복지 분야에서 새로운 서비스 제공의 메커니즘으로 탐색적 조사를 통하여 AI(인공지능) 케어에 대한 활용 가능성을 파악하는 수준에서 이루어질 것이다.

일반적으로 탐색 목적의 조사는 조사문제에 대한 해답을 암시하고 이러한 해답을 찾기 위한 조사 방법이 결정적인 역할을 할 것인지에 대한 시사점을 제공한다.

때문에 탐색적 목적의 사회복지조사는 양적 조사보다는 소수의 사례를 중심으로 하는 질적 조사에 의존하는 경우가 많으며, 이론이나 가설이 제시되는 경우가 거의 없다. 이러한 방법론상의 탐색 목적의 한계는 조사문제에 대한 적절한 해답을 줄 수 없다는 점과 함께 조사문제 해결을 위한 조사 대상이 적절하게 모집단을 대표할 수 없다는 단점으로 나타나게 된다.

탐색적 조사의 종류로는 문헌조사, 전문가 의견조사, 표적 집단 면접조사, 사례조사 등이 있다.

(2) 기술적 조사(descriptive study)

기술적 조사의 사회복지조사는 어떠한 현상에 대한 원인 파악보다는 특성을 파악한 후 기술하고 현상에 대해 있는 그대로 묘사함으로써 변인의 반응을 예측하여 설명하기 위한 자료 수집을 목적으로 수행되는 조사이다. 기술적 조사의 목적은 현상에 대한 특성 파악과 현상의 발생빈도를 조사하는 횡단현황을 파악하고, 관련 상황에 대한 종단적 예측을 위함이고, 관련 변인 사이의 상호 관련 정도의 상관관계 파악에 있다.

기술적 조사의 대표적인 예를 들면, 여론조사가 될 수 있으며 어떠한 현상을 관찰 · 기술하여 논리를 전개하게 됨으로 귀납적인 방법이 도입되는 경우가 많다.

기술적 조사는 통상적으로 탐색조사와는 달리 조사문제와 가설을 설정하고 난

이후 실시된다. 따라서 기술적 조사는 탐색적 조사를 통해 획득된 지식을 토대로 행해지기 때문에 계획적이고 체계적으로 이루어지며, 설정된 조사 문제에 대한 해답을 주고 가설을 검증하는 데에 활용되기 위해 신뢰도와 타당도가 높은 정보를 획득해야 한다. 일반적으로 기술적 조사는 대부분 실태조사의 형태를 띠는데, 기술적 조사 그 자체로서는 아무런 의미가 없는 경우가 많다. 예를 들면, 빈곤의 원인 · 결과 간의 관계를 파악하여 그 대책을 유발하거나 어떠한 가설이나 아이디어를 제시하지 않고 빈곤현상을 단순히 기술하는 것만으로는 큰 의미를 찾기 어렵다.

어떤 현상 또는 사건의 정확한 측정을 근거로 한층 더 정교한 인과관계의 분석과 기술이나 가설 검증을 위한 기초조사가 목적이다. 즉, 기술 목적의 조사에서 가설검증이 시도된다면 주된 목적이 아닌 부수적인 목적이 될 수 있다. 예를 들면, 사회복지 관련한 실태조사로 실업률, 이혼율, 자원봉사활동 비율, 기부참여율 등과 같이 현상이나 특성을 관찰한 그대로 크기, 빈도, 비율 등으로 수량적 정보들을 서술하는 데 주안점을 둔다. 기술적 목적의 조사를 위하여 문헌에 대한 선행조사가 일반적으로 이루어지며 다음으로는 현상에 대한 체계적인 관찰 및 기록, 분석 순으로 이루어진다.

예를 들어, '사회복지사의 직무만족도'에 관한 조사에서 사회복지사가 직무에 만족하는 빈도, 퍼센트, 평균 정도만 제시하고 만족과 불만족의 이유에 대하여는 분석하지 않는다.

(3) 설명적 조사(explanatory study)

설명은 실험적 조사를 통하여 변인 간의 인과관계를 밝히는 학술 조사를 위한 것이다. 설명적 조사의 사회복지조사는 어떠한 현상에 대한 의문 '왜'에 대한 해답을 찾기 위한 목적이다. 때문에 설명적 조사를 위하여 어떠한 현상의 인과관계 분석을 통하여 가설을 설정하고, 실험 또는 조사를 통하여 가설을 과학적으로 검증하게 되므로 연역적 접근을 시도하게 된다. 여기서 실험이란 독립변인을 조작하여 종속변인의 변화과정과 정도의 관찰을 통하여 검증하게 된다. 검증의 결과는 통계적 유의 정도에 의하여 참과 거짓에 대한 잠정적 결론을 도출하고 논의를 통하여 인과관계를 설명하게 된다.

이러한 과정을 통하여 유사한 현상에 대한 인과관계가 검증되고 검증의 결과는 거시적 지식구조에 편입되어 또 다른 가설이나 모델, 기초이론으로 구축된다. 예를 들어, '가정폭력의 왜 일어나는가?', '노인자살이 왜 점점 증가하는가?'라는 의문에서 시작해서 해답을 찾기 위하여 과학적인 방법을 동원하면서 설명적 조사는 시작된다. 여기서 인과관계와 상관관계에 대한 차이점을 구별할 필요가 있다. 상관관계는 A와 B가 관련이 있을 뿐이지 인과관계처럼 A가 B를 발생시키는 원인이 되지 못한다. 일반적으로 상관관계는 기술 수준의 조사이고 인과관계는 설명 수준의 조사이다.

설명적 조사 방법은 일반적으로 실험조사가 일반적이며 교차분석, 분산분석, 회귀 분석과 같은 추리통계가 주로 활용된다.

2) 조사의 시간에 따른 분류

(1) 종단적 조사(longitudinal study)

종단조사의 목적은 시간이 지나면서 사건 또는 현상 등이 어떻게 변하는지를 파악하고자 하는 것이다. 현재부터 과거로 조사되는 경우와 현재부터 미래까지 조사가 이루어진다. 종단적 조사의 특징은 동일표본을 대상으로 장기간 일정 간격을 두고 조사를 하여 시간의 변화에 따른 반응을 적어도 2번 이상 관찰 또는 조사하는 형태이다. 따라서 표본의 크기가 표본의 대표성을 충족시킬 수 있는 만큼 유지해야 하기 때문에 횡단적 조사에 비하여 시간과 경제적인 비용이 많이 소요된다. 하지만 조사결과의 논리적 설득력은 횡단적 조사에 비하여 높을 수밖에 없다.

종단적 조사에는 패널 조사, 경향 조사, 코호트 조사 형태로 이루어진다.

① 패널 조사(panel study)

특정 사람을 패널로 정하고 특정 주제를 동일인에 대해 지속적으로 조사를 하는 방법으로 유형에는 지속패널, 임시패널, 고정패널, 다목적 패널 등이 있다. 예를 들어 복지패널, 노동패널, 장애인패널 등이 해당된다.

장점으로는 추가적 자료획득이 쉽고 정확한 변화분석과 여러 번 조사가 가능하다. 그러나 단점으로는 연구대상의 중도탈락(사망, 이주, 조사 참여 중단 등)으로 대표성 확보의 어려움과 패널의 추적과 관리에 필요한 시간과 비용이 많이 든다. 또한 패널조건화 현상으로 연구결과의 부정확성 등이 지적된다.

패널조건화 현상(panel conditioning)이란 동일 패널에 대한 반복적 조사는 응답자에게 일괄적인 응답으로 편향의 문제와 반복적인 조사에서 오는 부담감으로 변화된 것처럼 혹은 변화하지 않은 것처럼 의식적으로 응답하게 되는 현상을 말한다.

② 경향 조사(trend study)

추세 조사, 추이 조사, 트렌드 조사 등으로도 부르며, 시간에 따라 어느 변인이 변화하는지 관찰하여 타임 시리즈라고도 한다. 어떠한 조사 대상에 대하여 같은 정보를 얻기 위하여 두 번 이상 자료를 수집하여 분석한다. 예를 들어, 매년 노인복지관 이용자의 프로그램 참여 욕구 조사를 실시하여 욕구의 변화를 파악 및 비교할 수 있다.

경향 조사는 조사 대상이 동일 대상인 것도, 동일 집단인 것도 아니다. 경향 조사의 유형으로는 브레인스토밍(brain storming)과 델파이 방법 등이 있다.

③ 코호트 조사(cohort study)

동년배 집단 조사라고도 하며, 시간의 경과에 따라 특정 집단의 변화를 관찰하는 기법으로 동기생의 경험 조사와 같이 일정 기간 동안 한정된 모집단에 대한 연구라는 점이 다른 종단적 조사와의 차이점이다. 코호트 조사는 일정 공통 범위 안에 포함된 집단을 조사 대상으로 한다. 예를 들어, 같은 시기에 태어난 사람들의 자녀 교육관에 대하여 코호트 조사를 한다면, 같은 시기란 5년 또는 10년 연령 차이의 집단을 의미한다. 그러나 2021년에 노인종합복지관에 입사한 사회복지사의 노인에 관한 의식 조사를 시도한다면 대상자는 2021년 당해 연도에 입사한 사회복지사가 될 것이다.

장점으로는 시간의 경과에 따라 일목요연하게 정리할 수 있는 반면에, 단점으로는 오랜 시간이 소요되고 경비가 많이 들며 대상자 탈락과 테스트 효과로 조사 결과의 타당도에 저해 요인이 개입될 수 있다.

〈표 3-1〉 종단적 조사 대상 비교(60대 노인 의식 조사)

구분	1차 조사(2020년)	2차 조사(2025년)	3차 조사(2030년)
패널 조사	2020년 신입생 100명	1차 조사 대상자 동일	1차 조사 대상자 동일
경향 조사	2020년 신입생	2025년 신입생	2030년 신입생
코호트 조사	2020년 신입생 중 100명	2020년 신입생 중 100명	2020년 신입생 중 100명

(2) 횡단적 조사(cross-sectional study)

횡단적 조사는 일정 시점을 기준으로 일회성으로 관련 변인에 대한 전수 또는 표본조사를 통한 내용적 측면뿐만 아니라 양적인 측면에서 광범위한 자료수집이 이루어지는 것을 말한다. 여기서 일정 시점이란 짧게는 1~2일 길게는 수개월을 의미한다. 횡단적 조사의 규모는 소수 집단의 관찰을 통한 짧은 기간 내에 이루어질 수 있으나 일반적으로 규모가 일정 크기를 유지하게 된다. 예를 들어, 인구센서스와 같은 대규모의 설문 조사는 수개월의 시간이 소요될 수 있다.

횡단적 조사의 목적은 조사시점에서 범주별로 나누어 집단 또는 조직체의 차이를 파악하고자 하는 것으로 현황 기술하기와 변인 간의 상관관계 파악에 있다. 현황 파악을 위하여 일반적으로 설문 조사, 전화 조사, 방문 조사 등이 이루어진다.

3) 조사의 대상 범위에 따른 분류

(1) 전수조사(complete enumeration)

전수조사는 조사 대상이라고 생각되는 모든 부분을 전부 조사하는 것이다. 대표적인 것이 인구 조사나 국세 조사이다. 최근 서울특별시의 경우, 서울특별시 거주하는 장애인에 대해 전수조사를 시도한 바 있다. 조사 대상자 전체를 조사한다는 것은 비용과 시간이 많이 소요되고 모든 대상자에게 접근하는 것이 용이하지 않기 때문에 일반적으로 국가기관에서 시행하는 경우가 대부분이다.

(2) 표본조사(sampling study)

표본조사는 조사 대상 전체인 모집단의 일부를 추출하여 조사 대상 전체를 추정하는 조사를 말한다. 최근 발표되는 우리나라 장애인 실태조사는 일정 지역을 표본으로 채택하여 표본 내 장애인 수를 파악하고, 이를 토대로 전국의 장애인 수와 특징을 추정하는 표본조사이다.

가장 대표적인 표본조사로 서베이 조사를 들 수 있다. 서베이 조사는 모집단(population)을 대상으로 추출된 표본(sample)에 대하여 설문지나 조사표(면접조사표나 관찰조사표)와 같은 표준화된 조사도구를 사용해서 직접 질문함으로써 필요한 자료를 수집하는 방법이다. 지역사회 욕구조사나 갤럽 여론 조사와 같은 조사가 그예이다.

조사 방법으로는 면접조사, 전화조사, 우편조사 등을 사용한다. 표본조사의 장 · 단점은 다음과 같다.

① 장점

- 적은 비용으로 양질의 자료 확보가 가능하다.
- 표본조사를 이용하여 오히려 전수조사보다 정확한 자료를 얻을 수 있다.
- 다양한 주제에 대한 조사가 가능하며 대규모 모집단에서 표집이 이루어지므

로 조사결과의 일반화와 객관화가 용이하다.

② 단점

- 표본을 통한 자료가 비교적 정확하다고 할 수 있으나 표집오차의 한계를 극복하기 힘들다.
- 조사 방법의 특성상 조사주제에 대하여 심도 깊은 접근이 쉽지 않으며 조사에 대한 조사자의 많은 경험이 요구된다.

(3) 단일대상조사(single subject study)

단일대상조사는 특정 사건 또는 현상을 파악하기 위하여 통제집단 없이 단일대상인 한 가족, 한 집단, 한 마을 등을 대상으로 조사하는 것이다. 하나의 사례를 대상으로 하므로 조사결과의 일반화 가능성이 낮다는 한계가 있지만 반복적인 관찰을 통해 개입 효과성의 일반화가 가능하다. 최근 동일한 장애를 가지고 있는 장애인이라 할지라도 처한 상황에 따라 개인차가 크게 나타나는 특수교육 연구에서 최근 많이 사용되고 있다.

4) 조사의 방법에 따른 분류

(1) 양적 조사

양적 조사는 사용하는 자료가 계량적, 집합적, 통계적인 자료 분석을 요구하게 된다. 즉, 양적 조사는 통계분석을 이용한 접근방법으로 객관적, 결과 지향적으로 일반화 가능, 안정적 현상 가정, 대규모 조사, 신뢰성 있는 조사라고 할 수 있다.

사회현상과 인간관계를 조사하는 사회복지에 대한 조사가 수량화하기 어려운 주제가 있는 경우가 있으며, 수량화가 가능할지라도 절차와 결과의 오류를 피할 수 없다는 한계점을 가진다.

(2) 질적 조사

질적 조사는 계량에 초점을 두지 않고 주관적 해석학 또는 현상학적인 접근을 시도하게 된다. 질적 조사는 소수의 사례의 주관적 의미를 발견하고 심층적 해석을 하는 것을 목적으로 한다. 주로 행위자의 행동, 언어 등 상황과 환경적 요소들을 참여조사, 심층면접 등을 활용하여 자료를 수집한다. 때문에 주로 주관적 과정 지향적이므로 조사결과의 일반화에 어려움을 겪게 된다. 이러한 질적 조사는 비통제적 · 총체론적 접근, 소규모 자료 분석에 유리하다.

5) 기타 조사의 분류

기타 조사 유형으로는 사례조사와 서베이 조사, 현지조사와 실험조사, 미시조사와 거시조사로 구분하는 경우도 있다.

첫째, 사례조사와 서베이 조사의 분류이다. 사례조사는 특정 사례를 조사하여 실증적으로 분석하는 방법으로 소규모 사례의 독특한 특성을 파악하는 데 장점이 있다.

서베이 조사는 모집단에서 표본을 추출하여 표준화된 설문지(도구)를 활용하여 대규모로 조사하는 방법이다.

둘째, 현지조사와 실험조사의 분류이다. 현지조사는 환경을 통제하지 않은 있는 그대로의 상태에서 현장에서 조사가 이루어지는 경우이다. 실험조사는 외생변수들을 인위적으로 통제가 가능한 실험실에서 종속변수에 대한 독립변수의 영향력을 확인하기 위하여 활용한다.

셋째, 미시조사와 거시조사의 분류이다. 미시와 거시의 분류가 애매한 측면이 있다. 일반적으로 미시조사는 조사 및 분석단위가 개인, 소집단 등 개별적인 조사 단위를 의미하며, 거시조사는 거대 집단이나 지역, 국가 등 집합적 조사를 의미한다.

2 조사의 단계

사회복지조사의 단계는 조사상황에 따라 다소 차이는 있지만 조사문제정립 단계(주제선정과 문제형성) – 조사설계 단계(조사문제 진술, 가설설정, 조사 설계, 측정도구 개발) – 자료수집 단계 – 자료의 정리 및 분석단계 – 결과해석 단계 – 보고서 작성 단계 순으로 진행된다.

1) 제1단계: 조사문제정립

첫 번째 단계는 조사문제를 정립하는 것이다. 조사의 결과는 이 단계에서 설정된 조사문제 제기에 대한 해답인 것이다. 즉, 조사문제정립 단계는 주제선정과 문제형성으로 구분한다. 조사의 주제선정은 조사문제를 인식하고 특정 사건 또는 현상이 존재하는지 확인하는 과정이다. 조사의 문제형성은 선정된 조사주제와 관련하여 조사 대상의 문제를 좀 더 구체화하여 가설로 발전시키는 과정이다. 여기서 조사주제는 어떠한 사건 또는 현상에 대한 광범위한 범위를 정하는 것이고, 조사문제는 조사를 통하여 얻고자하는 구체적인 진술이라고 할 수 있다. 이러한 구체화를 위하여 이론적 고찰, 문헌조사, 전문가 조사, 예비조사도 동시에 이루어지게 된다.

조사주제 관련 아이디어는 다양한 경로를 통하여 얻게 된다. 조사자는 평소의 흥미나 관심이 있는 주제를 선택하는 것이 일반적이다. 왜냐하면 조사를 위해서는 주제와 관련하여 어느 정도 기초 지식이 요구되기 때문이다.

조사주제는 좀 더 구체적이고 깊이가 있는 문제에 초점을 맞추고 목적에 따라 학문성 또는 실천성 등을 고려하여 선정한다. 반면에 조사문제는 조사환경에 맞게 조사가 가능한 시간, 경험, 비용 등을 고려하여 정하게 된다.

2) 제2단계: 조사 설계

조사주제가 정해지면 조사설계 단계로 들어간다. 조사 설계는 조사의 목적을 적절히 수행하기 위한 조사의 청사진이라고 할 수 있다. 넓은 의미의 조사 설계는 조사문제의 진술, 가설 설정, 실험설계, 측정도구 개발, 자료수집, 분석 및 해석, 보고서 작성까지 포괄 하나, 좁은 의미의 조사 설계는 서베이 조사 준비 수준의 설계를 의미한다. 중범위 조사 설계는 조사문제의 진술, 가설 설정, 실험설계, 측정도구 개발까지로 자료수집 전 단계까지 포함된다. 본서에서는 중범위의 조사 설계를 살펴보고자 한다.

조사설계 단계에서는 1단계에서 정립된 조사문제를 구체적으로 진술하고 가설로 연결시킨다. 조사문제 또는 가설의 진술은 조사의 목적에 합당한 변인을 선택하여 이루어지게 되는데 변인의 종류에 따라 분석 방법이 달라지므로 통계에 대한 기초 지식이 요구된다.

또한, 이 단계에서는 자료를 수집하기 위한 전략적인 과정을 강조하게 된다. 조사의 현실적인 가능성을 판단하고, 조사 대상의 접근성, 표본추출 방법의 적용 가능성, 문제해결을 위한 가장 적격한 조사 디자인과 자료수집 방법, 자료분석 방법 등을 결정한다. 다시 말해, 전체적인 조사수행에 적절한 통제가 가능하도록 조사 모형과 분석 모형을 제시할 수 있을 정도로 구체적이어야 한다.

구체적으로 조사설계 단계의 주요한 내용은 조사문제의 진술, 가설설정, 조사설계, 측정도구의 개발로 다음과 같다.

(1) 조사문제의 진술

조사를 위한 주제가 선정되면 조사문제를 구체적인 의문문 형태로 진술해야 한다. 예를 들어, '노인의 경제적 지위와 노인 학대는 상관관계가 있는가?', '저출산은 고령화 사회에서 노인부양에 어떠한 영향을 줄 것인가?'와 같이 진술된 조사문제의 구체화를 위하여 예비 조사인 문헌 조사, 전문가 면접 조사 등을 실시하고 이론적인 체계와의 연관성에 대하여 고찰하게 된다.

흔히 양적 조사가 아닌 질적 조사에서는 조사문제의 진술이 불필요하다고 생각하는 사람도 있다. 물론, 질적 조사에서는 변인과 변인 간의 관계에 대한 구체적인 의문을 제기할 수 없는 경우도 있지만 조사가 진행되면서 조사문제를 구체화시킬 필요가 있다.

(2) 가설 설정

가설은 앞에서 기술된 조사문제에 대한 답을 제공할 수 있어야 한다. 때문에 가설은 경험적으로 측정이 가능해야 한다. 사회복지조사를 수행하면서 가설은 조사의 목적에 따라 설정될 수도 있고 되지 않을 수도 있다. 조사의 목적인 탐색적 조사, 기술적 조사, 설명적 조사 중 탐색적 조사와 기술적 조사는 가설을 설정할 필요가 없는 경우가 대부분이다. 반면에 설명적 조사는 변인의 관계를 규명하여 설명하려하기 때문에 가설을 설정하게 된다. 특히, 양적 조사에서 설명적 조사는 연역적 접근일 경우에는 반드시 가설을 설정해야 한다. 그러나 귀납적 접근이 대부분인 질적 조사의 설명적 조사는 반드시 가설을 설정할 필요가 없고 조사과정에서 가설이 설정되기도 한다.

가설은 의문문으로 진술하는 경우도 있으나 대부분 평서문으로 진술하게 된다. 예를 들어, '노인의 경제적 지위와 노인 학대는 상관관계가 있을 것이다', '저출산은 고령화 사회에 노인부양에 영향을 줄 것이다'. '청년 실업의 증가는 청년 범죄율을 증가시킬 것이다'. '노인의 신체적 의존율이 높으면 높을수록 학대 빈도는 높을 것이다'.

(3) 조사 설계

사회복지조사가 가치가 있다 할지라도 시간적, 공간적, 경제적 등의 많은 요인 또는 요인 중의 하나가 조사에 방해가 되어서는 좋은 결과를 낼 수가 없다. 때문에 조사 설계를 통하여 조사에 방해되는 요인을 예측하고 예방해야 한다.

조사 설계는 두 가지 형태로 이해할 수 있다. 첫째, 협의의 의미로 가설을 검증하는 데 있어서 동원되는 여러 방법들에 대한 설계를 의미한다. 즉, 표집 대상, 표집크기, 표집방법, 조사기간, 측정 수준, 실험설계 유형 등이 포함된다. 둘째, 조사를 수행하는 데 필요한 모든 행위를 의미하며 자료수집 방법, 자료 분석방법 등이 광범위하게 포함된다.

(4) 측정도구 개발

조사문제 또는 조사가설이 설정되면 주요 변인을 중심으로 조작적 정의가 이루어지고 조작적 정의에 맞게 측정도구 개발을 위한 지표를 설정하게 된다. 설정된 지표를 가지고 자료 수집을 위한 설문내용, 즉 측정도구를 개발하게 된다. 측정도구는 매우 구체적이고 객관적이어야 하기 때문에 신뢰도와 타당도에 대한 검사를 하게 된다. 신뢰도 검사는 SPSS(사회과학을 위한 통계 패키지)를 이용하여 크론바 알파 기법으로 검사하여 알파 값이 0.7 이상이면 사용해도 무관하다. 선행조사와 유사한 조사주제일 경우 선행조사의 측정도구를 수정하여 사용할 수도 있다.

3) 제3단계: 자료수집

조사 설계를 마친 다음에는 설계에 근거하여 실제 조사하고자 하는 현장을 방문하여 서베이 조사와 관찰 등을 통하여 자료를 수집하게 된다. 자료 수집은 주로 조사문제 또는 가설을 증명하기 위한 구체적인 정보를 수집하게 되며, 조사주제의 선정과 함께 조사에서 가장 중요한 과정 중의 하나이다.

조사에서 수집되는 자료는 1차 자료와 2차 자료로 분류된다. 1차 자료는 조사자가 면접, 우편 등을 이용하고 서베이를 통하여 현장에서 직접 수집한 자료를 의미하며, 2차 자료는 이미 다른 조사자에 의하여 조사가 이루어져 출판된 보고서, 간행물, 논문 등을 일컫는다.

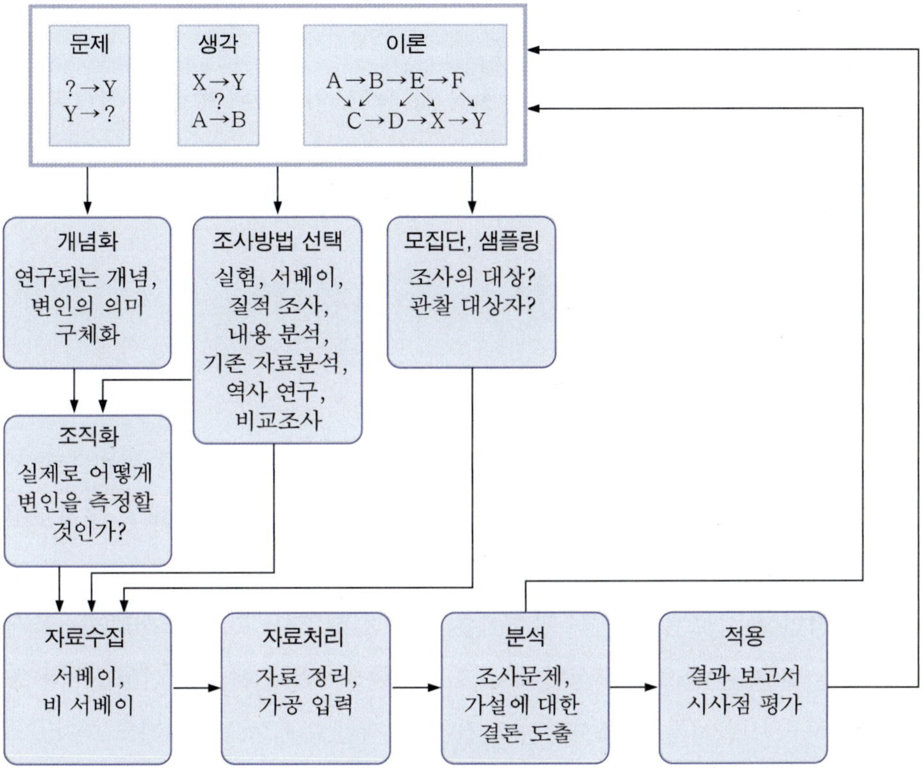

[그림 3-1] 조사의 과정

출처: 성숙진 · 유태균 · 이선우 역(2001). 『사회복지조사 방법론』. 나남출판사. p. 127, 재구성.

4) 제4단계: 자료의 정리 및 분석

자료수집이 완료되면 자료를 효과적으로 분석할 수 있도록 정리한다. 수량적 분석이 필요하면 자료를 부호화하여 SPSS 또는 SAS 프로그램에 코딩이 완료되면 자료를 분석할 수 있도록 한다. 즉, 코딩은 조사된 내용을 일정한 숫자를 부여하여 통계의 적용이 가능하도록 한다. 자료분석 방법의 적용은 조사의 목적, 자료의 성격이 고려된다.

5) 제5단계: 결과 해석

자료 분석이 끝나면 조사 목적, 조사문제, 가설, 이론과의 관련성, 여러 변인 간의 관계 등을 고려하여 결과를 해석한다. 조사문제 또는 가설의 진위를 판단하고, 결과의 일반화 가능성, 방법론상의 한계를 인지한 결론에 대한 한계 설정, 조사결과의 함의성 숙고 등이 이루어진다.

6) 제6단계: 보고서 작성

조사결과를 객관적으로 증명하고 경험적으로 일반화가 가능한 방법으로 조사방법과 과정, 수집된 자료의 성격, 분석결과 등을 보고서로 작성한다. 조사보고서는 제출 기관에서 요구하는 양식에 맞게 작성한다.

일반적인 순서로는 서론 – 관련이론 또는 선행조사 고찰 – 조사방법 – 조사결과–결론 및 제언 순으로 구성된다. 사회복지현장에서는 서론에 선행조사와 조사방법을 포함시켜 서론 – 조사결과 – 결론 및 제언 순으로 구성하기도 한다.

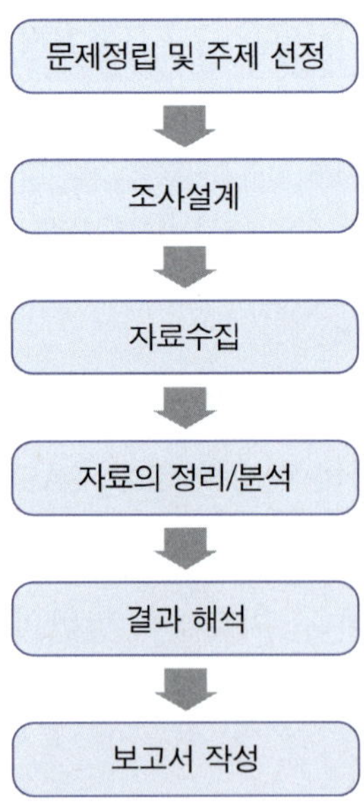

[그림 3-2] 조사의 절차

요 약

- **사회복지조사의 유형**

1) 조사의 목적에 따른 분류

① 탐색적(exploratory) 조사: 관심이 있는 대상에 대해 조사된 바가 없거나 불명확해서 그 현상에 대해 조사 방안이나 통찰력을 얻기 위한 조사로 예비 조사, 문헌 조사, 델파이 조사, 사례 조사 등

② 기술적(descriptive) 조사: 현상의 상황이나 특징을 밝히기 위한 여론조사, 실태 조사 등

③ 설명적(explanatory) 조사: 현상과 현상 간의 인과관계를 규명하기 위한 조사

2) 조사의 시간에 따른 분류

① 횡단적 조사: 일정 시점에서(약간의 융통성을 두고) 서로 다른 연령, 인종, 종교, 성별, 소득수준, 교육 수준 등 광범위한 사람들의 표집을 조사하는 것

② 종단적 조사: 일정 시차를 두고 2회 이상 시계열적으로 한 대상을 관찰. 패널 조사, 경향 조사, 코호트 조사

3) 조사의 대상 범위에 따른 분류

① 전수 조사: 모집단 전체를 조사 대상으로 함

② 표본 조사: 모집단을 대상으로 추출된 표본을 조사 대상으로 함

③ 단일대상 조사: 개인, 가족, 집단 등을 단위로 하나의 조사 대상으로 함

4) 조사의 방법에 따른 분류

① 양적 조사: 사용하는 자료가 계량적임. 통계적 자료분석

② 질적 조사: 주관적 해석학/현상학적 접근

5) 기타 조사의 분류

① 사례 조사와 서베이 조사

② 현지 조사와 실험 조사

③ 미시 조사와 거시 조사

- **조사의 단계:** 1단계: 조사문제정립 → 2단계: 조사설계(조사문제 진술, 가설설정, 조사설계, 측정도구개발) → 3단계: 자료수집 → 4단계: 자료의 정리 및 분석 → 5단계: 결과 해석 → 6단계: 보고서 작성

CHAPTER 3 연습문제

1 다음 연구 상황에 유용한 조사유형은? (18회 기출)

> 일본 후쿠시마 원전 유출이 지역주민들의 삶에 초래한 변화를 연구하고자 하였으나 관련 연구나 선행 연구가 상당히 부족함을 발견하였다.

① 평가적 연구 ② 기술적 연구 ③ 설명적 연구
④ 탐색적 연구 ⑤ 척도개발 연구

2 종단연구(longitudinal study)에 관한 설명으로 옳지 않은 것은? (18회 기출)

① 시간흐름에 따른 조사 대상의 변화를 측정하느 연구이다.
② 일정기간의 변화에 대해 가장 포괄적 자료를 제공하는 것은 동년배집단연구(cohort study)이다.
③ 조사대상의 추적과 관리 때문에 가장 많은 비용이 드는 것은 패널연구(panel study)이다.
④ 일정 주기별 인구변화에 대한 조사는 경향연구(trend study)이다.
⑤ 동년배집단연구는 언제나 동일한 대상을 조사하는 것은 아니다.

3 사회조사의 유형에 관한 설명으로 옳은 것은? (13회 기출)

① 횡단연구는 탐색, 기술, 설명의 목적을 갖는다.
② 동년배(cohort)조사는 특정 하위 모집단의 변화를 관찰하기 위해 매번 동일 대상을 선정한다.
③ 종단연구는 장기간에 걸쳐 조사하는 연구로 질적 연구로는 이루어지지 않는다.
④ 패널(panel)연구는 새로운 경향을 확인하기 위해 해마다 다른 표본을 선정한다.
⑤ 추이(trend)조사는 패널연구보다 개인의 변화에 대해 더 명확한 자료를 제공한다.

4 횡단연구와 종단연구에 관한 설명으로 옳은 것은? (11회 기출)

① 일정기간에 걸쳐 발생하는 변화에 관한 연구는 종단연구이다.
② 횡단연구는 상대적으로 비용이 많이 든다.
③ 종단연구는 한 시점에서 대상을 관찰한다.
④ 동일대상을 반복 관찰하는 것은 횡단연구이다.
⑤ 특정 집단의 변화에 대한 횡단연구는 경향연구(trend study)이다.

5 양적 조사와 질적조사의 사례로 옳지 않은 것은? (10회 기출)

① 질적 조사 – 잠재적 클라이언트에 대한 심층면접을 실행하고 기록함
② 양적 조사 – 단일사례조사로 청소년들의 흡연횟수를 3개월 동안 주기적으로 기록함
③ 질적 조사 – 노숙인들과 함께 2주간 생활하면서 참여관찰함
④ 양적 조사 – 초점집단면접을 통해 문제해결방안을 도출함
⑤ 질적 조사 – 사례연구의 기록을 분석하여 핵심적 개념들을 추출함

6 패널조사에 관한 설명으로 옳지 않은 것은? (16회 기출)

① 동일 대상을 반복 조사하는 것이다.
② 패널조건화(panel conditioning)현상으로 연구결과의 정확성이 높아질 수 있다.
③ 조사대상자의 추적과 관리에 비용이 많이 든다.
④ 독립변수의 시간적 우선성을 확보할 수 있어 내적 타당도를 높일 수 있다.
⑤ 조사대상자의 상실로 변화를 확인하기 어려울 수 있다.

7 제시된 두 가지 연구 유형의 분류 기준이 바르게 연결되지 않은 것은? (14회 기출)

① 양적 조사와 질적 조사 – 데이터의 성격
② 순수 실험 설계와 준(유사)실험 설계 – 원인의 조작 여부
③ 기술적 연구와 설명적 연구 – 연구의 목적
④ 코호트(cohort)조사와 패널조사 – 동일표본의 반복 측정 여부
⑤ 전수조사와 표본조사 – 표본추출의 여부

8 양적 조사의 일반적 과정에 관한 설명으로 옳지 않은 것은? (14회 기출)

① 개념화 후에 조작화가 가능하다.
② 관찰은 변수의 의미를 구체적으로 정의하는 작업이다.
③ 구체적 조사 방법의 선택은 연구목적에 의해 영향을 받는다.
④ 이론적 명제로부터 가설이 도출된다.
⑤ 자료해석 후에 결론을 도출할 수 있다.

9 조사연구의 과정에 관한 설명으로 옳지 않은 것은? (12회 기출)

① 연구문제의 발견 및 설정은 조사에서 핵심적인 부분이다.
② 가설은 연구문제와 그 이론에 따라 구성되는 것이 바람직하다.
③ 연구문제설정은 가설 설정과 조사설계의 전 단계이다.
④ 연구문제 설정에서 비용, 시간, 윤리성 등이 고려되어야 한다.
⑤ 조사연구 과정은 자료의 분석으로 마무리된다.

10 조사연구 과정의 일부분이다. 이를 올바르게 나열한 것은? (17회 기출)

ㄱ. '대학생들의 전공에 따라 다문화수용성이 다를 것이다'로 가설 설정 ㄴ. 표본을 추출하여 자료 수집 ㄷ. 대학생들의 다문화수용성에 관한 선행연구 고찰 ㄹ. 구조화된 설문지 작성

① ㄱ－ㄴ－ㄷ－ㄹ
② ㄱ－ㄷ－ㄴ－ㄹ
③ ㄱ－ㄷ－ㄹ－ㄴ
④ ㄷ－ㄱ－ㄴ－ㄹ
⑤ ㄷ－ㄱ－ㄹ－ㄴ

정답 1. ④ 2. ② 3. ① 4 ① 5. ④ 6. ② 7. ② 8. ② 9. ⑤ 10. ⑤

CHAPTER 04

조사문제와 가설검증

1 조사의 계획

1) 조사계획의 필요성 및 목적

조사계획은 빌딩 건축을 위한 설계도와 같은 기능을 하게 된다는 측면에서 조사계획의 유형 가운데 광의의 조사계획인 거시적 조사계획(설계)을 의미한다. 조사주제에 대한 기본적인 아이디어에서 시작하여 조사의 추진 일정까지 전반적이고 구체적인 구조를 체계적으로 구성하는 작업으로 조사의 성패를 좌우한다고 볼 수 있다. 때문에 조사계획은 논리적으로 구성되어져야 하며 조사의 효율성과 효과성를 이끌어낼 수 있어야 한다.

조사계획의 목적은 한마디로 요약하면 조사문제에 대한 해답을 객관성, 정확성, 경제성, 그리고 타당성 있게 얻어내는 것이다.

2) 조사계획의 범위 및 유형

조사계획은 단순히 자료수집, 분석 및 해석까지만 계획하는 미시적인 수준의 접근과 주제 선정에서 결과해석까지 거시적인 수준의 접근으로 나누어진다. 거시적인 수준의 접근은 조사주제, 필요성, 목적, 가설을 포함하는 조사문제의 검토, 조사방법, 자료수집, 분석 방법 등의 조사 분석틀의 구축, 그리고 조사의 신뢰성과 타당성, 객관성과 일반화 가능성에 대한 평가까지를 포함한다.

조사문제의 해답을 효과적으로 얻기 위한 조사계획은 조사 목적 또는 상황에 따라 다를 수 있다. 목적에 따른 분류는 탐색적 조사 설계, 기술적 조사 설계, 설명적 조사 설계 등이 있다.

3) 조사계획의 내용

조사계획서는 조사가 시작되기 전에 효율적인 조사의 진행을 위하여 진행과정을 구체적으로 기술한 것이다.

(1) 조사제목

조사제목은 전반적인 조사내용을 포괄하며 부제는 조사의 범위를 좁혀 핵심적인 내용을 포함한다. 조사제목은 종속변인을 중심으로 변인 간의 관계성을 진술한다. 예를 들어, '노인의 학대 유형에 관한 조사'라면 종속변인인 학대 유형을 중심으로 변인 간의 관계성에 대한 조사를 암시한다. 또한, 부제로 '서울시 노인을 중심으로'를 붙였다면 조사의 범위가 서울시 지역으로 한정된다.

(2) 조사의 필요성 및 목적(1~2쪽)

조사의 필요성 및 목적은 조사의 핵심 부분으로 방향타 역할을 하게 된다. 조사의 필요성 또는 조사문제 제기를 통하여 조사의 목적을 이끌어 내게 된다. 조사의 목적은 조사의 필요성, 중요성 그리고 정당성 등을 내포하게 된다.

(3) 조사의 동향(2~3쪽)

주요한 학술지의 선행조사를 통하여 국·내외 조사 동향을 진술함으로써 본인이 진행하고자 하는 조사주제가 다른 조사자에 의하여 어느 정도 조사되고 있는지, 현재의 조사 동향과 일치하는지 등을 파악할 수 있다.

(4) 조사방법(1/2~1쪽)

어떠한 방법으로 조사 목적을 달성할 것인지에 대하여 구체적으로 진술한다. 선행조사를 통하여 개별 변인 또는 모형을 도표로 제시하고 가설을 서술한다. 또한, 조사대상, 표집방법, 측정도구, 자료수집 방법 그리고 자료분석 방법 등이 포함된다.

(5) 잠정 목차(1/2~1쪽)

서론, 이론적 배경, 선행조사, 조사방법, 조사결과 해석, 결론 순으로 정리한다.

(6) 기대 효과 및 활용 방안(1/2쪽)

조사결과가 주는 거시·미시적인 측면의 기대 효과와 활용 방안 또는 학문적·실천적 측면의 기대 효과 및 활용 방안에 대하여 진술한다.

(7) 주요 참고 문헌(1/2쪽)

논문에 인용될 주요한 문헌을 나열하여 진술한다. 참고 문헌은 일정 양식에 맞게 가나다 또는 알파벳순으로 나열하며, 국내 문헌을 먼저 나열하고 외국 문헌을 후미에 나열한다.

(8) 추진 일정(1/2쪽)

조사 환경을 고려하여 추진 일정을 적절하게 안배한다. 예측하지 못하는 사건의 발생으로 조사 일정이 지연될 수 있으니 약간의 시간적인 여유를 두어 작성한다.

〈표 4-1〉 조사 추진 일정의 예시

조사기간: 2021. 3. 1. ~ 2021. 12. 31.									
조사내용	1	2	3	4	5	6	7	8	9
문헌 고찰 설문 구성 예비 조사 본조사 자료분석 결과 해석 논문 작성									

2 조사주제와 조사문제

1) 조사주제

(1) 조사주제의 선정

조사주제의 선정은 사회복지조사의 공식적인 첫 번째 과정이다. 조사주제는 간단하게 주요 주제어를 개조식 문장으로 진술한다. 예를 들면, '노인종합복지관 정보시스템의 효과성 분석'으로 진술했다면 주제어는 노인종합복지관, 정보 시스템, 효과성이 될 것이다. '노인종합복지관의 근무환경이 이직 의사결정에 미치는 영향에 관한 조사'라면 주제어는 노인복지관, 근무환경, 이직 의사결정 등이 될 것이다.

조사주제가 너무 광범위하게 진술되면 부제를 달아 좀 더 명확하게 주제의 범위를 좁히기도 한다. 예를 들면, '사회복지사의 직무 스트레스가 이직의도에 미치는 영향: 노인종합복지관을 중심으로'와 같다.

일반적으로 조사주제 선정은 잠정적이며, 선정된 주제의 면밀한 검토를 통하여 조사할 가치가 있는지 결정하게 된다. 즉, 잠정적으로 정해진 조사주제는 조사문제 또는 가설로 발전되고 개념 또는 변인의 구체화와 명확화 과정에서 조사의 실현 가능성이 결정되게 된다.

조사주제는 조사자의 관심, 전공분야의 세부 관심분야, 조사 환경과 관련된 조사의 가능성 등 다양한 변인을 고려하여 선정하게 된다. 개인적 또는 전공적 관심이든지 조사주제 선정의 일반적인 목적은 사회복지관련 학문적 발전에 기여, 조사문제의 결과가 실천현장에 적용, 조사 결과들 간에 결과의 불일치, 새로운 현상의 발견의 이론과의 연관성, 구성원의 관심이 높은 문제 해결 등이다. 주요한 목적을 좀 더 구체적으로 기술하면 다음과 같다.

첫째, 사회복지 분야의 이론적 발전을 위한 주제이다. 자신이 전공하는 사회복지 분야에서 관심 있는 이론의 적용 또는 발전에 기여할 수 있다고 판단된다면 조사주제로 선정하게 된다. 예를 들어, '사회복지 분야에 게임 이론(game theory)의 적용에 관한 조사: 서비스 구매자와 공급자 분리시스템을 중심으로'와 같다.

둘째, 사회문제해결을 위한 주제이다. 사회복지분야에서의 조사주제 선정에 가장 영향을 주는 요인이다. 일반적으로 시대적 흐름 또는 경향을 반영하는 사회문제를 해결하기 위한 주제이다. 예를 들면, 최근 청년실업 해결을 위한 조사주제, 고령화 시대와 저출산 문제 등과 관련된 조사주제이다.

셋째, 실용성 제고를 위한 주제이다. 일반적으로 사회복지현장에 활용될 수 있는 실천기술 또는 정책입안을 위한 실질적인 전략과 같은 주제이다. 예를 들면, 노인복지 현장에서 케어 매니지먼트 활용의 효과성에 관한 조사와 같은 주제이다.

조사주제의 선정과 관련한 조사 대상 항목을 쿠마르(Kumar, 1996)는 사람, 문제, 프로그램, 현상으로 분류하였다. 조사 대상은 단일 항목일 수도 있고 둘 또는 세 가지가 통합된 복합 항목일 수도 있다.

조사주제를 위한 항목과 세부 항목은 다음 〈표 4-2〉와 같다.

〈표 4-2〉 조사주제 대상 항목 분류

조사 대상 항목	세부 조사 대상 항목의 예
사람	개인, 가족, 소집단, 조직, 지역사회 등
문제	원인, 구조, 실태, 현황, 특성 등
프로그램	효율성, 효과성, 만족도, 전달체계 등
현상	인과관계, 상관관계, 현상 그 자체

출처: Kumar(1996). p. 37. 최성재(2005). 『사회복지조사 방법론』. p. 103, 재인용 및 재구성.

(2) 조사주제 선택 요령

조사주제는 복수로 여러 개를 개발하여 최종적으로 하나를 선택하는 것이 일반적이다. 흔히 조사주제가 결정되면 조사의 1/3이 진행되었다고 이야기할 정도로 조사자는 조사주제 선택에 많은 시간과 에너지를 소모하게 된다.

일반적인 조사주제 선정 요령은 실제로 조사할 가치가 있는가와 실제로 조사가 실행될 수 있는가를 고민하는 데에서 시작된다고 볼 수 있다.

첫째, 조사의 가치와 관련된 주제 선택의 요령은 조사주제의 중요성과 조사주제의 이론적 관련성 등을 고려한다.

둘째, 실행 가능성과 관련된 주제 선택의 요령은 조사의 윤리성, 조사 대상자 확보 가능성, 시간 및 비용의 적절성 등을 고려한다. 좀 더 구체적으로 보면 다음과 같다.

- 경험이 많거나 사전지식이 있는 주제를 선택하라.
- 이론적 배경이 존재하는 주제를 선택하라.
- 조사의 경험이 있는 교수님, 선배님, 동료와 토의하라.

• 너무 광범위한 주제를 선택하지 마라.
• 흥미 있는 주제를 선택하라.

2) 조사문제의 설정

조사문제는 넓은 의미에서 조사주제에 포함되지만 좁은 의미에서는 조사주제와 분리하여 다루어진다.

조사문제란 둘 또는 그 이상의 변인 간에 어떠한 관계가 있는지에 대하여 질문을 던지는 의문형태의 문장이다. 어떠한 현상 또는 실체를 파악하기 위하여 그 현상 또는 실체와 관련된 변인 간의 관계에 대한 의문을 경험적 조사가 가능한 문장으로 표현한 것이라고 할 수 있다. 예를 들면, '자원봉사에 참여하는 노인과 그렇지 않은 노인의 삶의 만족도는 다를 것인가?'와 같은 형태이다.

조사문제는 조사를 통하여 밝히고자 하는 내용을 진술한 문장이라고 할 수 있다. 조사문제를 구성하는 변인 간의 방향성을 제시할 수 있을 때는 가설의 형태로 구체화된다. 하나의 조사문제는 여러 개의 가설로 구체화될 수도 있다.

조사문제는 어떠한 현상 또는 실체에 대한 의문에서 출발하게 된다. 일반적으로 순수사회과학인 심리학, 사회학에서는 인간과 사회에 대한 추상적인 문제에 대한 의문을 조사문제로 발전시키는 반면에 경제학, 교육학, 사회복지와 같은 응용사회과학에서는 실천현장에서 나타나는 실용적인 의문을 조사문제로 발전시키는 것이 일반적이다. 사회복지사는 사회복지실천현장을 중심으로 하는 개인적인 경험, 동료 또는 슈퍼바이저와의 대화, 전공서적 등에서의 의문을 조사문제로 발전시키기도 한다. 즉, 조사문제의 진술 단계에서의 조사자는 조사문제와 관련된 어느 정도의 지식은 가지고 있으나 완전하게 문제를 해결하기 위한 지식이 습득되지 않은 상태라고 할 수 있다. 조사문제와 관련된 지식 수준에 따라 탐색조사, 기술조사, 설명조사 순으로 구분된다.

3) 조사문제의 원천

조사자는 '무엇을 조사할 것인가?'에 대한 고민이 어느 정도 해결되면 조사를 시작할 수 있다. 이러한 고민에 대한 해답은 조사문제의 원천에서 찾을 수 있으며 그 원천은 매우 다양하다. 예를 들어 기존 이론적용의 한계, 사회적 욕구와 사회문제, 사회복지의 가치 실현, 사회규범 관련 문제해결, 조사자의 개인적인 경험, 강한 호기심 등을 들 수 있다. 좀 더 구체적으로 조사문제의 원천을 기술하면 다음과 같다.

첫째, 기존 지식의 한계, 미비, 새로운 현상과 기존 지식체계의 연결 등에 대한 의문이 조사문제의 원천이 될 수 있다. 기존의 과학적 지식체계는 가장 보편적이고 일반화된 과학적 지식이라고 할 수 있다. 그러나 어떠한 조사주제에 관하여 깊게 조사하고 논리적인 연역과정을 거치다 보면 기존의 과학적 지식체계의 한계 또는 모순을 발견하게 된다. 예를 들면, 일반적으로 시장경제 하에서 개발된 게임이론이 비용효과를 설명하는 유용한 이론임에도 불구하고 사회복지 분야에 유사시장경제가 도입된 국가에서는 게임이론의 적용에 어느 정도의 한계 또는 모순을 발견할 수 있을 것이다.

둘째, 과학의 발달 또는 전통을 포함한 사회적 규범의 변화는 기존 지식에 대한 축적의 필요성을 느끼게 하며 이것은 조사문제의 선정에도 많은 영향을 주게 된다. 많은 과학적 방법은 지식 축적을 벽돌 쌓기와 유사하다고 강조한다. 예를 들면, 인터넷을 통한 커뮤니케이션의 급격한 증가로 커뮤니케이션의 규범 변화가 요구되어진다. 그러나 사회복지분야에서 아직 인터넷을 통한 커뮤니케이션의 규범 변화에 적용할 수 있는 이론 또는 기술이 깊게 개발되어 있지 않은 상태이다.

셋째, 개인적 또는 사회복지실천현장의 경험은 조사문제의 착상에 많은 영향을 주게 된다. 사회복지의 실천은 사회와 인간에 대한 과학적 이론을 기반으로 이루어지지만, 일반적으로 한 개인을 대상자로 하는 사회복지의 특성상 일반적인 과학적 지식을 개별 사례에 적용하는 데에는 한계가 있다.

넷째, 사회적 요청은 또 다른 조사문제의 원천이 되기도 한다. 어떠한 사회 내에서 일어나는 정치, 경제, 사회적인 변화에 따른 사회적 요구는 조사자에게 많은 조사문제를 제공한다. 이러한 형태의 조사문제는 주로 정부 또는 기업의 각종 연구소에서 다루어지는 경우가 많으며 급박하게 해결을 요하는 문제일 경우가 많다. 예를 들어, 최근의 청년실업문제의 해결을 위한 조사물이 많이 양산되는 것은 한국 사회의 심각한 청년실업문제 해결을 위한 사회적 요청에 의한 것이라고 할 수 있다.

4) 조사문제의 형성과정

(1) 조사문제 형성단계

모든 의문은 조사를 위한 조사문제로 발전하는 것은 아니다. 앞에서 언급한 조사문제의 원천에서 많은 의문은 구체적인 조사문제로 바뀌지 못하고 단지 의문으로 남게 된다. 특히 훌륭한 조사결과는 어떠한 의문을 적절한 조사문제로 제기했을 때 얻을 수 있다. 즉, 조사문제의 형성은 매우 주의 깊게 이루어져야 하며, 처음부터 조사를 정확하게 규정하는 것은 쉽지 않다. 조사문제를 명확하게 규정하기 위하여 첫째, 조사문제를 일반적인 조사문제 구성 원칙에 의하여 '무엇은 무엇과 관련이 있는가?'와 같이 명확히 구조화하여야 한다. 둘째, 명확히 구조화된 조사문제는 용어(변인)를 명확히 해야 한다.

이렇게 형성된 조사문제를 기반으로 문헌고찰 또는 전문가에게 조언을 구한다.

(2) 문헌 또는 전문가의 조언단계

조사문제의 적절성을 판단하기 위하여 문헌고찰 또는 전문가의 조언은 필수적이라고 할 수 있다. 문헌 또는 전문가의 조언단계에서는 조사자가 설정한 조사문제와 관련하여 어떤 것이 이미 알려져 있는지 일차적으로 확인하는 단계이다. 이론적 배경을 구성하기 위한 본 조사는 문헌고찰보다는 약식으로 이루어지게 되며, 이 단계에서는 조사문제에 대한 직접적 해결보다는 조사문제의 해결을 위한 단서를 얻는 기회를 갖는다.

문헌 또는 전문가와의 면담을 통하여 다음과 같은 사항을 결정하게 된다.

첫째, 잠정적으로 설정된 조사문제와 관련하여 과거와 현재의 조사경향을 파악한다. 과거에서 현재까지 조사자가 잠정적으로 설정한 조사문제를 이미 다른 조사자가 검증하였을 수도 있다. 물론, 이미 조사결과가 도출된 조사문제를 다른 조사자에 의하여 재검증이 가능하기는 하지만 조사의 창조성에 있어서 문제가 될 수도 있다. 또한, 설정된 조사문제와 관련하여 어느 범위까지 조사가 다른 조사자들에 의하여 진행되었는지 파악하는 것은 매우 중요하다. 이러한 과정을 통하여 현재까지 진행된 선행조사를 통합 정리하는 기회를 가지게 될 것이다.

둘째, 주요 개념을 명확히 하고 이론적 근거를 발견한다. 문헌고찰과 전문가 면담을 통하여 조사문제를 구성한 주요 개념을 명확히 할 필요가 있다. 초보 조사자에게는 이 단계에서 가능한 한 개념의 범위 축소를 통하여 전체적인 조사의 범위를 축소시키는 작업이 필요하다. 또한, 설정된 조사문제를 뒷받침할 수 있는 이론이 무엇인지를 확인 및 요약할 수 있다. 특히 조사문제를 구성한 주요 개념 간의 관계를 직접 또는 간접적으로 설명할 수 있는 이론을 파악한다.

셋째, 조사 방법에 대한 아이디어를 구한다. 사회복지분야에서 검증이 시도된 많은 조사문제의 내용 및 구성형태가 유사한 것이 많다. 때문에 조사 설계, 자료수집 방법, 설문의 지표구성, 조작적 정의 등과 관련하여 아이디어를 구할 수 있다. 이러한 아이디어를 통하여 창조적 모방 작업을 유도할 수 있다.

넷째, 조사문제의 명확한 관점에 대한 규정은 문헌 또는 전문가 조언단계에서 매우 중요하다. 즉, 조사문제를 일차원적 또는 다차원적으로 접근할 것인지를 결정하여야 한다. 다차원적으로 접근하면 할수록 과학적 지식에서 요구하는 조사결과의 일반화와 객관화에 유리하게 작용한다. 그러나 다차원적으로 접근할 경우 조사방법이 복잡해지며 조사를 위한 시간과 비용이 많이 들게 된다.

(3) 조사문제의 적절성 판단단계

조사자는 문헌 고찰과 전문가 조언단계를 거쳐 조사문제의 적절성을 판단하게 된다. 적절성을 판단하는 근거는 조사결과의 학문적 · 사회적 중요성과 기여도에 의하여 결정된다고 볼 수 있다.

첫째, 조사범위의 적절성을 들 수 있다. 한정된 범위 내에서 구체적인 조사문제를 찾는 것이 중요하다. 기존에 축적된 지식체계에 조사결과의 불일치 또는 어떠한 현상에 대한 조사의 부족 등에서 발견할 수 있는 새로운 관점, 쟁점, 해결방안 등에서 독창성을 담보할 수 있어야 한다.

둘째, 조사의 현실적 여건을 고려해야 한다. 조사에 소요되는 시간, 자료의 용이성, 재원, 조사자의 능력, 윤리적인 문제 등이 고려되어 조사문제의 적절성이 판단되기도 한다.

셋째, 검증 가능성을 고려해야 한다. 지나치게 추상적이지 않아 검증될 수 있는 의문들에 대하여 결과를 산출할 수 있어야 한다. 개인의 취미, 관심, 신념 등은 학문적인 접근이라고 보기 어렵고, '유교문화는 언제 없어질 것인가?'와 같은 의문은 경험적으로 검증하기 어렵다.

넷째, 조사의 효용성이 담보되어야 한다. 형성된 조사문제가 무엇을 하려는 것인지 적절한 의도를 판단하는 것은 매우 중요하다. 예를 들어, '학문적인 지식의 축적이 목적이라면 어떠한 현상에 대하여 탐색, 기술, 설명, 예측을 위한 지식을 축적할 수 있느냐?'의 문제이다.

(4) 조사문제의 진술단계

① 조사문제의 진술

조사문제의 적절성이 판단되면 조사주제와 관련된 의문사항을 매우 구체적으로 진술한다. 조사문제에 도입된 개념 또는 변인의 개념적 정의가 구체적이지 않으면 조사자 자신뿐만 아니라 공동으로 조사에 참여하는 조사자들이 있다면 그들에게 혼란을 초래할 수도 있다. 때문에 새로운 조사문제의 진술이 요구될 수도 있고 주요 개념에 대한 조작적 정의가 요구될 수도 있다.

조사문제를 진술할 때는 문제해결을 통하여 얻고자 하는 것이 무엇인지 명확히 하여야 한다. 이미 알려진 지식 또는 선행조사가 없거나 새로운 조사주제인 경우 탐색에 적합한 조사문제를 진술하게 된다. 선행조사들에 의하여 이미 어느 정도 알려진 지식 또는 조사문제이나 명확화가 필요한 경우 기술 중심의 조사문제를 진술하게 된다. 조사문제의 발생 원인과 결과에 관심이 있다면 설명중심의 조사문제를 진술하게 된다.

조사주제는 한 개 또는 다수의 진술도 가능하며, 조사문제의 진술에서 요구되는 몇 가지 특징은 다음과 같다.

첫째, 조사문제는 조사문제의 직접적 노출을 위하여 의문의 형태로 진술한다.

예를 들어, '변인 a는 변인 b에 영향을 주는가?' 또는 '변인 a는 변인 b보다 변인 c에 영향을 얼마나 더 줄까?' 등으로 진술하게 된다.

둘째, 단순 명료하게 문제를 지적한다.

셋째, 변인 간의 관계에 대하여 서술할 때는 'A는 B와 관련이 있나?', 'A와 B는 C와 어떻게 관련이 있나?' 등으로 진술할 수 있다.

② 조사문제의 분석 단위

사회복지조사에서의 분석 단위는 조사를 통하여 무엇 혹은 누구를 대상으로 조사가 진행될 것인가로 자료 분석을 위하여 수집된 정보의 단위라고 할 수 있다. 조사자는 사람을 대상, 즉 개인 또는 집단을 분석단위로 할 수도 있고 사람이 아닌 주거 · 주택과 같은 사회적 가공물을 분석단위로 삼을 수 있다.

일반적으로 분석 단위는 자료수집이 종료되고 자료 분석 시도에 필요한 것으로 인식하고 있다. 그러나 단지 자료 분석 단계에서만 고려된다면 조사의 타당도와 신뢰도에 많은 영향을 주게 된다.

첫째, 조사주제를 선정하는 과정에서 분석 단위를 고려하고, 조사문제 또는 가설 진술 시 명확화 되어야 한다.

둘째, 조사문제 진술 단계에서 분석 단위는 사회복지조사에서 누구와 무엇이라는 의문을 해결하기 위한 기술적인 개념이며, 추상적인 조사주제와는 차이가 있다. 즉, 분석 단위란 한편으로 사회복지조사를 위한 자료수집의 대상이 되며, 다른 한편으로 사회복지조사자가 탐색, 기술, 또는 설명하고자 하는 목적이 되기도 한다.

셋째, 자료분석 단계에서 분석 단위는 모집단의 특성을 설명하기 위하여 맨 먼저 기술되어야 하는 단위를 말한다. 자료 분석이 개인 또는 집단 수준에서 이루어 질지라도 모집단의 특성을 파악 및 해석하게 되기 때문이다.

분석 단위는 일반적으로 개인, 가족 및 집단, 사회적 가공물로 분류되곤 한다.

가. 개인

사회복지조사에서는 개인을 분석 단위로 가장 많이 사용한다. 개인의 인구 · 사회학적 특성, 나이, 직업, 수입, 출생지 등과 연관 지어 개인의 특성을 기술 및 설명하게 된다. 예를 들어, '노인의 스트레스 수준이 높을수록 자살생각 수준이 높아질 것인가?'라고 조사문제를 진술했다면 조사자가 초점을 둔 분석 단위는 노인 개인이 될 것이다. 한편으로 분석 단위가 개인이지만 자신이 속한 어떠한 집단의 구성원으로 표현되기도 한다. 분석 단위가 개인이면 조사결과의 객관화와 일반화 과정에서 단지 구성원 중의 하나로 취급되곤 한다. 개인적인 분석 단위에서 일반화한 조사결과가 개개인에게 적용될 수 있음을 의미한다.

나. 집단

집단은 소집단(부부, 가족, 부모-자녀 등)과 대집단(지역사회, 군대, 학교 등) 그 자체가 분석 단위가 될 수 있다. 예를 들면, 장애유형별 고용률을 비교 분석한다면, 이때의 조사단위는 장애인 개인이지만 분석단위는 장애인 집단(신체적 장애와 정신적 장애 또는 15가지 유형 장애)이 된다. 동성연애자의 특성에 관한 조사를 위하여 동성연애를 하는 사람을 조사한다면 분석 단위는 개인이 될 것이다. 그러나 남자 동성연애자 집단과 여자 동성연애자 집단의 특성에 대한 차이점에 대하여 조사한다면 분석 단위는 집단이 될 것이다. 이때에도 조사 대상은 동성연애자 개인이 될 것이다.

이때의 조사문제는 상이하게 다를 것이다. 전자의 경우 '동성연애자의 특성은 어떠한가?'가 될 것이다. 후자의 경우 '여자 동성연애자와 남자 동성연애자의 특성은 다를 것인가?'가 될 것이다.

다. 사회적 가공물

사회적 가공물은 사람의 행위에 의하여 양산된 유형과 무형의 가공물을 의미한다. 예를 들어, 복지관, 자서전, 논문, 가정폭력, 우정, 사랑, 만족감 등을 말한다.

'최근 노인복지정책 관련 논문은 신보수주의 영향을 받았는가?'라는 조사문제를 진술하고 노인복지정책 분야의 논문 여러 편을 모아 신보수주의의 영향에 대하여 조사가 가능할 것이다. 이때 분석 단위는 노인복지정책 관련 논문이 될 것이다.

그러나 개인 또는 집단을 대상으로 조사가 이루어지나 분석 단위는 사회적 가공물이 될 수도 있다. 예를 들어, 저출산에 대한 조사를 위하여 조사 대상은 주로 개별 여성이 될 것이다. 이때 분석 단위는 사회적 가공물인 저출산이 되지만 조사 대상은 여성이 될 수 있다.

분석 단위와 관련된 오류

① **생태학적 오류:** 생태학적 오류는 집단이나 집합체 단위의 조사에 근거하여 그 안에 포함된 개인 단위의 특성을 추론하는 오류를 말한다.

예) 17개 시 · 도를 조사하여 '대학 졸업 이상의 인구비율이 높은 지역이 낮은 지역에 비해 중위 소득이 더 높다'는 분석 결과에 기초해 '학력 수준이 높은 사람이 낮은 사람에 비해 소득 수준이 높다'라고 해석한다면 이는 생태학적 오류를 범하는 것이다.

② **개인주의적 오류:** 개인주의적 오류는 생태학적 오류와는 반대로 '개인'을 단위로 분석한 조사결과를 토대로 그 개인 단위가 속한 '집단'의 특성을 추론하는 오류를 말한다.

예) A대학교 재학생을 대상으로 '양성평등'에 대한 의식조사를 분석한 결과, 다수의 학생들이 양성평등에 대해 지향성을 찬성하는 태도를 보인 것으로 분석되었다. 이를 토대로 'A대학교는 양성평등을 우호적으로 보는 의식이 강하다.'라고 해석한다면, 이는 개인주의적 오류에 해당한다. 학생 개개인의 특성에 대한 분석 결과를 토대로 학생들이 속한 집단(A대학교)의 특성을 추론하고 있기 때문이다.

③ **환원주의적 오류:** 환원주의적 오류는 어떤 현상의 원인이라고 생각되는 개념이나 변인을 지나치게 제한하거나 한두 가지로 환원(축소)하는 오류를 말한다.

예) 학교부적응 청소년의 학교부적응 원인을 경제학자는 빈곤문제로만 축소하여 설명하려고 하거나, 반대로 심리학자는 개인문제 요인으로만 귀결지어 설명하려고 한다면 이것은 환원주의적 오류에 해당한다.

3 가설과 가설검증

1) 가설과 가설검증

(1) 가설의 개념

가설은 조사문제가 구축되면 이것을 근거로 하여 경험적으로 검증이 가능하도록 만든 명제이다. 때문에 가설은 조사문제와 구조나 형태에서 유사하나 약간의 차이가 있다. 변인 간의 관계를 진술하는 것은 같으나, 조사문제는 현재형으로 가설은 미래형으로 진술한다. 또한, 가설은 조사문제보다는 논리적 타당성을 요구하게 된다.

가설은 이론처럼 무엇인가의 원인을 설명할 수 있는 속성을 가지고 있지만 단지 검증이 되지 않았을 뿐이다. 그러나 조사문제는 무엇을 설명하기보다는 단순히 문제를 제기할 뿐이다. 예를 들면, 가설은 '자아통합이 잘 이루어진 노인은 그렇지 않은 노인에 비하여 삶의 질이 높을 것이다.'이고, 조사문제는 '자아통합이 잘 이루어진 노인은 그렇지 않은 노인에 비하여 삶의 질이 높을 것인가?'이다.

이와 같이, 가설이란 둘 이상의 변인 간의 관계에 대한 일종의 추론된 진술이다. 즉, 독립변인과 종속변인의 관계의 진술을 통하여 조사결과에 대한 잠정적 결론이라고 할 수 있다. 가설을 간단하게 요약하면 다음과 같다. 첫째, 두 개 이상의 변인 관계, 둘째, 잠정적인 결론, 셋째, 검증이 필요하다.

이론은 추상적이어서 경험적인 검증이 쉽지 않기 때문에 이론에서 도출된 가설을 설정하고 조사를 통하여 간접 검증을 하게 된다. 이론으로부터 가설을 도출하지만 가설의 검증을 통하여 이론을 축적하게 된다. 그러나 때로는 조사에서 가설이 필요 없이 탐색이나 기술적 수준에서 머무는 경우도 있다. 즉, 현상에 대한 설명보다 어떤 현상이 있는지에 대한 설명, 묘사, 기술에 직접적 관심이 있는 경우이다.

가설은 설명과 예측을 목적으로 실증적인 검증과정을 거쳐 사실의 진위를 확인하고 검증결과를 도출하게 된다. 즉, 가설은 검증될 수 있으며, 확률적으로 옳은지 그른지 공공에 보여줄 수 있어서 객관적인 검증을 위한 수단이 된다.

가설 설정은 다양한 영역에서 아이디어를 얻을 수 있다. 첫째, 조사자의 일상생활 관찰, 둘째, 과거에 수행된 조사, 셋째, 일반이론으로부터 연역적 논리에 의하여, 넷째, 조사자의 직관 등 다양하다.

(2) 가설의 필요성 및 기능

사회복지조사에서 조사문제가 형성되면 그 조사문제에 대한 잠정적인 대답이 가설이라고 할 수 있다. 그러나 모든 조사문제가 가설로 발전할 수 있는 것은 아니기 때문에 가설의 필요성과 의의를 가설의 기능 측면에서 알아보기로 한다.

첫째, 가설은 조사를 위하여 제기된 조사문제를 구체화시키는 기능을 한다. 사회복지조사를 위하여 제기된 문제뿐만 아니라 문제제기에 포함된 개념이 매우 추상적일 수 있다. 가설은 제기된 추상적인 문제를 변인의 관계에 대한 설명적 진술을 통하여 구체화시킨다. 또한, 구체적인 개념적 정의를 통하여 문제제기에 포함된 개념을 명확화한다.

둘째, 가설은 조사의 방향타 역할을 하고 경험적으로 검증이 가능하도록 하는 절차를 제시하는 기능을 한다. 가설의 진술을 통하여 조사 실험설계 및 자료수집에 대한 방법을 명확히 할 수 있다. 가장 효과적으로 적용될 수 있는 조사 실험설계의 종류를 결정할 수 있으며 실험집단과 통제집단이 결정된다. 예를 들어, 가설 '자원봉사에 참여한 노인은 그렇지 않은 노인에 비하여 자아 통합 정도가 높을 것이다.'에서 순수 또는 유사 실험설계를 사용할 수 있으며, 실험집단은 자원봉사에 참여한 노인 그리고 통제집단은 자원봉사에 참여하지 않은 노인이 될 것이다.

셋째. 문제해결에 필요한 관찰 및 실험의 적정성을 판단하는 기능을 한다. 가설을 통하여 변인 간의 논리적 연관성을 확보하고 자료수집 과정에서 변인 간의 연관성이 없는 자료는 배제할 수 있다.

넷째, 가설은 이론형성에 기여한다. 가설의 검증은 이론의 형성과 검증을 주요한 목적으로 한다. 기존의 이론 또는 가설을 근간으로 또 다른 새로운 가설을 설정할 수 있으며, 검증을 통하여 이론 또는 관련 지식의 형성 및 체계화 기능을 한다.

(3) 가설의 조건

일반적으로 좋은 가설의 조건, 즉 가설평가 기준으로 명확성 및 간결성, 계량화 및 검증 가능성, 한정성, 가치중립성 등을 들 수 있다.

첫째, **명확성 및 간결성이다.** 두 개 이상의 변인 간의 관계에 대해 표현이 명확(명료)하고 논리적으로 간결한 서술이 요구된다. 변인을 구성한 개념에 대하여 조사자 개인뿐만 아니라 다른 조사자 또는 독자가 이해할 수 있도록 개념적 정의를 하여야 한다. 그러나 보편적으로 누구나 의사소통이 가능하도록 매우 애매한 용어의 사용을 삼간다. 또한, 가능하면 개념의 범위를 좁혀 관찰이 용이하게 이루어질 수 있도록 한다.

둘째, **계량화 및 검증 가능성이다.** 인과관계에 동원된 변인은 측정(개념의 계량화)이 가능해야 하며, 경험적으로 검증이 가능해야 한다. 개념적 정의가 불분명한 경우 가설이 막연하여 검증이 어렵게 된다. 예를 들어, '인생은 행복할 것이다.'와 같은 철학적 명제는 현실적인 검증이 어렵다.

셋째, **한정성과 가치중립성이다.** 검증할 필요 없는 당연한 결과는 가설이 되지 못한다. 또한, 조사자의 가치, 편견, 주관성 등이 배제되어져야 한다. 가설은 변인관계와 그 방향이 명백하여야 하며 반복적인 조사가 가능해야 한다. 예를 들어, '정직은 최선의 정책이다.'와 같이 이미 검증이 필요 없는 당연한 결과를 진술한 가설은 바람직하지 않다.

(4) 가설의 종류

조사목적에 따른 가설의 분류로는 기술(식별)적 가설과 설명적 가설이 있다. 기술적 가설은 하나의 변인에 대한 탐구와 기술을 목적으로 하는 반면에 설명적 가설은 둘 이상 변인의 상관관계를 검증하는 것을 목적으로 한다.

기술(식별)적 가설은 어떤 변인의 성질, 위치, 크기, 분포 등을 식별하기 위해 '무엇은 … 무엇이다.'로 표현된다. 반면에 설명적 가설은 변인 간의 관계에서 경험적 동질성의 파악을 위해 '만약 ~이면 ~이다.' 또는 '~일수록 ~하다.'로 표현된다. 전자의 예는 '노인의 자원봉사는 자아통합을 증진시킬 것이다.'이며, 후자는 '노인이 자원봉사를 많이 하면 할수록 자아통합의 정도가 높을 것이다.'이다.

설명적 가설은 조사의 진행과정에 따라 조사가설(research hypothesis)과 영가설(null hypothesis)의 설정으로 이루어진다. 조사가설은 연구가설 또는 대립가설로도 불리며, 조사자가 검증하고자 하는 가설이고 영가설은 조사(연구, 대립)가설을 검증하고자 세운 가설이다.

영가설은 '변인 또는 집단 간의 차이가 없다'고 진술하여 조사(연구, 대립)가설에 대한 반증의 목적으로 활용한다. 이것은 조사(연구, 대립)가설을 받아들이기 위한 수단으로 이용한다. 조사가설은 '변인 또는 집단 간의 차이가 있다'는 식의 서술로 영가설이 부정되었을 때 받아들이게 된다. 예를 들어, 조사(연구, 대립)가설은 '노인의 자원봉사는 자아통합을 증진시킬 것이다'. 이에 대한 영가설은 '노인의 자원봉사는 자아통합을 증진시키지 못할 것이다'.

변인의 수에 따라 단순가설과 복합가설로 분류되고, 추상성의 정도에 따라서 경험적 동질성 검증가설, 복잡한 이념형 검증가설, 분석적 변인 관계 검증가설로 분류된다.

(5) 가설의 진술 요령

가설의 진술이 '사람은 먹지 않고 살 수 있다'와 같은 항상 거짓 또는 '사람은 죽는다'와 같은 항상 참일 경우 검증하여야 할 이유가 없기 때문에 '소득이 높을수록 건강하다'와 같이 참과 거짓의 중간적 진술인 종합적인 문장으로 진술하여야 한다.

〈표 4-3〉 적절과 부적절 가설의 예시

문장의 종류	분석적 문장	종합적 문장	모순적 문장
기호적 표현	be not A or B	be A	be A but be not B
예시	be Seoul or be not Seoul	be Seoul	be Seoul but be not Seoul
진실 가능성	항상 진실	진실 또는 거짓	항상 거짓
가설 형태	부적절	적절	부적절

일반적으로 조사자는 조사의 목적에 따라 가설을 진술하고 가설을 구성하고 있는 변인 간의 인과관계를 확인한다. 인과관계의 확인과정은 다음과 같다.

첫째, **인과관계를 검증하기 위한 일차적 조건인 공변성을 확인하게 된다.** 공변성이란 독립변인이 변함에 따라 종속변인이 같이 변화함을 보여 주는 것이다.

둘째, **시간적 우선성을 확인한다.** 영향을 주는 독립변인이 영향을 받는 종속변인보다 시간적 우선성이 확인되어야 한다.

셋째, **외부설명이 배제 및 통제되어져야 한다.** 독립과 종속변인 간의 공변성과 시간적 우선성의 관계가 제3의 변인에 의하여 유발되는지 확인하여야 한다.

일단 인과관계가 확인되면 인과관계 조건을 판단하여야 한다.

첫째, **필요조건이다.** 하나의 독립변인은 결과를 발생시킬 수 있는 수많은 변인 중의 하나이다. 따라서 결과를 발생시키기 위한 필요조건은 그 독립변인이 필수적이지만 충분하지 못한 경우이다.

둘째, **충분조건이다.** 독립변인이 종속변인의 하나의 대안적인 변인으로 그 자체로 충분한 결과를 발생시킬 수 있는 경우이다. 충분조건이 발생하면 그 자체로 결과를 상당한 수준까지 발생시킬 수 있다.

셋째, **필요충분조건이다.** 가장 이상적인 인과관계로 독립변인이 완전하고 유일한 하나의 조건으로서 종속변인을 결정하게 된다.

(6) 가설과 인과관계

가설은 단순히 개념 또는 변인을 열거하는 것이 아닌 그것들 간의 관계를 진술하는 것이다. 즉, 그들의 관계를 원인인 독립변인과 결과인 종속변인의 인과관계를 진술하는 것이다. 이러한 인과관계가 정적 관계 또는 부적 관계 그리고 선형관계 또는 비선형관계로 형성될 수가 있다.

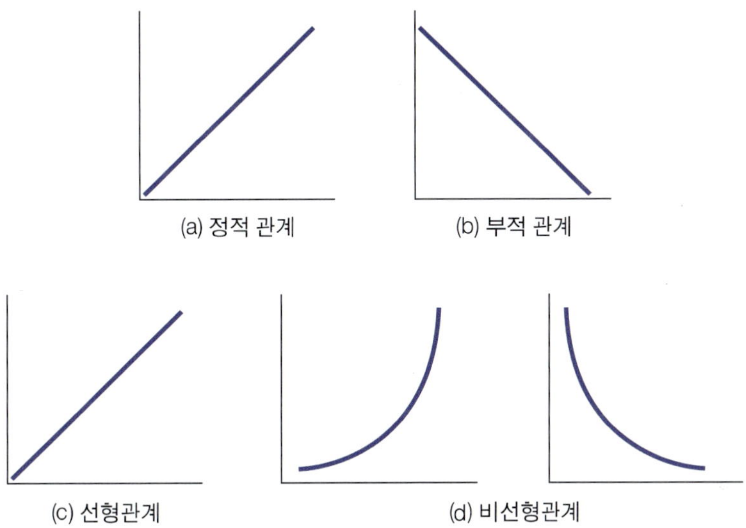

[그림 4-1] 가설과 인과관계

첫째, **정적 관계와 부적 관계이다.** 정적 관계(positive relationship)란 독립변인의 변화와 종속변인의 변화가 동일 방향으로 진행되는 것을 의미한다. 예를 들어, 제공되는 서비스의 양과 노인들의 만족도 관계에서 노인들에게 주어지는 서비스의 양이 증가할수록 만족도가 높아지고, 서비스의 양이 줄어들면 만족도가 낮아지는 것을 의미한다. 부적 관계(negative relationship)란 독립변인의 변화와 종속변인의 변화가 방향이 다른 경우이다. 예를 들어, 사회복지사의 근무시간과 직무 만족도의 관계에서 사회복지사의 근무시간이 늘어나면 늘어날수록 직무 만족도가 낮아지고, 근무시간이 짧아질수록 직무 만족도가 높아지는 것을 의미한다.

둘째, **선형관계와 비선형관계이다.** 선형관계(linear relationship)는 독립변인의 변화 비율과 종속변인의 변화 비율이 동일한 경우이다. 비선형관계(nonlinearrelationship)는 독립변인의 변화 비율과 종속변인의 변화 비율이 다른 경우이다. 때문에 선형관계는 독립과 종속변인의 관계가 직선으로 표시되고 비선형관계는 곡선으로 표시되게 된다.

2) 가설의 명확화 과정

가설을 명확화하기 위하여 개념, 용어, 정의의 관계를 알아볼 필요가 있다. 앞에서 설명되었듯이 개념은 어떠한 현상과 실체에 관한 추상적인 생각이라고 할 수 있고, 이러한 추상적인 생각을 언어로 표현한 것이 용어이며, 이러한 용어의 뜻을 문장으로 진술함과 동시에 개념의 뜻을 밝히는 것이 정의이다.

우리는 종종 개념과 정의를 같은 뜻과 같은 기능을 하는 것으로 동일시하여 사용한다. 그러나 개념은 어떠한 추상적인 현상을 객관화할 수 있도록 한 두 개의 용어로 간결하게 표현한 것이다. 반면에 정의는 한 두 개의 용어를 묶어서 같은 의미의 다른 용어로 비교적 길게 진술한 것이라고 할 수 있다.

(1) 개념화와 개념적 정의

① 개념화

사회복지에서 동일한 용어일지라도 사용되는 분야와 맥락에 따라 다양한 의미를 내포할 수 있다. 예를 들어, '빈곤의 원인에 관한 조사'라는 주제에서 어떤 사람은 빈곤을 정신적인 빈곤을 생각하고, 어떤 사람은 물질적 또는 문화적인 빈곤을 생각하고, 혹자는 또 다른 성격의 빈곤에 대하여 생각할 수 있다.

이러한 혼란을 예방하기 위하여 개념화 과정을 거치게 된다. 어떤 개념이 더 좋은지를 구분하는 것이 아니라, 조사의 관심과 초점에 합당한 개념을 규정하는 것이라고 할 수 있다. 때문에 개념화는 광범위한 개념을 구체화된 개념으로 만드는 과정이라고 할 수 있다.

구체적으로 설명하면 경험적 현상을 추상적 개념으로 만들고 추상적인 개념의 일반화 과정을 거쳐 조사에 유용한 개념을 만든다. 이러한 과정은 사물과 사물의 특성을 조사 · 관찰하고 분별하게 해줌으로써 개념의 명확성 또는 정밀성을 확보하게 된다.

② 개념적 정의

개념적 정의는 연구 대상이 되는 사람, 사물의 속성, 현상 등의 변수를 개념적으로 정의하는 것이다. 개념적 정의는 어떠한 개념에 다른 개념을 사용하여 기술하는 것으로 흔히, 국어사전에 명시된 경우가 대부분으로 사전적 정의라고도 한다. 어떠한 대상의 개념적 정의를 시도할 때 정의하고자 하는 개념의 포괄적인 속성을 포함하여야 하며 명확하게 긍정적으로 표현한다. 예를 들면, 현상을 개념적으로 정의하면 '관찰 가능한 대상이나 사건'이라고 간략하게 진술할 수 있고, 개념을 개념적으로 정의하면 '경험적으로 인지할 수 있는 어떤 대상이나 현상을 대변하는 것'이라고 길게 진술할 수도 있다. 예를 들면, 자아통합감이란 자신의 일생을 수용하고 현재 생활에 만족하며 과거, 현재, 미래 간에 조화된 견해를 가지며 죽음에 대한 공포가 없는 심리적 안녕 상태를 말한다.

(2) 조작화와 조작적 정의

① 조작화

조작화는 가설이 설정되면 가설 속에 포함된 추상적인 핵심 개념(용어)을 실제 경험 세계와 결부시켜 측정할 수 있게 하는 과정이다. 앞에서 설명되었듯이, 추상성이 높은 개념은 측정이 어렵기 때문에 개념화를 통하여 개념적 정의를 하게 된다. 개념적 정의 범위 내에서 측정 가능한 변인으로 조작화 과정을 통하여 조작적 정의를 하게 되고 그 결과가 일반적으로 조사지표로 나타나게 된다.

② 조작적 정의

조작적 정의는 측정이 불가능한 추상성이 높은 개념을 본래의 속성이 손상되지 않고 측정이 가능하도록 조작화한 정의를 말한다. 즉, 조작적 정의는 추상성이 높은 개념 수준을 경험 또는 관찰이 가능한 수준으로 연결하는 역할을 하며, 흔히 지표와 같은 역할을 한다. 다시 말해 이론과 가설 수준을 관찰 또는 측정으로 연결하는 다리 역할을 한다. 예를 들면, 자아통합감과 우울감은 다양한 문항을 구성하여 해당 개념을 측정할 수 있도록 표준화된 척도를 활용하여 측정할 수 있다.

일반적으로 적절성, 경제성, 그리고 정확성이 담보된 좋은 조작적 정의가 되기 위한 조건은 다음과 같다.

첫째, 신뢰도가 있고 복제가 가능해야 한다.
둘째, 타당해야 한다.

③ 조작화 과정

개념, 변인, 그리고 조작적 정의로 발전할수록 추상성은 사라지고 구체성을 띠게 되며, 하나의 개념은 둘 이상의 변인으로, 하나의 변인은 둘 이상의 조작적 정의로 나타낼 수 있다.

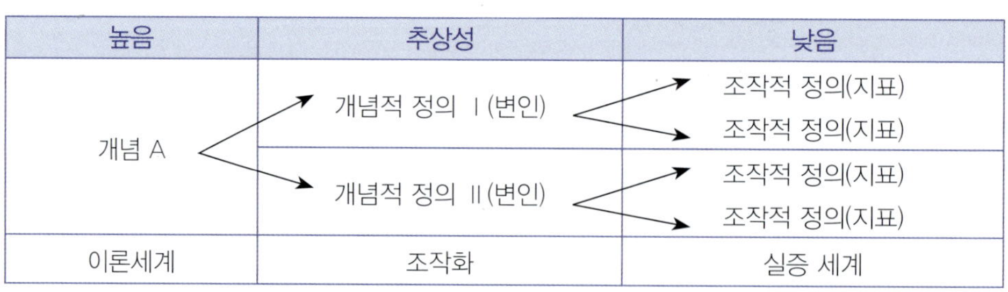

[그림 4-2] 조작화 과정

이와 같이, 조작적 정의는 조작화 과정을 거쳐 만들어진 정의로 과학적인 조사를 위하여 가설 속의 개념은 조작적 정의를 통하여 경험적인 사건 또는 현상을 측정하게 한다.

위 과정의 예는 다음과 같다. 어떠한 조사자가 '사회적 지위와 자원봉사 참여도의 상관관계'라는 주제로 '사회적 지위가 높을수록 자원봉사 참여도가 높을 것이다.'라는 가설을 세웠다.

조사가설의 독립변인에서 사회적 지위, 종속변인에서 자원봉사, 참여(자원봉사 참여)와 같이 여러 개념이 도출될 수 있다. 이러한 개념을 측정이 용이하도록 조작하는 개념화 과정을 통하여 개념적 정의를 만들게 된다.

이때 '사회적'이라는 개념적 정의는 '사회와 관계되는 것', '사회성을 지닌 것' 등이다. '지위'의 개념적 정의는 '집단에서 연령, 성(性), 직업, 소득 등에 따라 결정되는 개인의 위치'라고 할 수 있다. 이러한 개념적 정의의 결과로 '사회적 지위'라는 변인을 도출하고 다시 개념적 정의를 시도하게 된다. '사회적 지위'라는 변인의 개념적 정의는 소속이나 직업, 출신이나 능력 등에 따라 전체 사회 속에서 차지하는 위치라고 할 수 있다.

이러한 정의에서 조사자는 자원봉사라는 개념과 관련이 깊다고 고려되는 변인만을 취하게 된다.

한편으로 '자원봉사'의 개념적 정의에는 '자기 스스로 판단하여 참여하는 자유의지에 따라 이루어지는 활동', '자신의 만족만을 위하여 서비스를 제공하는 행위가 아니라 이웃을 위해 더 넓은 의미로 사회 전반적 필요를 충족시키는 다함께 사는 공동체의 번영을 위한 활동', '활동의 목적이 경제적 수입을 위한 것이 아니라 활동자체를 위한 봉사', '일정한 봉사주기 및 횟수를 정하여 정기적 또는 연속적으로 활동하는 일회성이 아닌 지속성 활동' 등이 있다.

그러나 조사자는 이러한 변인을 직접 측정할 수 없으므로 조작적 정의를 시도하게 된다.

개념의 조작화를 통하여 개념화 과정을 거쳐 보다 구체화된 변인은 좀 더 경험적이고 구체적인 조작화를 통한 조작적 정의의 과정을 거쳐 지표로 나타나게 된다. 예를 들어, 사회적 지위의 경우 전체 사회에서 차지하는 위치로 학자마다 상, 중, 하의 3단계, 또는 상, 중상, 중, 중하, 하의 5단계로 나누기도 한다. 이때 조작적 정의를 한다면 조사에서는 소속이나 직업, 출신이나 능력 등에 따라 전체 사회 속에서 차지하는 3등급 위치라고 할 수 있다. 이러한 조작적 정의의 결과로 사회적 지위의 지표를 만든다면 상, 중, 하로 표시할 수 있다.

(3) 변인

① 변인의 개념

변인은 한 개념이 여러 개의 값을 지니는 것으로 두 개 이상의 종류로 실증적 검증과정에서 논리적인 집합체인 개념이 측정 가능하도록 숫자나 기호가 부여된 것이다. 즉, 개념은 추상적인 것이고 변인은 개념을 조작화 하여 측정이 가능하도록 한 것이다. 대표적인 예로, '성별'이라는 변수는 '남자' 혹은 '여자'라는 두 개의 속성을 갖으며, 각각에 ①②번호를 부여하여 ① 남자 ② 여자로 계량화가 가능하도록 한다.

그러나 변인이란 개념의 경험적 상대역으로, 변인과 개념은 종종 구분되지 않으나, 모든 개념이 변인은 아니지만, 모든 변인은 개념이다. 왜냐하면, 어떠한 사실의 속성과 일정한 기준에 따라 여러 가지 값을 부여할 수 없는 개념은 변인이 될 수 없기 때문이다.

개념의 범주가 조작화되지 않았거나 단 한 가지인 경우는 변인이 될 수 없고, 상수로 취급한다. 예를 들어, 사회복지는 변인이 아닌 개념으로 취급하지만 사회복지 분야 또는 사회복지 수준은 변인으로 취급된다. 사회복지 분야는 노인복지, 장애인복지, 아동복지 등으로, 사회복지 수준은 상, 중, 하의 범주로 분류되어 하나의 변인으로 간주된다. 사회복지는 개념으로 측정이나 계량화가 불가능하고 단지 일반적인 성격만을 나타나고 있다. 그러나 사회복지 수준은 사회복지의 속성과 계량화를 가능하게 하기 때문에 하나의 변인으로 간주된다.

② 변인의 종류

변인의 종류는 역할과 속성에 따라 분류된다. 역할에 따른 분류로 원인적 변인은 다른 변인에 영향을 주는 독립변인과 독립변인의 영향을 받아 변화하는 결과를 예측할 수 있는 종속변인으로 분류할 수 있다. 또한, 매개변인은 독립변인과 종속변인의 중간에서 두 변인 간의 관계에 영향을 미치는 제3의 변인을 말한다. 변인이 가지는 단위의 한계성을 나타내는 속성에 따른 분류에서 크기나 양에 따라 분류되는 연속변인과 종류나 특질에 따라 분류되는 비연속변인으로 구분된다.

가. 독립변인과 종속변인

독립변인은 종속변인을 예측할 수 있는 선행조건 변인이 된다. 독립변인은 일정하게 전제된 원인을 의미하므로 원인변인, 예측변인, 또는 독립변인은 종속변인의 변화를 설명하는 역할을 하게 때문에 설명변인이라고도 한다.

종속변인이란 독립변인의 영향을 받아 변화하는 변인을 말한다. 독립변인이 원인이라면 종속변인은 결과라고 할 수 있다. 종속변인은 조사자가 설명하려고 하는 결과변인이다.

예를 들어, '사회복지사의 능력이 사회복지서비스의 질에 영향을 주는가'라는 가설을 설정했을 때, 사회복지사의 능력 유무는 독립변인, 사회복지서비스의 질은 종속변인에 해당된다.

실험조사는 어떠한 실험조건이나 처치가 어떠한 대상에 어떠한 영향을 주는가에 관심이 있는데, 어떠한 실험조건이나 처치가 독립변인에 해당된다. 그러나 실험에 영향을 주는 모든 변인을 고려할 수 없으므로 조사의 목적과 관계가 있는 변인만을 취하게 된다. 이렇게 조사의 목적에 맞게 변인의 수를 조절함으로써 조사의 효율성을 높일 수 있다.

〈표 4-4〉 독립변인과 종속변인의 비교

독립변인	종속변인
종속변인의 원인	독립변인의 결과
선행 조건	후속 결과
수학 방정식에서 x	수학 방정식에서 y
조사자에 의하여 조작	독립변인의 변화에 따라 변화
다른 변인의 예측 근거	다른 변인의 예측 대상

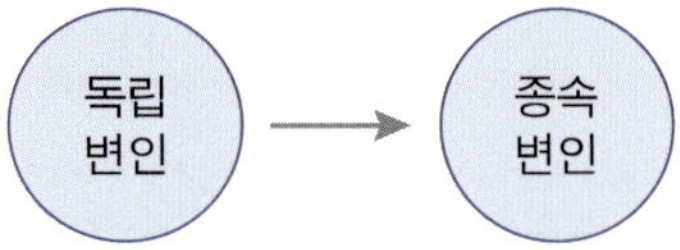

[그림 4-3] 독립변인과 종속변인의 관계

나. 매개변인, 통제변인, 조절변인

오늘날 휴먼서비스를 조사하는 많은 학자는 독립변인과 종속변인의 단순관계에 의한 상관 정도의 파악으로 인간행동을 결론을 내는 것은 한계가 있다고 보고 있다. 왜냐하면 동일한 자극에 의한 반응도 개인차의 존재에 의하여 다양하기 때문이다. 독립변인과 종속변인 사이에 외적 행동에 영향을 미치는 내적 · 심리적 변인이 존재한다고 보고 있다. 두 변인인 독립변인과 종속변인과 직접적인 관계가 없는데 제3의 변인이 두 변인의 중간에서 연결하여 두 변인과 간접적인 관계를 가지는 변인을 매개변인이라고 말한다. 예를 들어, 사회복지사의 능력이 사회복지서비스의 질을 담보할 수 있는지를 알아보고자 할 때, 자원의 활용 정도도 사회복지서비스의 질에 영향을 주는 제3의 변인으로 간주된다면, 사회복지사의 능력과 자원의 활용 정도가 동시에 사회복지서비스의 질의 영향에 상호작용을 한다면 자원의 활용 정도는 매개변인이 된다.

매개변인의 시간적 위치는 독립변인보다는 늦게 작용하고 종속변인보다는 빠르게 작용하여 영향을 주게 된다.

통제변인은 종속변인에 영향을 주는 독립변인이라고 할 수 있으나, 조사자에 의하여 고려되지 않은 독립변인이다. 통제변인은 조사에서 채택된 독립변인의 변화에 따른 종속변인의 변화가 참 또는 거짓의 판단을 가능하게 한다. 시간적 진행상으로 통제변인은 독립변인과 같은 시간선상에 위치하게 된다. 통제변인은 외생변인, 매개변인, 조절변인 등의 제 3의 변수는 모두 해당된다. 독립변인과 종속변인 사이의 인과관계를 확인하기 위해서 모든 제3의 변인을 모두 통제하는 것은 불가능하기 때문에 선행 연구 결과에 기초하여 종속변인에 영향을 미칠 것으로 유력한 제3의 변인을 조사 설계에서 통제하게 된다.

조절변인은 독립변인과 종속변인 간의 관계의 강도나 방향을 변화시킬 수 있는 혹은 조절하는 변인이다. 예를 들어, '집단따돌림이 아동의 자아존중감에 미치는 영향은 교사의 지지에 따라 다를 것이다'에서 집단따돌림은(독립변인)이 자아존중감(종속변인)에 영향을 미친다.'에서 교사의 지지에 따라 집단따돌림이 자아존중감에 미치는 영향의 정도가 달라질 수 있다. 이때 '교사의 지지'는 조절변인이 된다.

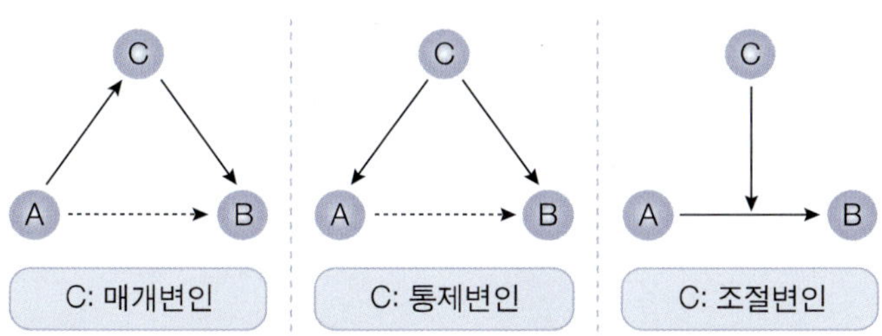

[그림 4-4] 매개변인, 통제변인, 조절변인

다. 질적 변인과 양적 변인

변인은 상호 배타적인 속성의 집합이며, 다른 말로 표현하면 특정한 값의 집합이라고 할 수 있다. 그런데 이러한 값을 두 가지 방법으로 나타낼 수 있다. 변인의 값을 속성의 유무에 따라 '있다' 또는 '없다'로 표현되는 질적 변인과 변인의 값을 특정한 수치로 나타내는 양적 변인으로 표현할 수 있다. 예를 들어, 지능을 나타낼 때 '높다' 또는 '낮다'로 표현한다면 질적 변인이고, IQ 110, 120, 130으로 나타낸다면 양적 변인에 해당된다.

라. 연속변인과 비연속변인

앞에서 언급한 양적 변인은 다시 연속변인과 비연속변인으로 구분할 수 있으며 변인의 단위가 한계적이냐의 여부에 따라 한계적이지 않은 경우 연속변인이 되고, 한계적인 경우에 비연속변인이라고 한다.

비연속변인은 빈도로 표출이 가능하며 여기서 빈도란 유목(category)에 속한 개체의 수를 말한다. 개체는 그 자체가 독립성이 있기 때문에 개체와 개체는 반드시 불연속적이다. 예를 들어, 대학의 학년이라는 유목에는 1, 2, 3, 4학년이 상호 배타적으로 존재하며 1, 2학년 또는 4, 3학년은 존재할 수 없다. 또 다른 예로 성별의 경우 '남자' 또는 '여자'가 있다. 이러한 변인을 비연속변인라고 칭한다.

연속변인은 비연속변인과 다르게 변인의 속성이 수량화가 가능하다. 예를 들어, 신장은 180cm로 표현이 가능하다. 그러나 여기서 180cm란 175.5~185.5cm 사이를 의미한다. 이것은 180cm를 중심으로 1cm 안에 무수히 많은 간격으로 연속적으로 이어진 변인이라는 것을 의미한다.

그러나 어떠한 변인은 취급하는 상태에 따라 연속 또는 비연속변인으로 분류되기도 한다.

기타 변인

① **억제변인:** 하나의 변인과 정적(+)으로 상관되어 있고 다른 하나의 변인과 부적(–)으로 상관되어 있어 독립변인과 종속변인 간의 관계를 누르는 변인

예) 교육 수준이 높을수록 소득 수준이 높다는 가정이 있다고 할 때, 연령은 억압변인으로 작용해 두 변인 사이의 관계를 왜곡시킨다. 즉, 연령은 교육 수준과는 정적으로, 소득 수준과는 부적으로 관련이 있다.

② **왜곡변인:** 독립변인과 종속변인 간의 관계를 정반대의 관계로 나타나게 하는 변인

예) 기혼자의 자살률이 미혼자의 자살률보다 더 높게 나왔다고 했을 때 연령을 통제해 본 결과 오히려 미혼자의 자살률이 더 높은 것으로 나타났다면, 이때 연령은 왜곡변인이다.

3) 가설검증의 과정 및 전략

사회복지조사의 결과를 논리적으로 추론하여 이론을 강화 또는 수정하기 위하여 경험적으로 일반화된 내용과 가설을 비교하게 되는데, 이러한 전반적인 과정을 가설검증이라고 한다. 가설검증의 구체적인 일반적 과정은 다음과 같다.

첫째, 영가설을 세운다. 조사가설의 상대가설로 검증결과를 기각하는 기준으로 삼게 된다. 예를 들어, 조사가설이 '사회적 지위에 따라 자원봉사 참여도는 차이가 있다.'라면 영가설은 '사회적 지위에 따라 자원봉사 참여도는 차이가 없다.'라고 진술하게 된다.

둘째, 가설검증을 위하여 가설검증 과정을 비판적으로 검증하기 위해 비교의 근거가 과학적인지 확인한다. 즉, 가설은 연역적 절차에 의하여 구축되고 가설검증을 위하여 척도 구성, 샘플링(표집), 자료수집, 자료분석, 모수추정 등의 과정을 체계적으로 점검한다. 먼저, 분석 수준(척도)이 결정되면 분석 단위를 결정하게 된다. 대체로 분석의 단위는 개인이나 집단이 되는 경우가 많으며 분석 단위는 조사 설계와 자료수집과 분석에 영향을 미치게 됨을 고려한다. 분석 단위가 결정되면 경제성을 고려한 표본을 결정한 후 조사 설계와 자료수집 방법을 결정한다.

셋째, 가설과 경험적 일반화의 비교를 위하여 객관적인 척도와 수용 영역을 결정한다. 자료분석의 기법에 따라 가설을 검증하여 가설의 기각 여부를 결정한다.

영가설을 수용 또는 기각을 할 수 있는 근거로 확률을 사용하게 된다. 이때 확률의 크기를 유의 수준이라고 하며 주로 $p=.05$ 수준에서 결정하며, 이 유의 수준은 연구자가 임의로 결정한다.

넷째, 수집된 표본의 산술평균으로부터 표본분포에서 영가설이 참일 가능성의 면적을 계산하여 확률로 환산한다. 계산된 확률의 크기가 유의 수준보다 작으면 영가설을 기각하고 조사가설을 채택하게 된다.

다섯째, 자료분석과 검증을 근간으로 가설이 연역적 이론에 대하여 지니는 의미를 판단한다. 즉, 이 과정에서 이론의 정교화, 수정, 재구성이 이루어진다. 어떠한 이론에 대한 가설검증은 지속적으로 다른 조사자, 다른 환경, 다른 형태의 가설로 검증과정을 거치게 되고 결국에는 수많은 검증결과를 통하여 통합이 이루어지게 된다.

요 약

- **조사문제:** 둘 이상의 답이 가능한 의문문 형태로 서술하며, 경험적 검증이 가능해야 하고 가치판단이 내포되지 않아야 한다.

- **조사문제의 분석 단위:** 개인, 가족 및 집단, 사회적 가공물

- **분석 단위와 관련한 오류:**
  ① 생태학적 오류: 집단 단위로 분석한 결과를 개인 단위로 결론짓는 오류
  ② 개인주의적 오류: 개인 단위로 분석한 결과를 집단 단위로 결론짓는 오류
  ③ 환원주의적 오류: 분석단위를 한두 요인으로 지나치게 단순화하는 오류

- **가설**: 둘 이상의 변인 간의 관계에 대한 일종의 추론적 진술
  1) 가설의 조건: 명확성 및 간결성, 계량화 및 검증 가능성, 한정성과 가치중립성
  2) 가설의 종류
     ① 조사가설(연구가설, 대립가설): 조사자가 검증하고자 하는 가설
     ② 영가설(귀무가설): 조사가설을 검증하고자 세운 가설
  3) 가설과 인과관계: 정적관계와 부적관계, 선형관계와 비선형관계

- **개념화:** 개념을 변인으로 구체화하는 과정

- **조작화:** 가설 속의 핵심 용어를 실제 세계와 결부시켜 측정할 수 있게 하는 과정

- **변인**
  1) 그 값이 변하는 개념이다. (측정 가능한 면)
  2) 적어도 두 가지 이상의 값을 가지는 개념이다.
  3) 대상의 경험적 속성을 나타낸다.
  4) 가설의 진술에 사용될 때, 조작적 정의가 이루어지면 개념이 변인으로 바뀐다.
  5) 변인은 통계분석의 기본 단위이며, 변인이 어떤 특성을 가졌는가에 따라 사용 가능한 통계분석 방법이 결정되기 때문에 변인의 특성을 이해하는 것이 중요하다.

- **변인의 종류**
  1) 변인의 기능에 따른 분류
     ① 독립변인: 다른 변인에 영향을 주는 변인으로서, 시간적으로 영향을 받는 변인보다 선행한다. 원인 변인 혹은 가설적 변인이라고도 한다.
     ② 종속변인: 독립변인의 영향을 받아 일정하게 변화되는 결과를 보이는 변인이다. 결과변인 혹은 예측변인이라고도 한다.

③ 허위관계(가식적 관계): 실제로 두 변인 간 관계가 없는데 다른 변인이 끼어들어 관계가 있는 듯 보이는 관계를 허위관계 혹은 가식적 관계에 있다고 표현한다.
④ 외생변인: 실제로는 관계가 없는 두 변인 사이에 끼어들어 마치 관계가 있는 듯 보이게 만드는 변인이다.
⑤ 통제변인: 두 변인 간의 관계를 좀 더 정확히 파악하기 위해 두 변인 간의 관계에 영향을 미칠 수 있는 제3의 변인을 통제하는 경우 이 제3의 변인이다. 통제변인은 외생변인도 될 수 있고, 억제변인이나 매개변인이 될 수도 있다.
⑥ 매개변인: 인과관계가 있는 것으로 보이는 두 변인 사이에 독립변인과 종속변인의 인과관계를 매개해 주는 변인이다. A → B → C
⑦ 억제변인: 하나의 변인과 정적(+)으로 상관되어 있고 다른 하나의 변인과 부적(−)으로 상관되어 있어 독립변인과 종속변인 간의 관계를 누르는 변인이다.
⑧ 조절변인: 독립변인과 종속변인 간의 관계의 강도나 방향을 변화시킬 수 있는 혹은 조절하는 변인이다.
⑨ 왜곡변인: 독립변인과 종속변인 간의 관계를 정반대의 관계로 나타나게 하는 변인이다.

2) 변인의 속성에 따른 분류
① 질적 변인: 성별과 같이 변인의 값이 범주로 되어 있는 변인
② 양적 변인: 연령과 같이 변인의 값이 범주가 아니라 연속되는 값을 갖는 변인

3) 속성과 측정하는 방법에 따른 분류
① 연속변인: 변인의 값에 최소한의 단위가 없고 연속적 수치로 나타낼 수 있는 변인이다.
연속변인의 예로는 무게, 신장, 시간, 온도 등을 들 수 있다.
② 비연속변인: 변인의 값에 최소 단위가 있는 변인이다. 이산변인의 예로는 화폐 단위, 가족 수 등을 들 수 있다.

- **가설 검증과정**

1) 영가설과 조사가설을 서술한다.
2) 영가설을 검증하기에 적절한 통계방법을 선정한다.
3) 유의 수준을 결정하고 검증의 종류(양방 · 일방)에 따른 영가설 부정한계 영역을 정한다.
4) 선정된 통계방법에 의하여 검증통계의 값을 계산한다.
5) 영가설을 긍정 · 부정하는 통계적 결정을 내린다.

CHAPTER ④ 연습문제

1 연구문제(research question)의 서술에 관한 설명으로 옳은 것은? (14회 기출)

① 주로 평서문 형태로 서술되어야 한다.
② 다루는 범위가 넓게 서술되어야 한다.
③ 연구 결과의 함의에 맞추어 서술되어야 한다.
④ 연구의 관심이나 의문의 대상이 서술되어야 한다.
⑤ 정(+)의 관계로 서술되어야 한다.

2 사회복지 조사의 연구문제에 관한 설명으로 옳은 것을 모두 고른 것은? (16회 기출)

ㄱ. 연구문제는 연구자의 관심이나 의문의 대상을 포함한다.
ㄴ. 잠정적 결과를 예측하는 연구문제를 제시할 수 있다.
ㄷ. 모든 사회복지 조사는 연구문제가 있다.
ㄹ. 문제형성 과정에 다른 연구자의 참여가 가능하다.
ㅁ. 연구문제가 변수 간의 관계를 예측할 필요는 없다.

① ㄱ, ㅁ　　② ㄴ, ㄹ　　③ ㄱ, ㄹ, ㅁ
④ ㄱ, ㄴ, ㄷ, ㅁ　　⑤ ㄱ, ㄴ, ㄷ, ㄹ, ㅁ

3 개입의 효과를 평가하는 연구에서 '두 개 모집단의 평균 간에 차이가 없을 것이다'라는 영가설에 관한 설명으로 옳지 않은 것은? (14회 기출)

① 위 가설을 기호로 표시하면 $\mu_1 = \mu_2$ 이다.
② 가설 검증에서 반드시 필요한 가설이다.
③ 연구자가 참으로 증명되기를 기대하는 가설이다.
④ 개입의 효과가 우연(표본추출오차)에 의해서 발생하였다고 진술하는 가설이다.
⑤ 연구가설을 반증하기 위해 사용되는 가설이다.

4 개념의 조작화 과정에 관한 설명으로 옳은 것은? (11회 기출)

① 조작적 정의, 명목적 정의, 측정의 순서로 이루어진다.
② 조작적 정의는 개념에 대한 사전적 정의이다.
③ 변소를 조작적으로 정의하는 방법은 한정되어 있다.
④ 조작화 과정의 최종 산물은 수량화이다.
⑤ 질적 조사에서 중요한 과정이다.

5 가설에 관한 설명으로 옳은 것을 모두 고른 것은? (18회 기출)

ㄱ. 이론적 배경을 가져야 한다.
ㄴ. 변수 간 관계를 가정한 문장이다.
ㄷ. 가설구성을 통해 연구문제가 도출된다.
ㄹ. 창의적 해석이 가능하도록 개방적으로 구성되어야 한다.

① ㄱ, ㄴ ② ㄱ, ㄷ ③ ㄱ, ㄴ, ㄹ
④ ㄴ, ㄷ, ㄹ ⑤ ㄱ, ㄴ, ㄷ, ㄹ

6 변수에 관한 설명으로 옳지 않은 것은? (17회 기출)

① 직접 관찰할 수 있는 것들만 측정한 것이다.
② 경험적으로 측정할 수 있는 개념이다.
③ 조작적 정의의 결과물이다.
④ 두 개 이상의 속성을 가져야만 한다.
⑤ 연속형 또는 비연속형으로 측정될 수 있다.

7 변수 간의 관계에 대한 설명으로 옳지 않은 것은? (11회 기출)

① 복지정책이 소득 수준 향상의 원인일 때 복지정책은 독립변수이다.
② 소득 수준 향상이 경제발전의 결과라면 소득수준은 종속변수이다.
③ 경제 수준이 비슷한 국가를 대상으로 복지정책의 빈곤감소효과를 조사할 때 경제 수준은 통제변수이다.
④ 경제발전으로 복지정책의 재원이 늘어 생활수준이 향상되었다면 경제발전은 매개변수이다.
⑤ 경제여건에 따라 복지정책의 빈곤감소효과가 달라진다면 경제여건은 조절변수이다.

8 변수와 가설에 관한 설명으로 옳은 것을 모두 고른 것은? (16회 기출)

ㄱ. 가설은 검증이 가능해야 한다.
ㄴ. 가설은 변수 간의 관계를 가정하는 문장이다.
ㄷ. 모든 변수는 개념이 아니지만 모든 개념은 변수이다.
ㄹ. 영가설은 독립변수가 종속변수에 영향을 미치는 않는다고 가정한다.

① ㄱ, ㄴ　② ㄱ, ㄹ　③ ㄱ, ㄴ, ㄹ
④ ㄴ, ㄷ, ㄹ　⑤ ㄱ, ㄴ, ㄷ, ㄹ

9 가정폭력이 피해 여성의 우울증에 미치는 영향은 여성이 맺고 있는 사회적 네트워크의 수준에 따라 달라진다는 연구 결과가 발표되었다. 이 연구에서 존재하지 않는 변수는? (18회 기출)

① 독립변수
② 매개변수
③ 종속변수
④ 조절변수
⑤ 내생변수

10 다음 가설에서 ㄱ–ㄷ이 의미하는 변수의 종류를 바르게 짝지은 것은? (14회 기출)

> 청소년이 제공받은 전문가지지(ㄱ)는 외상경험(ㄴ)이 정신건강(ㄷ)에 미치는 부정적 영향을 완화시켜 줄 것이다.

	㉠	㉡	㉢
①	독립변수	매개변수	조절변수
②	조절변수	독립변수	종속변수
③	독립변수	종속변수	통제변수
④	통제변수	종속변수	매개변수
⑤	매개변수	독립변수	종속변수

11 다음에서 설명하는 오류는? (15회 기출)

> 17개 시 · 도를 조사하여 대학 졸업 이상의 인구비율이 높은 지역이 낮은 지역에 비해 중위 소득이 더 높음을 알게 되었다. 이를 통해 학력수준이 높은 사람이 낮은 사람에 비해 소득 수준이 높다는 결론에 도달했다.

① 무작위 오류
② 체계적 오류
③ 환원주의 오류
④ 생태학적 오류
⑤ 개체주의적 오류

12 매개변수에 관한 설명으로 옳지 않은 것은? (14회 기출)

① 독립변수에 선행한다.
② 종속변수와 관련성이 있어야 한다.
③ 독립변수와 종속변수 간 관계를 분석할 때 유용하다.
④ 매개변수가 2개 이상인 연구모형이 가능하다.
⑤ 모든 측정수준(명목, 서열, 등간, 비율)의 변수가 매개변수로 사용될 수 있다.

13 또래관계증진 프로그램이 결혼이민자 가정 자녀들의 자아정체감에 미치는 영향을 평가하는 연구를 실시하고자 한다. 이때 자아정체감의 차이를 불러올 수 있는 부모의 사회경제적 지위는 다음 중 무엇에 해당하는가? (17회 기출)

① 산출변수
② 외생변수
③ 투입변수
④ 종속변수
⑤ 전환변수

14 다음 연구에 관한 설명으로 옳지 않은 것은? (15회 기출)

17개 시 · 도에서 2010년부터 2015년까지 매년 수집한 자료를 이용하여 '청년실업률이 범죄율에 미치는 영향과 추세'를 분석하였다.

① 독립변수는 청년실업률이다.
② 종속변수는 비율척도이다.
③ 분석단위는 개인이다.
④ 양적인 자료를 분석한 연구이다.
⑤ 종단연구이다.

15 경험적으로 검증할 수 있는 가설의 예로 옳은 것은? (17회 기출)

① 불평등은 모든 사회에서 나타날 것이다.
② 대한민국에서 65세 이상인 노인이 전체 인구의 14 % 이상이다.
③ 다양성이 존중되는 사회가 그렇지 않은 사회보다 더 바람직하다.
④ 여성의 노동참여율이 높을수록 출산율은 낮을 것이다.
⑤ 모든 행위는 비용과 보상에 의해 결정된다.

정답 1. ④ 2. ⑤ 3. ③ 4. ④ 5. ① 6. ① 7. ④ 8. ③ 9 ② 10. ②
11. ④ 1 2. ① 13. ② 14. ③ 15. ④

P/A/R/T/ 02

사회복지조사의 설계

CHAPTER 05

실험조사설계

1 조사설계의 개관

1) 실험조사설계의 필요성

실험조사설계(research design)는 실험조사디자인, 실험조사계획 등 다양한 용어로 사용한다. 이러한 용어에서 공통적으로 의미하는 것은 조사와 관련된 문제에 대한 답을 얻기 위한 계획, 구조, 전략 등 조사의 전반적인 과정이라는 것이다.

좀 더 구체적으로 실험조사설계는 조사문제에 대한 해답을 끌어내기 위한 계획과 전략이라고 할 수 있다. 실험조사설계는 조사문제에 대한 정확한 해답을 끌어내기 위하여 조사문제와 상관관계가 높은 변인의 집중적 관찰 및 분석을 가능하게 한다. 여기서 관찰은 일반 관찰과 다르게 조사자가 독립변인을 조작하여 조사문제에 보다 적합한 내용의 관찰을 시도하게 된다.

사회복지조사에서 실험조사설계가 필요한 이유는 첫째, 대부분의 조사주제가 종속변인에 영향을 주는 독립변인이 많다. 조사를 수행하는 과정에서 주요한 변인만을 활용하고 나머지 변인을 통제하기 위함이다. 둘째, 현상이 측정하기 어렵거나 불가능한 경우가 많다. 윤리적인 문제 또는 환경적인 문제 등 다양한 원인에 의하여 조사가 불가능한 경우를 경험하게 되는데 설계 단계에서 파악하는 것은 매우 중요하다. 셋째, 조사 대상의 검증이 불가능한 경우가 많다. 조사 대상이 장애 또는 노화로 조사가 불가능한 경우가 종종 발생하곤 한다.

2) 실험조사설계의 목적

(1) 실험조사설계의 목적

실험조사설계의 목적은 거시적인 목적과 미시적인 목적으로 나눌 수 있다. 거시적인 목적으로 ① 경제적인 조사문제와 조사가설의 답을 제공한다. ② 변수 간의 관계를 검증할 수 있게 한다. ③ 조사나 분석의 방향을 제시한다. ④ 자료분석 방법을 제시한다. ⑤ 가능한 결론의 윤곽을 제시한다.

미시적인 목적은 변량의 통제를 통하여 독립변인과 종속변인의 관계를 명확히 하여 조사문제에 대한 해답을 경제적으로 얻기 위함이다.

① 체계적 변량(독립변인의 변량)의 극대화를 통하여 독립변인의 강도 변화를 크게 하여 종속변인의 변량을 크게 하기 위함이다.

② 오차변량의 극소화, 즉 체계적 오차(bias)와 무작위 오차를 극소화하여 오차변량을 극소화하기 위함이다.

③ 조사문제와 관련이 없는 변인을 제거하기 위함이다.

(2) 실험조사설계와 변량

실험조사설계는 실험 대상이 되는 변인의 변량을 통제하기 위함이다. 여기서 변인의 변량이란 변인의 점수들이 서로 다른 것을 말하며, 통제란 조사실험에서 핵심적 주요 변인의 변량을 극대화하고 핵심 변인에 영향을 주는 다른 변인의 영향을 최소화 또는 제거하기 위함이다. 즉, 가설 또는 조사문제에서 진술된 독립변인과 종속변인 간의 관계가 주요 다른 변인에 의함이 아니고 독립변인의 변화에 의하여 종속변인이 변하게 하는 것인지를 정확하게 확인하기 위함이다.

① 변량의 개념

변인은 '두 가지 또는 둘 이상의 값을 경험적으로 분류할 수 있는 개념'으로 정의된다. 때문에 변인은 필연적으로 최소한 두 개 이상의 값을 가지게 된다. 예를 들어, 성별의 경우 두 개의 값인 남과 여, 사회계층의 경우 세 개의 값인 상 · 중 · 하, 사회복지조사론 점수는 101개의 값 0~100점까지 가지게 된다.

우리는 이러한 변인의 값이 각기 서로 다른 정도를 변량이라고 한다. 예를 들면, 100명의 학생이 사회복지조사 방법론 시험을 치렀을 때 각각 학생의 점수가 0점에서 100점까지의 범위가 분포할 수도 있고, 최소 60점에서 최대 90점까지 범위에서 점수가 겹치는 학생도 있을 것이다. 전자의 경우 평균을 기준으로 넓게 펴져 있고, 후자의 경우 평균을 중심으로 좁게 펴져 있다고 볼 수 있다. 예시처럼 변인 값이 평균을 중심으로 얼마나 집중 또는 분산되어 있느냐를 나타내는 자료분석(통계)의 개념 중의 하나가 변량이다. 즉, '변량이 크다'는 것은 변인의 값이 평균을 중심으로 넓게 분산되어 있다는 것이고 '변량이 작다'는 것은 반대로 변인 값이 평균을 중심으로 집중되어 있다는 것을 의미한다.

② 변량의 종류와 통제

실험조사설계는 가설 또는 조사문제에 의하여 제시된 독립변인과 종속변인의 관계에서 독립변인의 변화에 대한 종속변인의 변화를 검증하고자 만들어지게 된다. 독립변인의 변화는 조사자가 만들어 놓은 원칙 또는 규칙에 의하여 체계적으로 변하게 되기 때문에 독립변인이 변하는 정도를 체계적 변량이라고 한다. 독립변인 처럼 조사자가 세워 놓은 원칙 또는 규칙은 아니지만 종속변인에 체계적으로 영향을 미치는 제3의 변인이 있을 수 있으며, 그 변인의 변화를 체계외적 변량이라고 한다. 그 외에 조사자가 인식하지 못하는 사이에 종속변인에 영향을 주는 변인의 변화를 비체계적 변량(오차변량)이라고 한다.

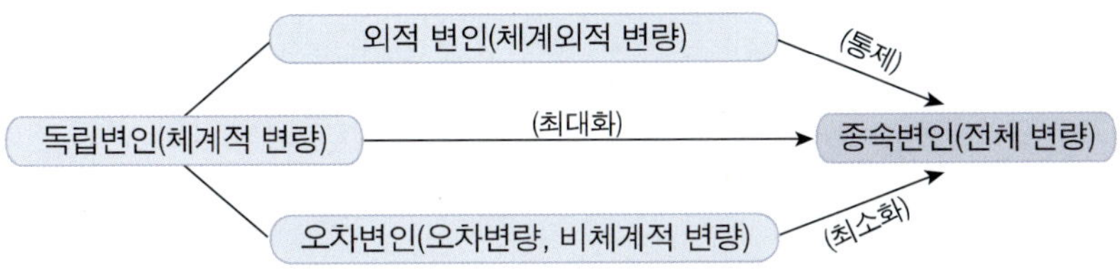

[그림 5-1] 변량의 종류

출처: 최성재(2005). 『사회복지조사 방법론』. p. 152, 수정.

앞에서 언급되었듯이 실험조사설계의 핵심은 변량의 통제이며 여기서 통제는 세 가지 의미를 가지고 있다. 첫째, 체계적 변량의 극대화, 둘째, 체계 외적 변인의 통제, 셋째, 오차변인의 최소화이다.

3) 실험조사설계와 인과관계의 확인

앞에서 언급하였듯이 실험조사설계는 정확한 인과관계를 확인하는 데 중요한 역할을 하게 된다. 즉, 실험조사설계는 정확한 인과관계를 확인하기 위한 논리적인 구조라고 할 수 있다.

인과관계란 어떠한 현상 또는 사건을 일으키는 원인과 그 원인에 의하여 영향을 받는 결과의 관계를 말한다. 사회복지조사의 설명 수준에서는 인과관계 검증이 주요한 목적이다. 사회복지관련 현상에 대한 인과관계를 규명함으로써 정책의 수립 또는 실천에 활용하게 된다. 사회복지를 포함한 사회과학에서 인과관계는 결정론이 아닌 확률론에 근거하여 표현된다. 이것은 독립변인을 완벽하게 조작할 수 없으며 통제변인을 완벽하게 통제할 수 없기 때문이다. 예를 들어 '경기가 악화되면 청년실업이 증가한다'라는 가설검증에서 경기 악화가 청년실업 단하나의 원인이라고 볼 수 없기 때문이다.

인과관계의 성립을 위한 판단기준은 다음과 같다.

첫째, 공변성이다. 인과관계의 검증에 필요한 일차적인 조건으로 독립변인 변화의 영향으로 종속변인이 같이 일정한 방식으로 변화함을 보여 주는 것이다. 이것은 비교집단을 형성하여 독립변인의 조작 전과 후에 종속변인의 변화를 확인하기 위함이다.

예를 들어 가설이 '경기가 악화되면 자살률이 증가한다'라면 경기가 좋아지면 자살률이 감소하게 되어 독립변인이 변하면 종속변인이 동시에 변하게 된다.

둘째, 시간적 우선성이다. 두 변인 간의 시간적 우선성의 확인으로 독립변인은 시간상으로 종속변인보다 먼저 발생하여야 한다는 것이다. 이것은 독립변인의 조작이 종속변인의 변화보다 선행되어야 한다는 조건이다.

예를 들어 가설이 '경기가 악화되면 자살률이 증가한다'라면 시간적으로 경기 악화가 자살률 증가보다 시간적으로 선행되어져야 한다.

셋째, 원인(독립변인)의 조작화이다. 독립변인의 조작화, 즉 변화가 일어나지 않으면 종속변인의 변화의 확인이 불가능하다.

예를 들어 가설이 '경기가 악화되면 자살률이 증가한다'라면 독립변인인 경기는 악화, 유지, 또는 회복 등 다양한 양상으로 조작화가 되어져야 종속변인이 자살률의 변화를 확인할 수 있다.

넷째, 통제성이다(외부설명의 배제). 두 변인 간의 공변성과 시간적 우선성의 관계가 제 3의 변인에 의하여 영향을 받지 않도록 통제하는 것을 말한다. 통제성은 외적 변인의 통제와 오차변인의 최소화를 통하여 독립변인과 종속변인 관계의 순수성을 확보할 수 있다.

예를 들어 가설이 '경기가 악화되면 자살률이 증가한다'라면 자살률에 영향을 주는 다양한 요인 중 경기를 제외하고 모든 요인은 통제를 해야 한다.

다섯째, 개방체계가 전제이다. 특정 사회현상은 하나의 요인에 의하여 발생하지 않고 다양한 요인들에 의하여 발생하게 된다. 때문에 넷째에서 언급된 통제성이 필요하게 된다.

여섯째, 확률적 결론이다. 사회복지를 포함한 사회과학 조사에서 결정론적으로 결론을 내는 것은 불가능하다. 조사결과는 통상 신뢰수준 95%, 또는 99%의 확률로 결정하게 된다.

예를 들어 가설이 '경기가 악화되면 자살률이 증가한다'라면 가설의 기각 또는 수용은 신뢰수준 95% 또는 99%에서 결정하게 된다.

2 실험조사설계의 내 . 외적 타당도

실험조사설계가 훌륭하다는 의미는 '타당도가 높다'라는 의미와 일치한다. 여기서 '실험조사설계가 타당하다.'라는 의미는 두 가지로 설명이 가능하다. 실험조사설계를 통하여 첫째, 종속변인의 변화가 독립변인의 영향에 의한 것임이 확실하게 밝혀져야 한다. 둘째, 이렇게 밝혀진 독립변인과 종속변인의 관계에 대한 결과가 조사대상과 범위를 넘어 일반화가 가능해야 한다. 즉, 독립변인과 종속변인의 영향 관계와 관련된 타당도를 '내적 타당도'라고 하고 결과의 일반화와 관련된 타당도를 '외적 타당도'라고 한다.

내적 타당도가 높다고 해서 외적 타당도가 높은 것은 아니다. 내적 타당도와 함께 실험조사설계의 외적 타당도를 높이는 것은 중요하다. 왜냐하면 실제 조사가 이루어지는 범위 내에서 인과관계의 검증(내적 타당도)은 일반화된 현상(외적 타당도)을 설명하는 이론 정립에 기여할 수 없기 때문이다. 따라서 내적 타당도는 외적 타당도를 위한 필요조건이지만 충분조건은 아니다.

1) 내적 타당도

(1) 내적 타당도의 개념(인과성 확인)

내적 타당도란 종속변인에서 나타나는 변화가 독립변인의 변화에 의한 것임을 확인한 정도를 말한다. 다른 요인이 아닌 독립변인 조작의 결과가 종속변인의 변화를 초래한 정도가 통계적으로 유의한 정도의 차이를 나타났다. 바꾸어 말하면 원인이 다르면 결과가 다를 수밖에 없다는 논리이다. 즉, 인과성에 대한 추론 가능성의 정도를 의미한다.

(2) 내적 타당도 저해 요인

내적 타당도를 확보하기 위하여 내적 타당도 저해 요인을 파악하고 요인을 통제할 방안 및 전략을 마련하여야 한다. 내적 타당도 저해 요인은 여덟 가지로 분류하는 데 내적 요인과 외적 요인으로 분류한다. 외적 요인은 편향된 선발이며, 나머지 일곱 개는 내적 요인으로 간주한다. 그 요인들은 다음과 같다.

① 편향된 선발 효과(selection bias)

편향된 선발은 내적 타당도 저해요인 중 외적 요인으로 내적 요인과 다르게 실험조사설계의 실행 전에 발생하는 오류이다. 즉, 실험조사 대상자의 선정과 표집과정에서 무작위추출이 이루어지지 않거나 체계적인 편견이 작용되면 편향된 선발 효과가 발생한다. 즉, 실험집단과 비교집단의 선정 시 두 집단 간에 비교될 수 없는 성격을 내포하고 있을 때 발생하는 내적 타당도 저해 요인이다.

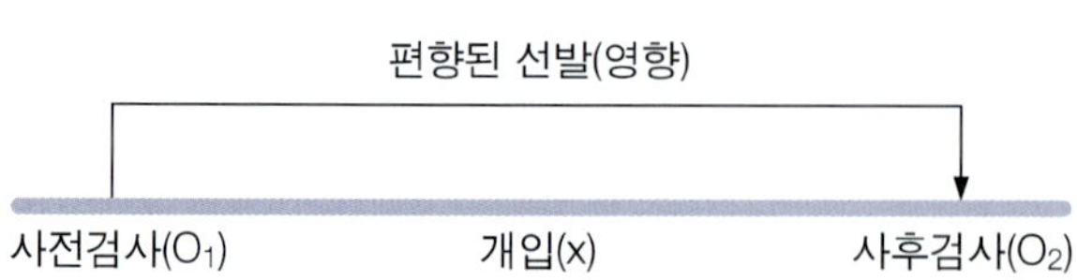

[그림 5-2] 편향된 선발 효과

실험조사자가 실험 후 결과의 차이가 독립변인 조작의 결과에 의한 차이라기보다 원래의 차이일 가능성이 제기될 수 있다. 예를 들어, 복지관의 방과 후 학습프로그램의 평가를 위하여 실험집단과 통제집단으로 분류하여 프로그램이 진행되었다.

그런데 실험집단과 통제집단의 분류 시 무작위가 아닌 조사자의 의도적 표집에 의하여 실험집단은 학교성적이 중상, 통제집단은 중하의 학생들을 표집 했다면 편향된 선발 효과가 발생하게 된다. 이는 실험집단과 통제집단의 차이가 독립변수인 방과 후 학습프로그램 때문에 발생한 것인지, 애초에 두 집단이 동질적이지 못했기 때문에 발생한 것인지 판단하기 어렵다.

② 시간적 경과 또는 성숙효과(maturation effect)

조사 대상이 되는 개인, 집단, 사회, 현상은 생태학적으로 진화 · 발달하고 성장하게 된다. 때문에 사전과 사후 사이에 조사 대상의 특성이 변화하여 결과에 영향을 주는 것을 말한다. 일반적으로 횡단적 실험조사보다는 종단적 실험조사과정에서 발생하게 된다.

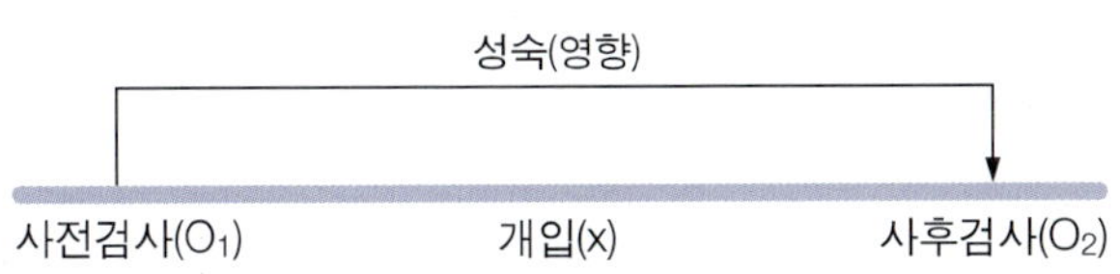

[그림 5-3] 성숙 효과

실험조사의 기간이 길어지거나 실험조사의 대상자가 아동일 경우 성장과 노인일 경우 퇴화가 급속히 일어나 성숙 효과가 나타날 가능성이 크다. 예를 들어, 장애전담 어린이집의 발달장애아 신체증진 프로그램의 효과성을 평가할 때 시간의 진행에 따른 아이들의 신체적 성장에 대한 고려 없이 효과성이 평가된다면 조사결과가 왜곡되게 된다.

또 다른 예를 든다면, 노인의 특수감각 노화예방 프로그램의 효과성을 평가하기 위한 조사에서 나이의 진행에 따른 감각기관의 노화를 고려하지 않는다면 프로그램의 효과에 관계없이 효과성이 낮아질 수밖에 없다.

성숙효과를 통제하기 위하여 비교집단의 설정이 요구되며 급격한 성장과 퇴화가 예상되는 조사 대상자는 조사기간을 짧게 설정할 필요가 있다.

한편 끔찍한 사고 또는 트라우마와 같은 사건의 예로, 2020년 여름 폭우로 인한 재난지역주민을 대상으로 위기개입프로그램의 효과성을 검증하고자 조사 대상자에게 일정 기간 동안 이루어지는 특정 개입의 효과를 조사하는 경우, 종속변수의 변화가 개입의 효과일 수도 있지만 끔찍한 사건으로부터 시간이 어느 정도 지났기 때문에 시간 자체의 치유효과로 나타날 수 있다.

③ 측정효과(testing effect)

동일한 측정의 반복에 의하여 측정 대상자가 측정도구에 익숙해짐에 따라 측정 대상자의 변화는 없는데 조사의 결과에 영향을 주는 것을 말한다. 사전과 사후실험조사에 같은 설문지를 사용했을 때 응답자가 사전실험조사를 위한 설문내용을 기억하여 사후실험조사 설문에 영향을 주는 경우이다. 한 응답자가 여러 명의 조사자에 의하여 제시된 비슷한 설문내용에 대하여 응답한 경험이 있을 경우 전에 응답한 설문내용에 영향을 받아 응답이 왜곡되는 경우도 있다.

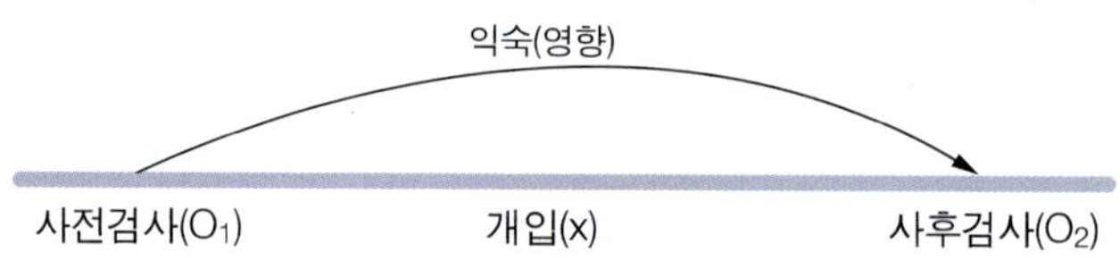

[그림 5-4] 측정 효과

예를 들어, 중학생 자기효능감 향상을 위한 단기 집단프로그램 사전사후 검사(조사)를 실시하기 위하여 프로그램 전에 자기효능감을 검사하고 프로그램 진행 후에 자기효능감을 검사할 경우에 사전에 활용한 검사 내용의 기억이 사후검사(조사)에 영향을 미치는 경우이다. 때문에 사전과 사후 검사(조사)의 시간적인 간격을 주도록 권하고 있다.

④ 측정도구효과(instrumentation effect)

일반적으로 불완전한 측정도구를 사용했을 때 발생한다. 실험조사과정에서 사용하는 설문지, 녹음기, 사진기 등과 같은 보조도구의 불완전에서 나타나는 실험조사결과의 차이를 일컫는다. 또는 사전과 사후 측정 사이에 다른 측정도구를 사용했을 경우에 발생하는 타당도 저해 요인이다. 예를 들어, 복지관에서 도입한 새로운 방과 후 학습프로그램의 효과성을 시계열 실험조사설계를 사용하여 측정할 경우 매번 측정에 다른 내용의 설문지를 사용한다면 효과성 검증을 위한 비교가 불가능할 것이다. 그러나 이러한 매번의 측정을 비교한다면 조사의 타당도를 저해하게 된다.

또 다른 예로, 사회복지사가 또래관계 증진프로그램을 실시하고 관찰을 통해 프로그램 실시 전후의 변화를 조사하여 비교하였다. 사전검사는 학교 담임선생님이, 사후검사는 담당 사회복지사가 관찰을 담당하였다면, 서로 다른 관찰자에 의해 내적 타당도가 저해된다.

측정도구 효과를 방지하기 위하여 이미 검증된 신뢰도 있는 도구 및 방법을 사용하며, 사전과 사후 비교 시 비슷한 환경과 비슷한 도구의 활용을 통하여 어느 정도 해결이 가능하다.

⑤ 통계적 회귀효과(statical regression)

통계적 회귀란 처음에 극단적인 점수를 얻은 사례들이 다음번에는 평균치에 가까운 점수를 얻게 된다는 현상을 말한다. 즉, 사전검사(조사)에서 극단적으로 높은 점수를 보인 실험조사 대상자들이 사후검사에서는 점수가 낮아지고, 반대로 극단적으로 낮은 점수를 보인 실험조사 대상자들이 사후검사에서는 점수가 높아지는 경향을 말한다.

사전-사후검사 실험조사설계 또는 시계열 실험조사설계에서 발생할 수 있는 효과이다. 사전 측정의 결과가 지나치게 극단적인 경우 전문가의 개입 후 사후 측정의 결과가 개입의 결과인지 확인할 수 없는 경우를 말한다.

시계열 실험조사설계에서 처음 측정을 위해 극단적인 점수의 사례들이 표집되면 다음 측정과 비교할 때 일어날 수 있는 해석상의 오류를 말한다. 예를 들어, 복지 의식에 관한 조사에서 복지의식이 높은 부모들을 표집하여 그들의 자녀들의 복지 의식을 측정한다면 자녀들의 복지의식은 모집단 평균에 가까워질 것이다. 이러한 결과의 해석에서 세대가 지나갈수록 복지의식이 낮아진다고 결론을 내린다면 통계적 회귀의 오류를 범하는 것이다.

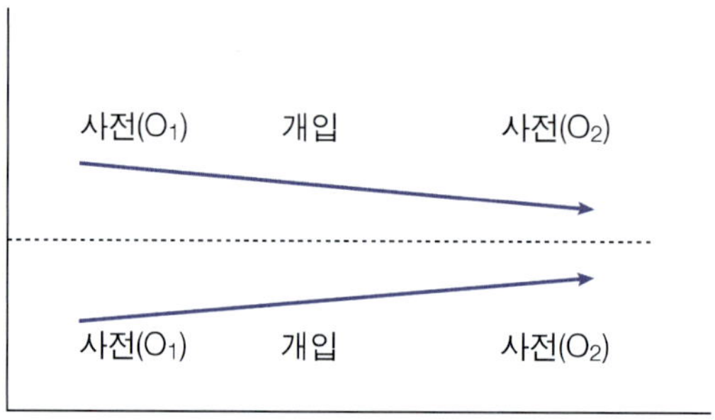

[그림 5-5] 통계적 회귀 효과

⑥ 우연한(외부) 사건효과(accident effct)

실험조사 과정에서 조사자의 의도와 상관없이 어떤 외부의 사건이 발생하여 조사의 결과에 영향을 주는 것이다. 구체적으로 자료수집 또는 실험과정에서 조사자가 조작하고자 하는 독립변인 이외의 다른 변인이 종속변인에 영향을 주어 타당하지 않은 결과가 산출되었을 때 나타난다. 즉, 사전(실험 전)과 사후(실험 후) 사이에 예상치 못한 외부 사건이 개입되는 경우이다. 예를 들면, 복지관에서 새로운 방과 후 학습 프로그램을 도입하고 이 프로그램으로 인하여 기존의 프로그램에 비하여 학생들의 참여도가 높을 것이라고 예상하였다. 사전 · 사후조사 설계를 사용하여 6개월간 조사를 실시한 결과 기존의 프로그램에 비하여 새로운 프로그램의 학생 참여도가 높아졌음이 밝혀졌다. 그러나 새로운 방과 후 학습 프로그램을 운영하는 동안 학생들이 좋아하는 컴퓨터 게임 프로그램을 방과 후 학습 프로그램 전후에 도입하여 복지관에서 운영하였다. 실제로 학생이 새로운 방과 후 학습 프로그램의 효과성에 의하여 참여하였다기보다는 컴퓨터 게임 프로그램에 영향을 받아 학생의 참여가 늘었다면 컴퓨터 게임 프로그램은 외부사건에 해당된다.

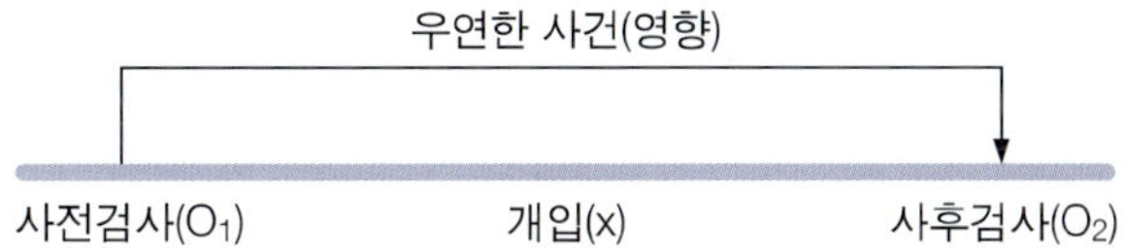

[그림 5-6] 우연한 사건 효과

또 다른 예를 들면, 사회복지기관의 사회적 기여도에 관한 국민의 의식 조사를 위하여 실험조사설계가 만들어졌는데, 사회복지기관의 비리가 언론에 보도되었다면 이러한 우연한 사건은 조사자의 의도와 무관하게 조사의 결과에 영향을 주게 될 것이다.

⑦ 중도탈락 효과(experimental mortality)

실험조사 진행과정에서 사전검사 또는 사후검사에 참여한 조사 대상자가 질병, 이사, 사망, 참여 포기 등의 다양한 사유로 중도 탈락하여 발생하는 효과이다. 또는 실험조사 대상자로 표집을 해 놓았지만 실험조사 대상자에 포함되지 않았을 때 조사결과의 해석에서 나타나는 효과를 말한다.

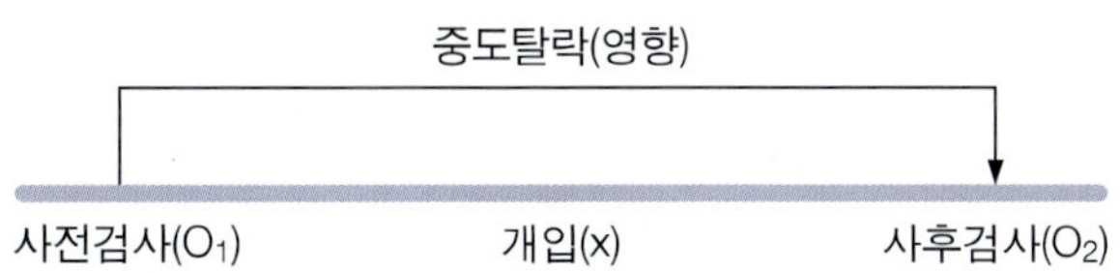

[그림 5-7] 중도탈락 효과

이것은 조정되어진 동질성의 와해를 초래하여 다른 결과를 양산할 수도 있다. 예를 들면, 빈민지역 아동의 방과 후 학습 프로그램 효과성 평가를 위한 조사 진행과정에서 표집된 아동들의 상당 부분이 지역의 재개발 결정으로 이주하여 실험과정에서 탈락한 경우이다.

⑧ 개입 효과의 확산 또는 모방(diffusion or imitation of treatments)

전문가의 개입과정에서 실험조사 대상자가 예상하지 못한 영향을 받아 실험집단과 통제집단 간의 차이가 거의 나지 않는 경우를 말한다. 즉, 실험집단과 통제집단 사이에 상호교류가 존재하는 경우이다.

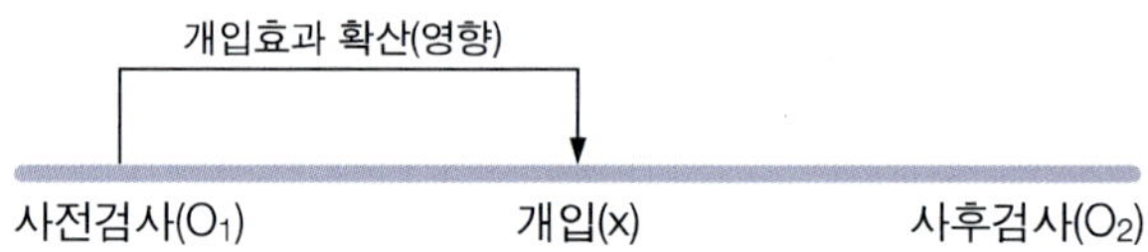

[그림 5-8] 개입 효과의 확산 및 모방

예를 들면, 경로당에서 죽음에 대한 두려움 완화 프로그램의 효과성 평가를 위하여 실험집단과 통제집단을 무작위로 나누고 실험집단에 죽음완화 프로그램을 진행하였다. 그런데 실험집단에 속한 노인이 통제집단의 노인들에게 죽음에 대한 두려움의 완화에 대하여 자세하게 설명하여 실험집단과 통제집단의 사후(종속변인) 비교에서 차이가 나지 않았을 때와 같은 상황을 말한다.

내적 타당도 저해 요인 통제 방법

① **무작위 할당**(무작위화: randomization): 무작위 할당은 통제집단과 실험집단의 동질성을 보증하며, 종속변인에 영향을 미칠 것으로 알려진 변인은 물론 알려지지 않은 변인까지도 통제할 수 있어 다른 어떤 방법보다 내적 타당도 저해 요인을 통제하는 데 가장 효과적인 방법

② **배합**(짝짓기: matching): 종속변인에 영향을 미칠 것이라고 생각되는 변인을 실험집단과 통제집단에 동일하게 맞춰 배치하는 방법

③ **통계적 통제**: 자료분석 단계에서 통계적으로 통제변인의 영향력을 통제하는 방법, 일종의 사후적인 통제 방법

2) 외적 타당도

(1) 외적 타당도의 개념(일반화)

외적 타당도의 문제는 주로 실험조사과정, 즉 자료수집의 성격과 관련하여 제기될 수 있는 것이다. 외적 타당도는 어떤 표본에서 얻어진 실험조사의 결과가 다른 환경 또는 다른 집단에 확대 일반화할 수 있는 일반화 정도를 의미하며, 일반화 범위가 넓을 수록 외적 타당도가 높다고 할 수 있다.

(2) 외적 타당도 저해 요인

① 독립변인 응용의 부적절(irrelevant replicablity of independent variables)

독립변인은 개념 규정 또는 조작화 과정에서 매우 다양하게 규정될 수 있다. 어떠한 가설의 검증을 위하여 측정 또는 관찰을 반복하는 경우 처음에 독립변인에 포함되었던 차원의 개념이 아닌 다른 개념이 포함되어 측정 또는 관찰이 된다면 일반화의 한계가 발생할 것이다. 예를 들어, 시계열 실험 설계를 이용하여 '빈곤이 청소년의 비행에 영향을 미치는 조사'에서 독립변인인 빈곤을 처음에는 정신적 빈곤으로 조작화하여 사용하여 조사결과를 도출하였는데, 그 다음 조사에서 같은 주제의 독립변인인 빈곤을 물질적 빈곤도 포함시켜 조작화하여 연구가 진행되었다면 두 조사를 근간으로 조사결과를 일반화하는 데에는 한계가 있을 것이다.

② 조사반응성(호손 효과)

조사반응성이란 실험조사 대상자가 자신이 실험조사 대상이라는 것을 의식하여 조사에 반응하는 것을 말한다. 즉, 자료수집 또는 관찰과정에서 실험조사 대상자들이 자신들이 조사 대상자임을 인식할 경우 특정 반응 또는 행동을 유발하게 된다. 외적 타당도 측면에서 이러한 환경에서 얻은 조사결과를 일반화하는 데에는 한계가 있을 수밖에 없다. 이처럼 호손 효과는 일반적으로 조사나 실험에 참여하는 사람들이 다른 비교집단의 사람들에 비하여 그들이 특별히 취급받는다고 느낌으로써 의식적으로 나타내는 효과를 말한다. 따라서 조사반응성을 보인 집단에서의 조사결과를 조사반응성이 없는 집단에 일반화하는 데에서 나타나는 오류이다. 예를 들어, 복지관의 방과 후 학습 프로그램의 효과성 평가를 위한 조사에서 실험집단의 학생들이 실험 대상자임을 인식하고 평소보다 더욱 열심히 공부하여 효과성이 높게 나왔다면 외적 타당도에 영향을 주게 된다.

③ 플라세보 효과(위약 효과: placebo effect)

플라세보 효과는 가짜 약을 진짜 약이라고 믿고 먹으면 마치 진짜 약을 먹은 것처럼 호전되는 경우와 같이 피험자들에게 실험 처치나 개입이 주어지지 않았는데도 '실험 처치를 받고 있다.'라고 느끼는 믿음으로 인해 마치 실험 처치를 받은 것과 유사한 효과가 나타나는 것을 말한다. 가짜 약을 의미하는 위약(僞藥) 효과라고도 부른다. 예를 들어, 의약품 실험에서 실험집단에게는 진짜 약을 주고 통제집단에게는 비슷한 가짜 약을 주는 경우 가짜 약을 받은 집단은 자기들이 먹은 약이 진짜 약이라 믿고 치료의 효과를 가져 올 것으로 기대함으로써 상당한 치료의 효과를 가져올 수도 있다.

④ 표본의 대표성과 독립변인의 상호작용

조사과정에서 표집, 환경, 절차 등의 대표성에 의한 조사결과의 일반화 문제이다.

첫째, 표집을 하는 과정에서 일반화된 표집틀에 근거하여 무작위 표집이 시행되지 않았을 때 발생할 수 있는 문제이다. 예를 들어, 자원봉사에 참여한 사람을 대상으로 국민의 자원봉사 의식 조사를 한다면 표집과정에서 이미 차별적으로 표집되어 조사결과의 일반화에 한계가 있다.

둘째, 플라세보 효과에 의한 실험 대상자와 변인 간의 상호작용이다. 예를 들어, 조사 대상자가 조사자의 구미에 맞게 응답한 조사결과를 일반화하는 경우에 발생한다.

셋째, 실험 상황 또는 우발적인 사건과 실험 변인 간의 상호작용이다. 예를 들면, 한국의 IMF 상황인 1990년대에서 지역사회조직에서 지역주민의 연대감에 대한 조사의 결과를 2020년대에 적용하려 한다면 일반화의 한계를 가질 수밖에 없다.

요 약

- **실험조사설계:** 조사문제에 대한 해답을 끌어내기 위한 계획과 전략
  ① 체계적 변량의 극대화: 독립변인의 강도변화를 크게 하여 종속변인의 변량을 크게 하기 위해
  ② 오차변량의 극소화: 체계적 오차와 무작위 오차를 극소화하여 오차변량을 극소화하기 위해
  ③ 조사문제와 관련이 없는 변인을 제거하기 위해

- **변량:** 변인의 값이 각기 서로 다른 정도
  ① 체계적 변량: 독립변인이 변하는 정도
  ② 체계외적 변량: 독립변인은 아니지만 종속변인에 체계적으로 영향을 미치는 제3의 변인의 변화
  ③ 비체계적 변량: 오차변량, 조사자가 인식하지 못하는 사이에 종속변인에 영향을 주는 변인의 변화

- 인과관계의 성립기준
  ① 공변성
  ② 시간적 우선성
  ③ 통제성(외부 설명의 배제)

- 실험조사설계의 내적 타당도(인과성 확인)의 저해 요인
  ① 편향된 선발 효과
  ② 성숙 효과
  ③ 측정 효과
  ④ 측정도구 효과
  ⑤ 통계적 회귀 효과
  ⑥ 우연한 사건 효과
  ⑦ 중도탈락 효과
  ⑧ 개입 효과의 확산 또는 모방

- 실험 설계의 외적 타당도(일반화)의 저해 요인
  ① 독립변인을 적절하게 응용하지 못한 경우
  ② 조사반응성(호손 효과)
  ③ 플라세보 효과
  ④ 편향된 선발과 독립변인의 상호작용

CHAPTER 5 연습문제

1 인과관계를 성립시키기 위한 요건에 해당하는 것을 모두 고른 것은? (17회 기출)

> ㄱ. 독립변수가 종속변수를 시간적으로 앞서야 한다.
> ㄴ. 독립변수와 종속변수가 일정한 방식으로 같이 변해야 한다.
> ㄷ. 독립변수와 종속변수의 관계가 허위적 관계이어야 한다.

① ㄱ　② ㄱ, ㄴ　③ ㄱ, ㄷ
④ ㄴ, ㄷ　⑤ ㄱ, ㄴ, ㄷ

2 매우 건강한 90대 남성 노인들에게 건강서비스를 1년 동안 제공한 후 건강 상태를 측정한 결과, 이들의 상태가 나빠졌고 통제집단인 여성 노인들에 비해서도 낮게 나타났다. 이 연구에서 영향을 미칠 수 있는 내적 타당도 저해 요인을 모두 고른 것은? (13회 기출)

> ㄱ. 성숙효과　ㄴ. 선택(selection)과의 상호작용
> ㄷ. 통계적 회귀　ㄹ. 위약(placebo)효과

① ㄱ, ㄴ, ㄷ　② ㄱ, ㄷ　③ ㄴ, ㄹ
④ ㄹ　⑤ ㄱ, ㄴ, ㄷ, ㄹ

3 실험설계의 내적 타당도에 관한 설명으로 옳은 것을 모두 고른 것은? (18회 기출)

> ㄱ. 우연한 사건은 내적 타당도에 부정적인 영향을 미칠 수 있다.
> ㄴ. 사전점수가 매우 높은 집단을 선정하면 내적 타당도를 저해한다.
> ㄷ. 내적 타당도가 높은 연구 결과는 일반화 가능성이 높다.

① ㄱ　② ㄴ　③ ㄱ, ㄴ
④ ㄴ, ㄷ　⑤ ㄱ, ㄴ, ㄷ

4 실험설계 시 고려해야 할 타당도 저해요인 중 특성이 같은 요인끼리 묶인 것은? (15회 기출)

ㄱ. 역사(history)	ㄴ. 성숙(maturation)
ㄷ. 표본의 대표성(sample representativeness)	ㄹ. 중도탈락(mortality)

① ㄴ, ㄷ　② ㄷ, ㄹ　③ ㄱ, ㄴ, ㄷ
④ ㄱ, ㄴ, ㄹ　⑤ ㄴ, ㄷ, ㄹ

5 실험설계에서 무작위할당으로 예방할 수 있는 문제는? (14회 기출)

① 낮은 응답률
② 과다한 연구비용
③ 과다한 표본추출오차
④ 연구 일정의 지연
⑤ 우연한 사건의 영향

6 실험설계의 내적 타당도에 관한 설명으로 옳지 않는 것은? (12회 기출)

① 실험요인 이외의 대안적 설명을 배제하고자 한다.
② 인과관계에 대한 확신의 정도와 관련 있다.
③ 우연한 사건의 영향을 배제하는 것이 필요하다.
④ 일반화 가능성에 관한 것이다.
⑤ 통계적 회귀효과를 배제하는 것이 필요하다.

7 외적 타당도에 관한 설명으로 옳은 것을 모두 고른 것은? (11회 기출)

가. 연구대상의 대표성이 외적 타당도에 영향을 준다.
나. 연구대상의 조사반응성은 외적 타당도를 저해할 수 있다.
다. 연구결과의 일반화와 관련이 있다.
라. 인과관계의 정도와 관련이 있다.

① 가, 나, 다
② 가, 다
③ 나, 라
④ 라
⑤ 가, 나, 다, 라

8 다음 연구설계의 내용에서 확인될 수 있는 내 · 외적 타당도 저해요인에 관한 설명으로 옳은 것은? (12회 기출)

지진에 의해 정신적 충격에 빠진 재난지역주민 대상 위기개입 프로그램의 효과성을 검증하고자 한다. 이를 위해 위기개입 직전과 개입 후 한달 만에 각각 동일한 척도로 디스트레스(SCL-90) 정도를 측정하여 비교하였다.

① 우연한 사건이 내적 타당도를 저해하고 있다.
② 도구효과가 내적 타당도를 저해하고 있다.
③ 실험대상자의 상실(attrition)이 외적 타당도를 저해하고 있다.
④ 성숙효과가 내적 타당도를 저해하고 있다.
⑤ 선택효과가 외적 타당도를 저해하고 있다.

9 다음 사례의 내적 타당도 저해요인은? (11회 기출)

사전검사에서 우울점수가 지나치게 높은 5명의 노인을 선정하여 우울감소 프로그램을 제공한 후 동일한 도구로 사후검사를 실시하였더니 이들의 우울점수가 낮아졌다

① 후광효과
② 통계적 회귀
③ 실험대상 변동
④ 도구효과
⑤ 인과적 시간 순서

10 외적 타당도와 내적 타당도에 관한 설명으로 옳지 않은 것은? (17회 기출)

① 사전검사의 실시가 내적 타당도에 부정적으로 영향을 미칠 수 있다.
② 외적 타당도를 높이는 중요한 전략 중 하나는 연구를 반복적으로 실시하여 결과를 축적하는 것이다.
③ 내적 타당도가 높으면 외적 타당도 또한 높다.
④ 자신이 연구대상자라는 인식이 외적 타당도를 낮출 수 있다.
⑤ 내적 타당도는 인과관계를 추론할 수 있는 정도를 의미한다.

11 조사설계(research design)에 반드시 포함되어야 할 내용이 아닌 것은? (18회 기출)

① 구체적인 자료수집 방법
② 모집단 및 표집방법
③ 자료분석 절차와 방법
④ 연구문제의 의의와 조사의 필요성
⑤ 주요 변수의 개념정의와 측정방법

정답 1. ② 2. ① 3. ③ 4. ④ 5. ⑤ 6. ④ 7. ① 8. ④ 9. ② 10. ③ 11. ④

CHAPTER 06

실험조사설계의 유형

1 실험조사설계의 개관

1) 실험조사설계의 의의

조사주제와 조사문제가 정해지면 이에 따른 조사 가설을 설정하게 되고, 그 조사가설을 검증하게 된다. 조사가설을 어떻게 검증할 것인지를 설계하는 것이 실험조사설계이다. 즉, 가설 검증은 인과관계에 대한 검증이라고 할 수 있으며, 인과관계를 검증하는 다양한 방법 중에 가장 강력한 것이 실험조사설계라고 할 수 있다.

실험조사는 가능한 외생변수들을 통제하는 환경을 만들어 독립변인과 종속변인 간의 인과관계를 파악하고자 할 때 활용한다. 사회과학에서의 실험의 원리는 자연과학과 같으나 실험 장소는 자연과학과 다르게 자연적인 상황에서 이루어지는 현지실험의 경우가 대부분이다.

실험조사는 일반적으로 두 집단으로 나누어 실험집단은 독립변인의 조작을 도입하고 통제집단은 독립변인의 조작을 도입하지 않고 실험을 진행한 후 두 집단을 비교함으로서 독립변인이 종속변인에 주는 주효과를 평가하게 된다.

실험조사설계의 기본절차는 일반적으로 조사대상 선정 – 실험환경 선정 – 무작위 표집 및 할당 – 사전검사 – 실험처치(조작) – 사후검사 – 비교검증이다.

2) 실험조사설계의 특징

실험조사와 서베이 조사의 비교를 통하여 실험조사의 특징을 제시하면 다음과 같다. 첫째, 실험조사는 최소한 한 개의 독립변인을 조작하여 종속변인의 변화를 관찰 vs 서베이 조사는 연구문제와 관련된 설문을 하여 분석. 둘째, 실험조사는 변인을 조작하고 외생변인을 통제 vs 서베이 조사는 변인의 조작 또는 통제가 불가능하고 인과관계의 타당도가 결여될 가능성. 셋째, 대상자가 적어 양적 정보의 한계 vs 많은 대상자로 양적 정보 확보. 넷째, 장기간의 종단 조사가 가능 vs 단기간의 횡단조사. 다섯째, 실험실 실험의 경우 현실성 부족 vs 현실적인 조사 가능. 여섯째, 많은 독립변인의 조작이 어려움으로 한정된 주제 vs 연관성이 있는 다양한 변인을 통한 다양한 주제 조사가 가능하다.

3) 실험조사설계의 장 · 단점

실험조사설계의 장점으로 명확한 인과관계의 규명, 최대한의 통제 가능, 종단적 분석 가능, 조사방향 조정 가능, 반복적 조사가능성 등을 들고 있다. 반면에 단점으로는 인위적 환경의 한계, 대상자가 실험자의 의도에 따르는 실험자 효과, 표본 크기의 한계와 대표성 문제, 가치 및 윤리문제 대두, 적용범위의 한계 등이 대두된다.

2 실험조사설계의 유형

사회과학에서 실험조사설계는 독립변인의 조작, 외생변인의 통제, 대상자의 무작위 추출 등의 조건이 만족되어져야 한다. 즉, 실험조사설계는 인과관계의 성립 조건을 파악하기 위한 실험 요건의 완벽한 정도에 따라 순수실험조사설계(true experimental design), 유사실험 조사설계(quasi-experimental design), 전실험조사설계(pre-experimental design) 그리고 비실험 조사설계(non-experimental design) 등으로 분류된다.

1) 순수실험조사설계(true experimental design)

순수실험조사설계는 시간적 우선성을 확인하기 위하여 독립변인의 조작이 가능하고, 실험집단과 비교를 위한 통제집단을 두게 된다. 실험집단의 비교의 근거가 정확하고, 변인의 조작이 가능하고, 엄격한 통제를 통해 외부 설명을 배제할 수 있으므로 인과관계 검증에 가장 이상적이라고 할 수 있다. 따라서 내적 타당도가 가장 높은 설계 유형이지만 표본의 대표성이 약해 조사결과를 일반화하는 데 제약이 있어 외적 타당도는 떨어진다.

사회과학조사에서는 실제로 많이 사용되지 못한다. 조사 대상자를 무작위로 선발하여 실험집단과 통제집단에 배치하고 독립변인의 조작 등을 실행해야 하는 데 어렵다. 서비스나 프로그램의 효과성에 대한 조사에서 적용하기도 하지만 독립변인의 조작과 실험처지, 통제집단에 대한 서비스를 제공하지 않는 것에 대한 비윤리적 위험성을 가진다.

(1) 순수실험조사설계의 기본 조건

① 무작위 할당

실험집단과 통제집단을 구성하는 대상자의 무작위 배치가 필요조건이다. 무작위란 모든 대상자가 실험집단과 통제집단에 배치될 확률이 동일하다는 의미이다. 즉, 구성된 실험집단과 통제집단의 특성이 유사하다는 의미이다.

② 독립변인 조작

조사자가 인위적으로 실험집단에 속한 독립변인의 변화강도를 조절하여 종속변인에 미치는 영향을 관찰하게 된다. 그러나 조사자는 통제집단의 독립변인은 조작하지 않는다.

③ 종속변인의 비교

조사자는 실험집단과 통제집단의 종속변인의 측정결과를 비교한다. 대상자가 실험집단과 통제집단에 무작위로 할당되어 유사한 특성을 지녔다고 가정하고 실험집단에만 독립변인을 도입한다. 실험집단과 통제집단의 종속변인의 변화 결과를 비교함으로써 실험집단에서 독립변인의 조작에 의한 변화 정도를 파악할 수 있다.

(2) 순수실험조사설계의 장 · 단점

순수실험조사설계의 장점으로는 조사자가 흥미를 갖지 않고 있지만 종속변인에 영향을 줄 수 있는 독립변인 중의 하나인 외생변인을 철저하게 통제할 수 있기 때문에 명확한 인과관계 검증이 가능하다. 실험 대상의 무작위화가 이루어지기 때문에 실험의 재현 가능성이 높고 결과를 집단 전체에 대하여 일반화할 수 있다.

순수실험조사설계의 단점으로는 조사문제에 따라 다르기는 하지만 실험집단에는 독립변인의 조작(개입)하고 통제집단에는 개입하지 않음으로써 윤리적인 문제가 제기되기도 한다.

독립변인의 조작으로 조사실험을 위한 비용 때문에 적은 수의 표본으로 실험이 이루어지는 경우가 있기 때문에 실험결과의 일반화의 한계가 있을 수 있다. 또한, 실험집단의 독립변인 조작으로 인위성 또는 부자연성이 개입될 위험성이 있다.

(3) 순수실험조사설계의 과정

순수실험조사설계의 일반적인 과정은 다섯 단계를 거치게 된다.

① 1단계: 실험조사를 위한 모집단을 근간으로 조사 대상자를 표집하여 실험집단과 통제집단을 무작위로 배치한다.

② 2단계: 실험집단과 통제집단의 동질성 확인을 위하여 두 집단에 사전검사를 한다.

③ 3단계: 동질성 검사가 종료되면 실험집단에 포함된 독립변인에 실험처치(조작)를 시도한다. 그러나 통제집단에 포함된 독립변인은 실험처치(조작)를 시도하지 않는다.

④ 4단계: 실험집단과 통제집단에 대해 종속변인을 검사(사후검사)한다.

⑤ 5단계: 실험집단과 통제집단의 종속변인 검사(사후검사)의 결과를 서로 비교한다. 비교결과가 통계적으로 유의성(P< .05, .01, .001 수준)이 있는지 확인한다.

〈표 6-1〉 순수실험 설계의 과정

단계	1단계 (무작위)	2단계 (사전검사)	3단계 (실험처치)	4단계 (사후검사)	5단계 (사후검사 비교)
역할	대상자 배치	동질성 확인	독립변인 변화 유도	변화 확인	변화 차이 비교
도식	실험집단 →	O_1 →	X →	O_2	O_2-O_1
	통제집단 →	O_3 →		O_4	O_4-O_3

(4) 전형적 순수실험조사설계

① 통제집단 사전-사후검사 설계

통제집단 전후비교 설계라고도 하며 가장 전형적인 순수실험조사설계로 내적 타당도 저해 요인을 통제할 수 있어 내적 타당도가 높다. 그러나 통제집단 사전-

사후검사 설계는 시험 효과와 상호작용시험 효과를 통제하지 못한다는 단점이 있다. 시험 효과(=검사효과, 주시험효과)는 사전검사가 사후검사 점수에 미치는 영향이다. 상호작용시험 효과(=검사 개입의 상호작용 효과)는 사전검사의 실시 후 뒤이어 실시되는 개입(독립변인)에 대한 실험 대상자의 반응에 영향을 미쳐 이로 인해 종속변인의 변화에 영향을 미치게 되는 효과이다. 과정은 다음과 같다.

첫째, 조사대상 집단을 무작위로 실험집단과 통제집단으로 할당한다.

둘째, 개입하기 전에 실험집단과 통제집단의 종속변인을 측정하여 비교한다.

셋째, 실험집단은 개입을 하고 통제집단은 개입하지 않은 상태에서 두 집단의 종속변인을 측정하여 비교한다.

넷째, 실험집단과 통제집단의 사전과 사후의 종속변인 측정 결과를 비교한다.

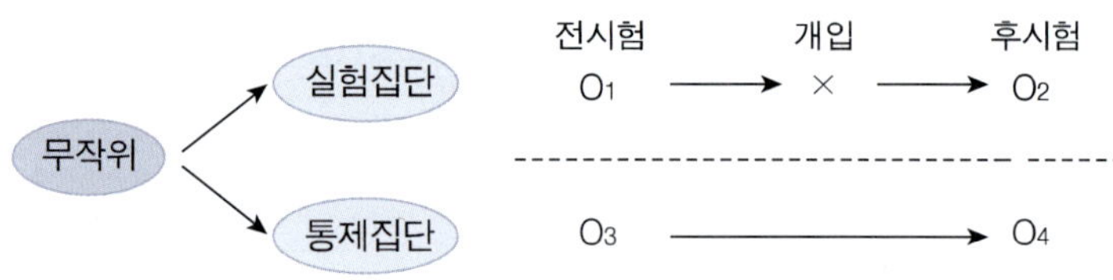

Note: O_1(관찰), De(실험집단 전후 차이), Dc(통제집단 전후 차이), Ex(개입 효과), X(조작)

[그림 6-1] 통제집단 사전-사후검사 설계

통제집단 사전-사후검사 설계를 공식화하면 다음과 같다.

첫째, De(실험집단 전후 차이) = $O_2 - O_1$

둘째, Dc(통제집단 전후 차이) = $O_4 - O_3$

셋째, Ex(개입 효과) = De − Dc

예를 들면, 가설을 '양로시설에서 음악치료 프로그램이 자아존중감 향상에 도움이 될 것이다.'라고 세웠다. 양로시설에서 생활하는 노인 60명을 대상으로 무작위 추출하여 30명은 실험집단에 또 다른 30명은 통제집단에 배치한다. 실험집단과 통제집단에 포함된 60명의 노인 모두에게 자아존중감 검사(전시험)를 실시하여 동질성을 확인한다. 그 후 실험집단에 속한 노인들을 대상으로 주 1회씩 16주(세션)의 음악치료 프로그램을 실시한다. 통제집단은 음악치료 프로그램을 실시하지 않는다. 16주가 지난 후 실험집단과 통제집단에 속한 노인 60명을 대상으로 자아존중감 검사(후시험)를 실시한다. 그리고 실험집단에 속한 노인과 통제집단에 속한 노인들의 자아존중감 점수를 비교한다.

② 통제집단 사후검사 설계(post test-only control group design)

통제집단 후 비교설계라고도 하며 조사의 대상 집단을 무작위로 실험집단과 통제집단을 분류하고 사전 측정 없이 개입 후 실험집단과 통제집단의 사후 측정결과를 비교한다. 통제집단-사후검사 설계보다 비교적 비용이 적게 들고 과정이 간단하여 사회과학에서 널리 활용되고 있다. 무작위추출(난선화)은 실험집단과 통제집단이 사전에 동질성을 추구할 수 있는 가장 적합한 방법이므로 사전조사 없이 무작위추출만으로 두 집단의 동질성을 확보할 수 있다.

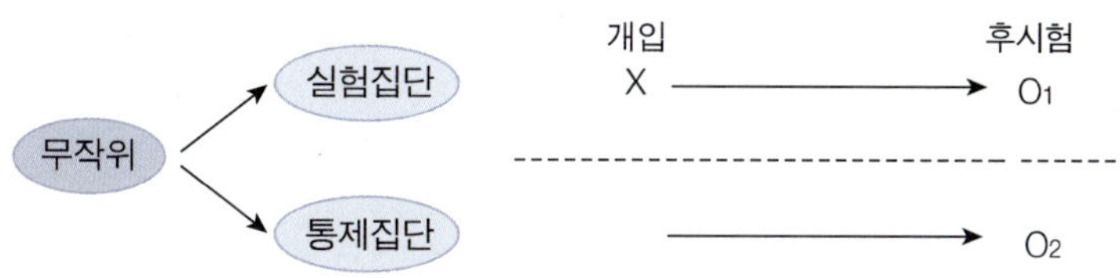

Note: O_1(관찰), Ex(개입 효과), X(조작)

[그림 6-2] 통제집단 사후검사 설계

그러나 사전 측정을 하지 않기 때문에 실험집단과 통제집단의 차이를 알 수 없으며 이것은 사후 측정에서 외생변인의 작용에 의한 결과를 판단하기 어렵게 한다.

통제집단 사후검사 설계를 공식화하면 다음과 같다.

$$Ex = O_1 - O_2$$

통제집단 사전-사후검사의 예를 이용하여 차이점을 설명할 수 있다. 가설을 '양로시설에서 음악치료 프로그램이 자아존중감 향상에 도움이 될 것이다.'라고 세웠다. 양로시설에서 생활하는 노인 60명을 대상으로 무작위 추출하여 30명은 실험집단에 또 다른 30명은 통제집단에 배치한다. 통제집단 사전-사후검사와 다르게 실험집단과 통제집단에 포함된 60명의 노인 모두에게 자아존중감 검사(전시험)를 실시하여 동질성을 확인하지 않는다. 이것은 이미 동질성을 확보했다는 전제가 깔려 있다. 그 후 실험집단에 속한 노인들을 대상으로 주 1회씩 16주(세션)의음악치료 프로그램을 실시한다. 통제집단은 음악치료 프로그램을 실시하지 않는다. 16주가 지난 후 실험집단과 통제집단에 속한 노인 60명을 대상으로 자아존중감 검사(후시험)를 실시한다. 그리고 실험집단에 속한 노인과 통제집단에 속한 노인들의 자아존중감 점수를 비교한다.

③ 솔로몬 4집단 설계(Solomon four group design)

솔로몬 4집단 설계는 통제집단 사전-사후검사 설계와 통제집단 사후검사 설계의 통합 형태로 조사 대상 집단을 무작위로 4개의 집단으로 분류한다. 통제집단 사전-사후검사 설계와 통제집단 사후검사 설계의 약점을 보완하기 위하여 매우 바람직한 설계라고 할 수 있으나, 초보 조사자에게는 설계 테크닉, 비용, 시간 등의 문제로 사용하기가 쉽지 않다.

통제집단 사전-사후검사 설계가 사전 측정의 영향과 독립변인과의 상호작용의 영향으로 인한 순수한 독립변인의 조작 결과를 측정할 수 없는 단점을 보완하기 위하여 개발되었다. 즉, 두 개의 통제 집단을 두어 하나는 사전 측정, 다른 하나는 사전 측정을 배제하여 실험 후 실험집단과 비교함으로써 독립변인 조작의 영향, 사전 측정의 영향, 그리고 그들 간의 상호작용 효과를 제거하여 개입으로 인한 효과를 명백히 하기 위함이다.

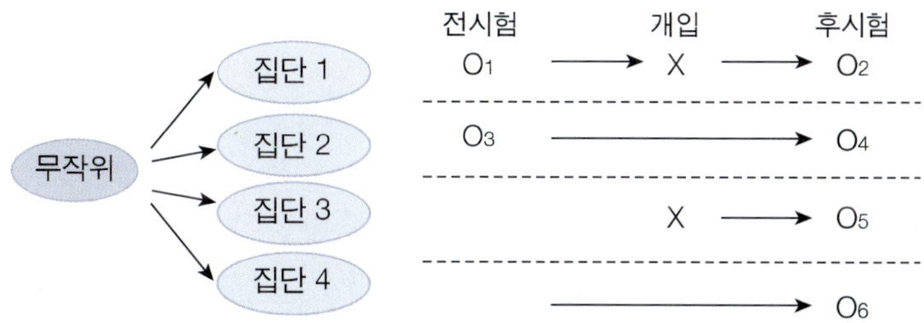

[그림 6-3] 솔로몬 4집단 설계

솔로몬 4집단 설계를 공식화하면 다음과 같다.

- **집단 내에서의 변화**

$Dg1 = O_2 - O_1$ $\quad$ $Dg2 = O_4 - O_3$

$Dg3 = O_5 - (O_1 + O_2) / 2$ $\quad$ $Dg4 = O_6 - (O_1 + O_3) / 2$

- **실험개입의 효과**

$$Ex(\text{개입 효과}) = Dg1 - Dg2 - I$$

$$I\ (\text{상호작용 효과}) = Dg1 - (Dg2 + Dg3 - Dg4)$$

예를 들어, '양로시설에서 음악치료 프로그램이 자아존중감 향상에 도움이 될 것이다.'라는 가설을 세웠다. 이 가설을 검증하기 위하여 양노시설에서 80명의 노인을 무작위로 집단 1, 집단 2, 집단 3, 집단 4의 4개의 그룹으로 배치한다. 집단 1과 집단 2는 전시험을 하기 위하여 자아존중감 검사를 실시하고 집단 3과 집단 4는 자아존중감(전시험)을 실시하지 않는다. 그리고 집단 1과 집단 3에 속한 노인들에게 음악치료를 주 1회 12주 동안 실시하고 집단 2와 집단 4에 속한 노인들에게는 음악치료 프로그램을 제공하지 않는다. 음악치료 프로그램이 종료된 12주

후 집단 1, 집단 2, 집단 3, 집단 4에 속한 모든 노인을 대상으로 자아존중감 검사(후시험)를 실시한다. 그리고 4개의 집단의 검사 결과를 비교하여 음악치료가 자아존중감 향상에 도움을 주었는가를 판단한다.

④ 요인 설계

일반적으로 독립변인이 두 개 이상인 경우 적용할 수 있는 실험조사설계유형이다. 독립변인이 두 가지 이상인 경우는 각 독립변인 분류항목의 결합 형태에 따른 수만큼의 실험집단을 설정해야 하며, 통제집단을 설정하지 않는다. 요인설계는 외적 타당도를 상당히 높일 수 있고, 두 독립변인의 상호작용의 영향을 알 수 있다.

독립변인의 속성에 따라 할당 행렬(quota matrix)을 만들고, 행렬의 각 범주에 따라 실험·통제집단을 설정하고, 개별 독립변인이 종속변인에 미치는 영향과 둘 이상의 독립변인이 상호작용하여 종속변인에 미치는 영향을 검증한다. 예를 들어, 검증하고자 하는 가설이 '청소년 학교폭력, 부부문제의 해결을 위한 치료방법에서 면접방법(개인심리치료와 집단치료)과 면접 시기(평일과 주말)에 따라 치료의 효과가 달라질 것이다.'일 때 다음과 같이 네 범주를 가진 할당행렬을 만들 수 있다.

구분		면접방법	
		개인심리치료	집단치료
면접 시기	평일	집단 A	집단 C
	주말	집단 B	집단 D

실험조사 대상자들을 A, B, C, D인 네 개의 각 집단에 무작위로 할당하고, 각 집단에 대해 해당하는 다음 각각의 실험 처치를 한다. 집단 A는 평일 시간에 개인심리치료를, 집단 B는 주말에 개인심리치료를, 집단 C는 평일에 집단치료를, 집단 D는 주말에 집단치료를 실시한다. 그리고 사후검사를 통해 각 집단 간 종속변

인의 변화를 파악하고 비교함으로써 가설을 검증한다.

(집단 A) R X_1 O_1
(집단 B) R X_2 O_2
(집단 C) R X_3 O_3
(집단 D) R X_4 O_4

요인설계는 두 개 이상의 독립변인의 영향을 검증하기에 적합한 설계모형으로 내적 타당도 및 외적 타당도를 높일 수 있는 장점이 있지만 독립변인이 많은 경우 이들의 분류 항목의 조합에 따른 많은 실험집단을 설정해야 하는 어려움이 크고 비용도 많이 드는 것이 단점이다.

2) 유사실험조사설계(quasi-experimental design)

유사실험조사설계는 순수실험조사설계와 유사하여 유사실험조사설계 또는 의사실험설계라고 한다. 순수실험조사설계의 전제조건인 독립변인 조작, 실험집단과 통제집단의 무작위 배분, 종속변인의 비교 중 적어도 하나가 수행되지 않는다. 순수실험조사설계에 비하여 비교와 통제의 조건이 완화된 설계이다. 사회과학에서는 순수실험조사설계를 사용하는데 여러 가지 제약 때문에 유사실험조사설계를 주로 사용한다. 그러나 전실험조사설계보다 내적 타당도 확보가 가능하다.

(1) 유사실험조사설계의 장 · 단점

유사실험조사설계의 장점으로는 첫째, 실제 상황이므로 독립변인이 강하게 작용한다. 둘째, 사용조건에서 융통성 있으며, 다양한 실험에 적용할 수 있다. 셋째, 실질적인 문제해결을 위한 실험에 사용할 수 있다.

단점으로는 첫째, 독립변인의 효과가 오염될 여지가 있다. 둘째, 사회복지 현장에서 실험이 불가능한 경우가 있다. 셋째, 실험의 정밀도가 낮다.

(2) 유사실험조사설계의 유형

① 단순(집단) 시계열 설계(sing group time-series design)

일반적으로 무작위 할당에 의한 실험집단과 통제집단을 두기 어려울 때 사용한다. 때문에 통제집단을 따로 두지 않는 것이 특징이다. 개입의 효과를 확인하기 위하여 비교의 대상을 동일 집단에 두게 된다. 즉, 단일 실험집단의 독립변인 조작을 중심으로 3번 이상의 전후실험조사를 통하여 비교하게 된다. 비교적 높은 내적 타당도를 유지할 수 있으나, 차이의 우연한 사건 가능성이 배제가 안 되는 점, 반복측정으로 검사효과나 상호작용효과(측정과 조작의 상호작용)가 나타날 수 있다는 단점이 있다.

단순집단 시계열 설계의 절차는 다음과 같다. 첫째, 일정 수의 실험 대상 인구를 표집한다. 둘째, 독립변인을 조작하기 전에 종속변인을 일정 기간을 두고 3회 이상 관찰하여 상황과 추이를 관찰한다. 셋째, 독립변인의 조작(실험처치)을 시도한다. 넷째, 독립변인 조작 후 종속변인의 상태를 일정 간격을 두고 3회 이상 관찰한다. 다섯째, 독립변인의 조작 전후 종속변인을 비교한다.

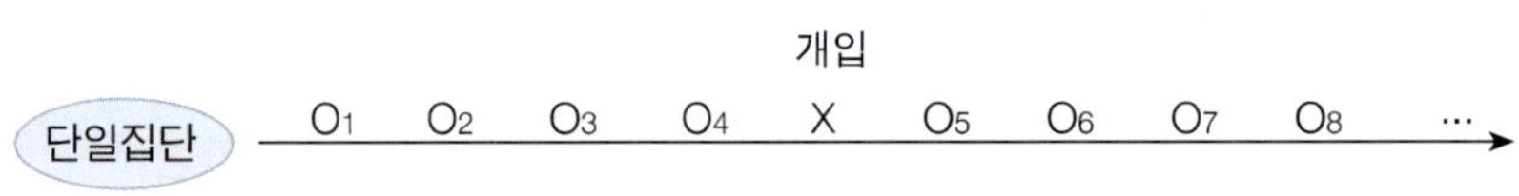

Note: O1(관찰), X(개입 또는 실험처치), De(차이)

[그림 6-4] 단일집단 시계열 설계

단순집단 시계열설계의 공식은 다음과 같다.

$$De = O_1 \sim O4 - O_5 \sim O_8.$$

구체적으로 도식화하면 다음과 같다.

O_1에서 $_{O4}$까지를 개입 이전 상태 확인(서로 유사함 의미) – (O_5~O_8) 서로 유사

예를 들어, '양로시설에서의 음악치료 프로그램이 자아존중감에 영향을 미칠 것이다.'라는 가설을 세웠다면, 첫째, 양로시설의 일정 수의 노인을 표집하여 집단화한다. 둘째, 프로그램을 제공하지 않고 일주일에 한 번씩 3주 정도 자아존중감 검사를 한다. 셋째, 4주차에는 음악치료 프로그램을 실시한다. 넷째, 5주차에는 주부터는 음악치료 프로그램을 제공하지 않고 자아존중감 검사를 일주일에 한 번씩 3주 정도 실시한다. 다섯째, 음악 치료프로그램 제공 전과 후의 자아존중감 정도를 비교한다.

② 복수(집단) 시계열 설계(two group time-series design)

복수(집단) 시계열 설계는 단순(집단) 시계열 설계의 단점인 우연한 사건(accident effect)에 의한 내적 타당도 저해 요인을 방지하기 위하여 사용한다. 그러나 단순집단 시계열 설계와 마찬가지로 검사효과와 상호작용효과의 통제가 어렵다.

복수집단 시계열 설계는 가설에 나타난 모집단을 표집하여 비슷한 특성을 가진 두 집단을 분리한다. 집단 1은 일정 기간 관찰 후에 독립변인을 조작하고 집단 2는 독립변인을 조작(실험처치)하지 않고 관찰한다.

그 과정은 다음과 같다. 첫째, 집단 1은 일정 기간을 두고 세 번 정도 종속변인을 관찰한다. 둘째, 독립변인을 조작한다. 셋째, 독립변인 조작 후 종속변인을 일정 기간을 두고 세 번 정도 관찰한다. 넷째, 집단 1과 집단 2를 비교한다.

집단 1	O_1	O_2	O_3	O_4		O_5	O_6
집단 2	O_1	O_2	O_3	O_4	X	O_5	O_6

Note: O_1(관찰), X(조작)

[그림 6-5] 복수집단 시계열 설계

③ 비동일 통제집단 설계(nonequivalent control group design)

비동일 통제집단 설계는 통제집단 사전-사후검사 설계와 동일하나 차이점은 실험집단과 통제집단에 배치되는 실험 대상 인구를 무작위가 아닌 조사자가 임의로 배치한다는 것이다. 그 과정은 다음과 같다.

첫째, 실험집단과 통제집단을 조사자 임의대로 배치한다. 둘째, 실험집단과 통제집단에 속한 대상자를 사전검사(관찰)하여 두 집단의 동일성을 판단한다. 셋째, 통제집단의 독립변인은 실험처치를 하지 않고 실험집단의 독립변인에만 실험처치(조작)를 시도한다. 넷째, 실험집단에 개입 후 종속변인을 측정하고 동시에 통제집단의 종속변인을 측정하여 비교한다.

내적 타당도 저해 요인이 많이 존재하나, 사회복지실천현장에 쉽게 적용할 수 있다는 장점이 있다. 비동일 통제집단 설계의 예는 다음과 같다. '양로시설에서 음악치료 프로그램이 자아존중감 향상에 효과적이다.'라는 가설을 세웠다. 첫째, 조사자는 임의로 실험집단과 통제집단에 노인 30명씩을 배치한다. 둘째, 실험집단과 통제 집단을 대상으로 전시험(처치 전 시험)인 자아존중감 검사를 한다. 셋째, 실험집단에 속한 노인들을 대상으로 일주일에 한 번씩 12주 동안 음악치료 프로그램을 진행한다. 통제집단에 속한 노인들에게는 음악치료 프로그램을 제공하지 않는다. 넷째, 실험집단과 통제집단에 속한 노인들을 대상으로 동시에 후시험(처치 후 시험)인 자아존중감 검사를 실시한다. 다섯째, 실험집단과 통제집단의 자아존중감 검사의 결과를 비교한다. 여섯째, 가설의 기각 여부를 결정한다.

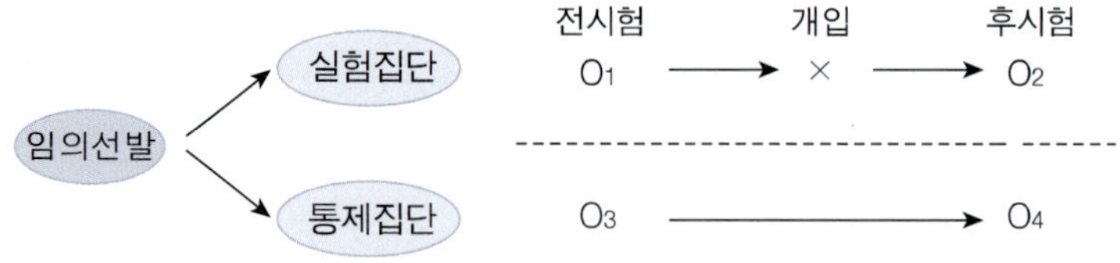

[그림 6-6] 비동일 통제집단 설계

3) 전실험조사설계(pre-experimental design)

전실험조사설계는 조사를 위한 집단이 무작위로 선발되지 않는다. 또한, 비교를 위한 비교집단 또는 통제집단을 두지 않거나 독립변인의 실험처치(조작)가 한두 번 정도 이루어지는 것이 일반적이다. 이처럼 무작위 할당도, 독립변인 조작도, 종속변인 비교도 제대로 지켜지지 않아 내적 타당도와 외적 타당도 저해 요인을 통제하지 못하는 설계이다.

(1) 전실험조사설계의 유형

① 일회 사례 설계(one-shot case study)

일회 사례 설계는 어떤 단일집단에게 특정 독립변인(실험 처치)을 조작하거나 어떤 단일집단이 특정한 현상(프로그램, 사회제도의 실시)을 경험한 후에 그 집단의 종속변인에 대한 사후검사만 실시하는 설계이다.

X　O_1

탐색을 목적으로 하는 조사에는 유용하지만 내적 타당도 저해 요인을 전혀 통제할 수 없어 인과관계를 확인할 수 없다. 따라서 설명적 조사에는 유용하지 않다. 단 한 번의 사후검사로 독립변인의 효과를 측정하기 때문에 사후검사의 결과값이 과연 적절한 것인지에 대한 판단을 하는 데 있어서 비교 기준이 없다. 다만, 독립변인 도입과 종속변인 측정 사이에 시차를 둔다는 점에서 인과관계 성립의 3대 요건(공변성, 시간적 우선성, 외생변인의 통제) 중 시간적 우선성만을 충족한다.

예를 들면, '양로시설에서 음악치료 프로그램이 자아존중감 향상에 효과적이다.'라는 가설을 세웠다면 첫째, 양로시설의 일정 수의 노인을 표집하여 집단화한다. 둘째, 음악치료 프로그램을 실시한다. 셋째, 음악치료 프로그램을 실시한 뒤

자아존중감 검사를 한차례 실시한다.

② 단일집단 사전-사후검사 설계

비교집단 없이 한 집단에 독립변인 도입 전후로 사전검사와 사후검사를 실시하는 설계이다. 일회 사례 설계에 사전검사가 추가된 형태이며, 일회 사례 설계에서 사후검사 점수를 비교할 대상이 없었던 것과 달리 사후검사를 사전검사와 비교하여 독립변인이 종속변인의 변화와 공변성을 갖는지 확인할 수 있다. 즉, 시간적 우선성과 공변성 요건을 충족하며, 종속변인을 비교할 수 있다. 따라서 사후검사의 결과는 사전검사의 측정값과 비교되고, 차이가 있으면 그것을 개입에 따른 효과라고 보는 것이다. 그러나 외생변인(내적 타당도 저해 요인)을 전혀 통제할 수 없어 우연한 사건, 성숙효과, 검사효과, 통계적 회귀 등의 요소들로 내적 타당도는 낮다.

O_1 X O_2

③ 정태집단 비교 설계(고정집단 비교 설계, 비동일집단 사후검사 설계)

무작위 할당이 아닌 다른 방법을 통해 비슷하게 구성된 비교집단(이를 '정태집단'이라고 함)이 있다는 점에서 앞의 두 설계와 차이가 있다. 사전검사 없이 실험집단에 독립변인을 개입한 후 사후검사 점수를 비교집단의 사후검사 점수와 비교한다. 통제집단 사후검사 설계에서 무작위 할당이 빠진 형태라고 볼 수 있다.

(집단 A) X O_1
(집단 B) O_2

무작위 할당이 아니므로 비교되는 두 집단의 동질성을 보장하기 어렵다. 앞의 두 설계 유형보다는 내적 타당도 저해 요인을 많이 통제할 수 있으나 여전히 외부

요인의 설명 가능성을 배제할 수 없기 때문에 내적 타당도는 낮다. 이처럼 두 집단의 사후에 구분된 검사의 차이를 가지고 한 집단에서 시행된 독립변인 개입의 효과라고 설명하기에는 경험적 근거가 매우 미약하다. 엄격한 비교를 통한 결론 도출은 힘들지만 현실적으로 쉽사리 쓸 수 있다는 것이 정태집단 비교 설계의 가장 큰 장점이다.

뒤이어 나오는 비실험조사설계 중 상관관계 설계는 독립변인이 도입된 집단과 그렇지 않은 집단의 특성을 서베이 등을 통해 자료로 수집한 후 통계적 기법을 통해 비교하는 방식을 취하는데, 이는 실험 설계 유형 중 특히 통제집단 사후검사 설계나 정태집단 비교 설계와 유사한 접근방법이다.

4) 비실험조사설계(non-experimental design)

일반적으로 비실험조사설계는 실험조사설계 중 유사실험조사설계에 포함시키는 경우가 많다. 그러나 유사실험조사설계와는 엄격한 차이가 있기 때문에 비실험조사설계를 분리하여 설명한다.

유사실험조사설계는 실험설계의 기본적인 조건인 실험집단과 통제집단을 무작위로 배치, 실험집단에 속한 독립변인의 조작, 그리고 종속변인의 비교 중 어느 한 가지 또는 두 가지 조건이 배제된 상태의 설계를 의미하지만, 비실험조사설계는 어느 조건도 충족시키지 못하는 경우이다. 또한, 유사실험조사설계에서는 종속변인(y)의 변화가 독립변인(x)에 의한 것인지의 인과관계에 대한 가설을 검증하기 위하여 독립변인을 조작하고 종속변인을 관찰하게 된다. 그러나 비실험조사설계에서는 종속변인을 먼저 관찰하고 후에 독립변인을 관찰하든지 종속변인 관찰 시 동시에 독립변인을 관찰하게 된다.

대부분의 사회과학 조사는 조사상황을 인위적으로 조작하는 것이 현실적으로 매우 어렵고, 무작위 할당이나 독립변인의 조작이 불가능한 경우가 많다. 예를 들어, 성별이나 출신 지역은 조작할 수도 없으며, 소득이나 질병 등은 인위적으로 조작하기도 어렵다.

일반적으로 비실험조사설계를 통한 조사는 횡단적 조사에 속하는 조사들이 이에 해당된다. 횡단적 조사는 한 시점에서 동시에 모든 자료를 수집하기 때문에 시간적인 차이를 두고 독립변인을 조작하고 자료를 수집하는 실험적 방법과는 차이가 있다. 어느 변인이 시간적으로 앞서서 변화했는지, 다른 외부적 대립 설명들은 통제되는지에 대한 경험적인 근거를 제공할 수 없기에 내적 타당도가 약하다. 그러나 현실적인 실천현장에서는 자료수집의 용이성 때문에 많이 활용되고 있다.

(1) 비실험조사설계의 장 · 단점

비실험조사설계를 사용하는 이유의 언급을 통하여 장점과 단점을 파악하고자 한다. 첫째, 윤리적인 문제로 독립변인의 조작이 어려운 경우이다. 둘째, 독립변인을 조작할 시간적인 여유가 없거나 기타의 어려움으로 변인 조작이 불가능한 경우이다. 셋째, 조사 문제의 특성상 본래 실험통제가 불가능한 경우이다.

(2) 비실험조사설계의 유형

① 일원적 설계(univariate design)

일원적 설계는 전실험조사설계의 일회성 사례조사 설계와 유사하나 독립변인을 조작하지 않는다는 점이 다르다. 즉, 변인의 관계에 대한 조사보다는 한 번의 관찰(조사)로서 여러 변인의 특성을 파악하는 수준이다. 조사하고자 하는 특정 집단의 성에 대한 탐색조사 수준이다. 예를 들어, 노인종합사회복지관에서 실시되는 지역사회 노인의 욕구조사에서 노인의 소득, 성별, 교육 정도 등의 변인에 따른 욕구의 차이를 파악하는 탐색적 조사가 해당된다.

② 교차분석설계(cross-classification design)

교차분석 설계는 우리가 가장 빈번하게 사용하는 교차분석을 하기 위하여 사용한다. 실험집단과 통제집단을 두지 않고 순수실험조사설계의 통제집단 사후검사

설계의 효과를 낼 수 있다.

교차분석설계에서는 조사자가 미리 실험집단과 통제집단을 구분하여 실험집단의 실험 처치 후 두 집단을 관찰하고 비교하는 것이 아니라, 단지 조사를 위한 샘플링(표집) 과정에서 실험집단과 통제 집단을 설정하고 동시에 표집하고 동시에 관찰(조사)하고 두 집단을 비교한다. 예를 들어, '자원봉사에 참여하는 노인과 참여하지 않는 노인은 자아통합감의 차이가 있을 것이다.'라는 가설을 검증하려고 한다.

먼저 자원봉사 참여하는 노인집단 30명과 자원봉사에 참여하지 않는 노인집단 30명을 표집한다. 두 집단에 속한 노인들을 대상으로 자아통합감을 검사하고 두 집단의 교차분석을 통하여 자아통합감을 비교한다.

〈표 6-2〉 교차분석 설계의 예

자원봉사 참여 유무	자아통합 정도
자원봉사 참여	81
자원봉사 불참	75

③ 기타

비실험조사설계의 기타 유형은 여러 가지가 있다. 두 개 이상의 독립변인에 종속변인과의 관계 검증을 위한 요인설계(factorial design), 모집단에서 표집된 대상을 일정 간격의 시점을 조사하여 경향을 파악하기 위한 경향조사설계(trend study design), 동년배 또는 공통성을 가진 집단을 코호트라고 칭하며, 이들 집단을 일정 기간 추적 조사를 위한 코호트 설계(cohort design), 동일한 표본의 지속적 반복 조사를 위한 패널조사설계(panel study design) 등이 있다.

5) 단일사례 실험조사설계

단일사례 실험조사설계는 단일사례조사설계(single case study design), 단일대상설계(single subject design), 단일체제 설계(single system design) 등으로 불리고 있다. 단일사례 실험조사설계는 하나의 사례(한 단위의 개인, 가족, 소집단, 조직, 지역사회 등)를 대상으로 한다. '한 사례'를 대상으로 한다는 점에서 일반화 가능성, 즉 외적 타당도가 취약하지만, 개입 전 경향과 개입 후 경향을 비교하여 독립변인(개입)과 종속변인(변화) 사이의 인과관계를 추정함으로써 외생변인을 통제할 수 있어 내적 타당도는 크게 문제되지 않는다.

(1) 단일사례 실험조사설계의 특징

단일사례 실험조사설계의 특징은 첫째, 적용 대상이 한 단위에 국한된다. 본 설계에 적용되는 집단으로 개인, 집단, 가족, 소집단 등이 있다. 둘째, 기준선(baseline)이 존재한다. 기준선은 개입하기 전에 실시하는 반복 측정으로 통제집단의 기능을 하게 된다. 내적 타당도를 담보하기 위한 최저 기준은 5~10회 정도로 보고 있다.

또한, 단일사례에 대한 측정의 결과이므로 일반화가 어려워 외적 타당도를 담보하기가 어렵다. 셋째, 단일사례 실험조사설계는 설명을 위한 가설 검증보다는 실태 파악 또는 효과성 검증을 위한 탐색 목적에 적합하다.

단일사례 실험조사설계는 다음과 같은 조사문제에 유용하다.

첫째, 일정 기간 개입이 효과를 나타내고 있는가?
둘째, 개입의 효과가 얼마나 지속하고 있는가?
셋째, 개입의 효과가 나타나는 데 얼마나 걸리나?
넷째, 개입 효과의 일반화 가능성은?

단일사례 실험조사설계는 개입 전 국면(기초선) A와 개입 국면 B로 구성된다. 기초선은 개입 전 표적 행동의 상태를 관찰하는 기간이며 개입이 없는 상태에서 문제가 얼마나 심각한지 그 정도를 정확히 관찰하고 개입으로 그 정도가 어떻게 변하는지를 알기 위해 설정한다. 기초선은 통제집단과 같은 기능을 하여 시간 경과에 따른 표적 행동의 변화 양상을 파악하여 성숙 효과 또한, 어느 정도 통제할 수 있다. 하지만 반복측정에 따라 조사반응성 문제가 야기될 수 있다.

(2) 단일사례 실험조사설계의 유형

① A-B(one-shot case study) 설계

A-B 설계는 일회성 사례조사라고도 하며, 가장 단순하여 초보 조사자가 많이 사용하게 된다. 기준선 기간(A)과 처치선 기간(B)이 하나씩 있는 형태로 가장 쉽게 사용할 수 있다. 그러나 우연한 사건(accident)에 의한 내적 타당도 저해를 통제하기 어렵다. 단일사례 실험 설계를 도식하면 다음과 같다.

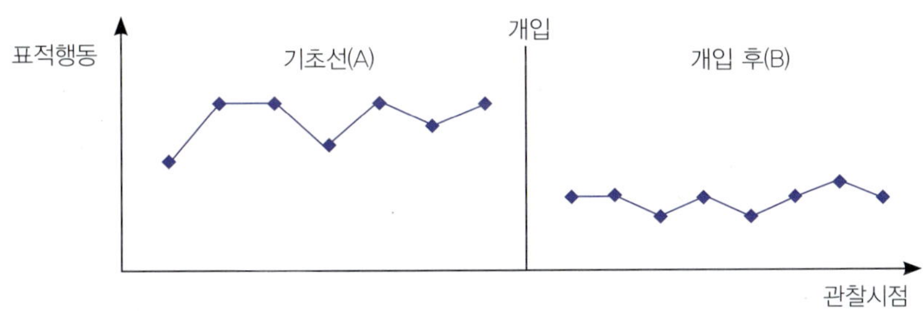

[그림 6-8] A-B 설계

예를 들면, 커뮤니티케어를 위한 시범사업이 2019년 중반부터 실시되었다. 12개월 이상 진행되던 시범 사업의 효과성을 검증하기 위하여 2020년에 효과성 조사를 실시하였다. 만약 조사결과가 5점 만점에 4점이 나왔다 하더라도 비교할 수 있는 기준이 없는 것이 약점이다. 때문에 단일사례 조사는 탐색조사에 적합하다.

② A-B-A 설계

단일집단 전후 비교 설계라고도 하며, 기본 모형인 A-B 설계에 기준선 기간(A)/제2 기준선 기간을 추가한 형태이다. 그 과정은 다음과 같다.

첫째, 조사의 대상의 전시험(관찰)을 시도한다.

둘째, 전시험 후에 실험처치(조작)를 시도한다.

셋째, 실험처치 후에 전시험 관찰 기간과 같은 일정 기간이 지난 후에 후시험(관찰)을 시도한다.

넷째, 전시험과 후시험의 결과를 비교한다. 즉, 기준선 기간을 처치 기간 이후에 다시 한 번 두어 변화를 측정하는 형태로 도식을 통한 예는 다음과 같다.

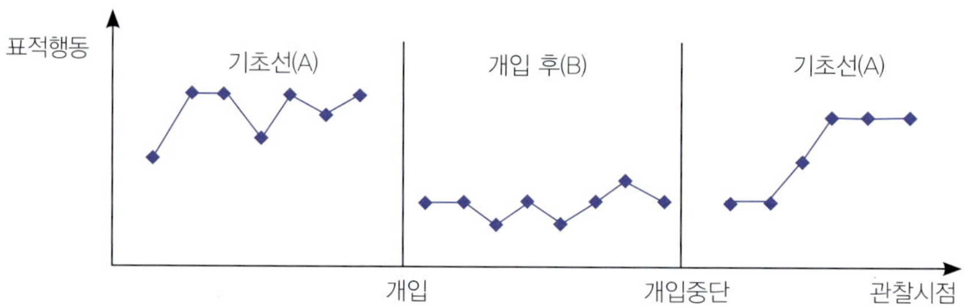

[그림 6-9] A-B-A 설계

예를 들어, 조사자는 일정 수의 노인집단을 구성한다. 그 집단에 속한 노인들을 대상으로 일정 기간 관찰 후 자아존중감 검사를 실시한다. 그리고 음악치료 프로그램을 제공한 후 관찰한 다음에 다시 자아존중감 검사를 실시한다. 음악치료 프로그램의 제공 전과 제공 후에 실시한 자아존중감 검사 결과를 비교하여 효과성 검증을 시도한다.

③ A-B-A-B 설계

A-B 설계에 두 번째 기준선 기간과 처치 기간을 추가하는 설계이다. 두 번째 기준선 기간은 처치의 일시 중단으로 이루어지며 윤리적인 문제가 대두된다. 도식을 통한 예는 다음과 같다.

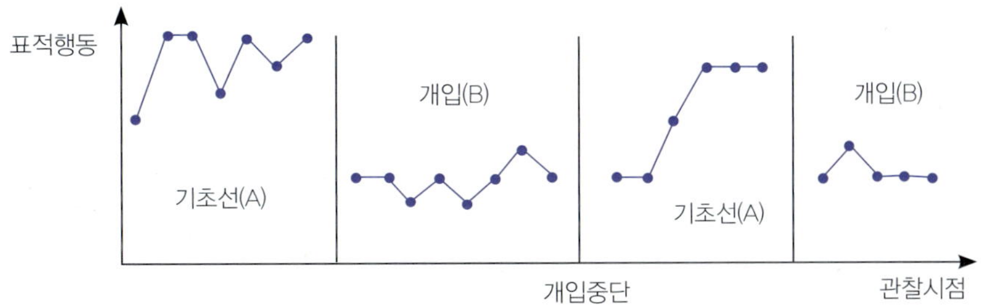

[그림 6-10] A-B-A-B 설계

A-B 설계와 A-B-A 설계보다는 개입의 효과성 파악이 용이함으로써 내적 타당도는 높지만 윤리적인 문제가 있으며, 두 번에 걸친 기초선, 개입 기간을 모두 일정하게 유지하기가 어렵다는 한계를 가진다.

④ B-A-B 설계

B-A-B 설계는 기준선(A) 없이 곧장 개입(B)을 도입한 후 개입을 중단하는 반전 기간(A)과 개입 국면(B)이 뒤따르는 설계이다. 일반적으로 신속한 개입을 요하는 위기 사례에 적합하며, A-B-A-B 설계만큼은 아니지만 꽤 높은 내적 타당도를 갖는다. 개입 단계에서 나타났던 개입의 효과가 반전 기간(A) 동안 줄어들었더라도 개입 이외의 다른 요인에 의해 유발된 변화였을 가능성을 배제할 수 없다. 또한, 개입 단계에서 나타났던 변화가 반전 기간 동안에도 줄어들지 않고 지속되는 경우 개입의 효과를 판단하기 어렵다.

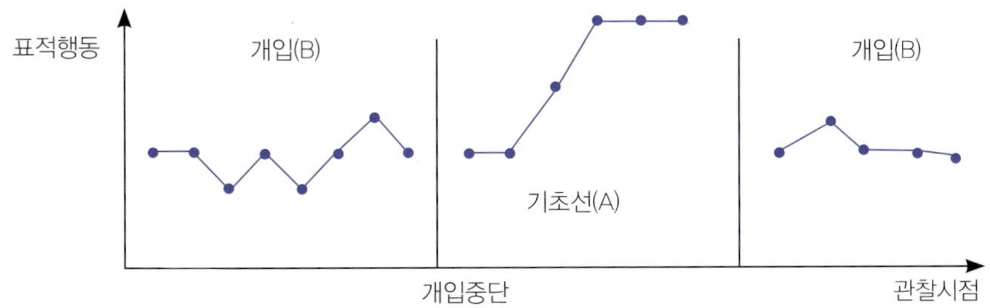

[그림 6-11] B-A-B 설계

⑤ 다중기초선 설계(복수기초선 설계)

다중기초선 설계는 개입 중단의 문제점을 개선하면서 개입과 표적 행동 사이의 인과관계를 명확히 추정하기 위해 개발된 설계이다. 두 개 이상의 기초선을 설치한다는 것은 같은 방법을 세 개 이상의 다른 문제에 적용하거나(문제 간), 같은 문제를 세 가지 이상의 다른 상황에 적용하거나(상황 간), 같은 상황에서 같은 문제를 세 명 이상의 다른 대상에게 적용하는 것으로(대상자 간) 서로 다른 문제, 서로 다른 상황이나 대상자를 대상으로 개입을 실시하며, 두 개 이상의 기초선을 설계한다. 이때 중요한 특징은 각 기초선의 설정 기간이 다르다는 점이다. 기초선 설정 기간이 다르다는 말은 문제마다, 대상자마다, 상황마다 기초선 측정 후 개입을 도입하는 시점에 차이가 있다는 말과 같다. 동일한 시점에 개입을 도입하면 개입 후 나타나는 변화가 우연한 사건으로 인한 효과일 가능성을 배제할 수 없으므로, 개입을 도입하는 시기를 이처럼 다르게 설정하여 우연한 사건으로 인한 효과를 통제한다.

가. 문제 간 다중기초선 설계

특정 개입이 같은 상황에서 같은 대상자의 서로 다른 문제(예: 동생을 때리는 문제, 욕하는 문제, 취침이 늦는 문제)를 해결하는 데 효과가 있는지를 평가하는 설계이다. 이때 해결 대상이 되는 문제는 상호 독립적인 것이어야 한다. 문제가 서로 관련된 경우, 한 행동의 변화가 자동으로 다른 행동의 변화에 영향을 미치게 되어 개입의 독립적 효과를 약하게 만들거나 불확실하게 만들기 때문이다.

나. 상황 간 다중기초선 설계

특정 개입이 같은 대상자의 같은 문제를 서로 다른 몇 가지 상황(예: 학교 등교 상황에서의 지각, 학원 등원 상황에서의 지각, 친구와의 약속 상황에서의 지각)에서 해결하는 데 효과가 있는지 없는지를 평가하는 설계이다. 만약 개입이 여러 다른 상황에서 같은 사람의 같은 문제 행동에 변화를 가져왔다면 개입과 표적 문제 사이의 인과관계에 대한 확신은 높아진다.

다. 대상자 간 다중기초선 설계

특정 개입이 같은 상황에서 같은 문제(스마트폰 중독)를 가진 두 명 이상의 다른 대상자(예: 아동 A, 아동 B, 아동 C)에게 적용될 때 효과가 있는지를 평가하기 위해 복수의 조사 대상자에게 개입 시기(5일, 10일, 15일)를 다르게 도입하는 설계이다. 같은 상황에서 같은 문제를 가진 여러 사람에게 기초선과 개입 간 표적 행동에 차이가 나타났다면 표적 행동의 변화가 개입으로 인한 효과임을 확신할 수 있다.

요 약

• **순수실험설계**: 조사자가 독립변인의 조작, 무작위 할당, 종속변인의 비교의 세 가지 조건이 갖추어진 실험 설계
① 통제집단 사전-사후검사 설계: 검사효과 통제불가
② 통제집단 사후검사 설계: 검사효과는 통제되지만 비교 기준 불명확
③ 솔로몬4집단설계: 내적 타당도 가장 높음. 주시험효과와 상호작용시험효과 통제가능, 많은 비용이 듦
④ 요인설계: 독립변수가 둘 이상일 때 사용

• **유사실험설계**: 순수실험 설계와 유사하나 순수실험 설계에서 요구하는 세 가지 조건 중 한 가지라도 갖추어지지 않은 경우
① 단순(집단) 시계열 설계
② 복수(집단) 시계열 설계
③ 비동일 통제집단 설계: 무작위 할당가능, 독립변수 조작 어려움, 통제집단의 사전검사와 실험집단의 사후검사 비교

• **유사실험설계**: 순수실험 설계와 유사하나 순수실험 설계에서 요구하는 세 가지 조건 중 한 가지라도 갖추어지지 않은 경우
① 단순(집단) 시계열 설계
② 복수(집단) 시계열 설계

• **전실험조사설계**: 무작위 할당하지 않고 비교를 위한 비교집단/통제집단을 두지 않거나 독립변인의 실험처치가 한두 번 정도 이루어지는 것이 일반적임
① 일회 사례 설계: 시간적 우선성 요건만 충족, 외생변수 통제 불가, 종속변수 비교 기준 부재
② 단일집단 사전-사후검사 설계: 시간적 우선성과 공변성 충족, 종속변수 비교 기준 존재, 외생변수 통제 불가
③ 정태집단 비교 설계: 통제집단 사후검사 설계에서 무작위 할당을 뺀 형태, 두 집단의 동질성 보장 불가

• **비실험설계**: 세 가지 조건 모두 충족시키지 못한 경우. 일원적 설계, 교차분석설계 등

• **단일사례 실험조사설계**: 하나의 사례(개인, 가족, 집단, 조직, 지역사회 등)를 대상으로 기초선(A), 개입(B) 기본 구조로 개입 전후 종속변인 변화를 반복 관찰하여 독립변인과 종속변인의 인과관계를 추정함
① A-B설계: 내적 타당도 낮음
② A-B-A설계: 윤리적 문제 내포
③ A-B-A-B설계: 철회설계, 윤리적 문제 내포
④ B-A-B설계: 신속한 개입을 요하는 사례에 적합
⑤ 다중기초선 설계: 문제 간, 상황 간, 대상자 간 다중기초선 설계, 개입을 도입하는 시점을 달리하여 우연한 사건(외부사건)의 개입 가능성을 통제함

CHAPTER 6 연습문제

1 실험설계가 적합한 상황은? (12회 기출)

① 지역사회 욕구를 파악하기 위해 서베이 하고자 할 때
② 무료급식 서비스를 받은 노인의 변화를 분석하고자 할 때
③ 국제결혼가족의 이혼율을 파악하고자 할 때
④ 지역아동센터의 지리적 접근성을 분석하고자 할 때
⑤ 정신장애인의 인권 민감도를 측정하고자 할 때

2 실험설계에서 외생변수가 종속변수에 미치는 효과를 통제하기 위한 방법으로 옳지 않은 것은? (9회 기출)

① 무작위 집단 할당 방법을 이용한다.
② 동질적 집단 할당을 위해 표본의 크기를 작게 한다.
③ 사전에 집단의 특성을 파악하여 이질적 구성요소를 최소화한다.
④ 실험집단과 통제집단에 피실험자들을 동일 비율로 할당한다.
⑤ 피실험자들을 대상으로 제비뽑기 방법을 이용하여 실험집단과 통제집단으로 구분한다.

3 다음에 해당하는 설계로 옳은 것은? (17회 기출)

> 학교폭력 예방프로그램의 효과를 평가하기 위해 OO시 소재 중학교 중에서 학교와 학생들의 특성이 유사한 A학교와 B학교를 선정하였다. 두 학교 학생들을 대상으로 사전검사를 실시한 다음 A학교에서 학교폭력 예방프로그램을 실시한 후 다시 한번 두 학교 학생들을 대상으로 사후검사를 실시하였다.

① 비동일 통제집단 설계
② 통제집단 사후검사 설계
③ 정태적 집단(고정집단) 비교 설계
④ 일회검사사례연구
⑤ 솔로몬 4집단 설계

4 다음 설계에 관한 설명으로 옳은 것은? (17회 기출)

O_1 X O_2 O_1: 사전검사 X: 개입 프로그램 O_2: 사후검사

① 내적 타당도가 강한 설계이다.
② 검사효과를 통제하는 설계이다.
③ 진(순수)실험설계에 속하는 설계이다.
④ 통제집단을 확보하기 어려울 때 사용할 수 있는 설계이다.
⑤ 연구결과의 일반화가 용이한 설계이다.

5 다음 연구설계에 관한 설명으로 옳지 않은 것은? (18회 기출)

노인복지관의 노노케어프로그램 자원봉사자 40명을 무작위로 골라 20명씩 두 집단으로 배치하고, 한 집단에는 자원봉사 교육을 실시하고 다른 집단에는 아무런 개입을 하지 않았다. 10주 후 두 집단 간 자원봉사만족도를 비교 · 분석하였다.

① 사전조사를 실시하지 않아 내적 타당도를 저해하지 않는다.
② 무작위 선정으로 내적 타당도를 저해하지 않는다.
③ 통제집단을 확보하기 어려울 때 사용할 수 있는 설계이다.
④ 사전검사를 하지 않아도 집단 간 차이를 어느 정도 통제할 수 있다.
⑤ 통제집단 전후비교에 비해 설계가 간단하여 사회조사에서 많이 활용된다.

6 실험설계에 관한 설명으로 옳지 않은 것은? (14회 기출)

① 순수실험 설계는 무작위 할당을 활용해야 한다.
② 순수실험 설계가 준(유사)실험 설계에 비해 내적 타당도가 높다.
③ 준(유사)실험 설계에는 사전 측정이 있어야 한다.
④ 준(유사)실험 설계에는 두 개 이상의 집단이 필요하다.
⑤ 단일집단 사전사후검사 설계는 전실험 설계이다.

7 다음 가설을 검증하기 위해 적합한 실험설계방식은? (10회 기출)

> ADHD 아동에게 프로그램 유형(놀이치료/음악치료)과 실시시기(낮시간/밤시간)를 달리함에 따라 개입의 효과가 달라질 것이다.

① 1회 검사사례설계
② 통제집단 사후검사설계
③ 요인설계
④ 복수시계열설계
⑤ 단일집단 사전사후검사설계

8 다음이 의미하는 조사설계는? (13회 기출)

> • 비교를 위한 두 개의 집단이 있다.
> • 외부요인의 설명 가능성을 배제하기 어렵다.
> • 상관관계 연구와 유사한 성격을 지닌다.
> • 집단 간 동질성 보장이 어렵다.

① 정태(고정)집단 비교(static group comparison)설계
② 다중 시계열(multiple time-series)설계
③ 일회검사 사례(one shot case)설계
④ 플라시보 통제집단(placebo control group)설계
⑤ 통제집단 사후검사(posttest control group)설계

9 솔로몬 연구설계에 관한 설명으로 옳은 것을 모두 고른 것은? (10회 기출)

> ㄱ. 4개의 집단으로 구성한다.
> ㄴ. 사후측정만 하는 집단은 2개이다.
> ㄷ. 검사와 개입의 상호작용효과를 도출할 수 있다.
> ㄹ. 통제집단 사전사후검사설계와 비동일 비교집단설계를 합한 형태이다.

① ㄱ, ㄴ, ㄷ　② ㄱ, ㄷ
③ ㄴ, ㄹ　④ ㄹ
⑤ ㄱ, ㄴ, ㄷ, ㄹ

10 다음 연구에 관한 설명으로 옳지 않은 것은? (15회 기출)

> 요가가 노인의 우울감에 미치는 영향을 조사하기 위해 우울감을 호소하는 노인 100명을 모집하였다. 이들 중 50명을 무작위로 선정하여 화요일에 요가강좌를 실시하고 이틀 후인 목요일에 100명을 대상으로 우울감 정도를 측정하였다.

① 요가강좌가 실험자극이다.
② 통제집단이 존재한다.
③ 요가강좌에 참여한 50명과 참여하지 않은 50명의 동질성을 확보하는 것이 중요하다.
③ 유사실험설계에서 사전조사가 생략되었다.
⑤ 내적 타당도 저해요인이 존재한다.

11 단순 시계열(simple time-series) 설계에 관한 설명으로 옳은 것은? (13회 기출)

① 실험효과를 파악하기 위해 개입 이후에는 1회만 관찰한다.
② 검사(test)와 개입의 상호작용효과에 대한 통제가 용이하다.
③ 선실험(pre-experimental) 설계 중 하나다.
④ 통제집단을 포함하여 비교한다.
⑤ 종속변수의 변화를 추적 · 비교할 수 있다.

12 요인설계(factorial design)에 관한 설명으로 옳지 않은 것은? (16회 기출)

① 집단비교 결과의 일반화 가능성이 높은 편이다.
② 독립변수의 속성에 따라 할당행렬을 만들고 행렬 상의 각 범주에 따라 집단을 설정한다.
③ 독립변수가 많을수록 요인설계를 활용하기 쉽다.
③ 주효과와 상호작용효과를 동시에 확인할 수 있다.
⑤ 분산분석(ANOVA)의 통계적 기법을 활용할 수 있다.

13 단일사례 연구에 관한 설명으로 옳지 않은 것은? (13회 기출)

① 개인과 집단뿐만 아니라 조직이나 지역사회도 연구대상이 될 수 있다.
② 외적 타당도가 높다.
③ 개입의 효과에 대한 즉각적인 피드백이 가능하다.
④ 조사연구 과정과 실천 과정이 통합될 수 있다.
⑤ 반복 측정으로 통제집단 효과를 볼 수 있다.

14 단일사례설계 중 다중기초선 설계에 관한 설명으로 옳지 않은 것은? (17회 기출)

① 내적 타당도 저해요인을 통제하기 위한 주요 수단으로 개입의 철회를 사용한다.
② 일부 연구대상자에게 개입의 제공이 지연되는 문제를 갖는다.
③ 연구대상자의 수가 증가할수록 내적 타당도는 증가한다.
④ 동일한 개입을 특정 연구대상자의 여러 표적행동에 적용하여 개입의 효과를 평가할 수 있다.
⑤ 수집된 자료의 분석을 위해 통계적 방법이 사용되기도 한다.

15 단일사례설계의 개입효과에 관한 설명으로 옳지 않은 것은? (18회 기출)

① 개입 후 변화의 파동이 심하면 효과 판단이 어렵다.
② 기초선이 불안정할 경우 기초선의 경향선을 이용하여 통계적으로 개입효과를 판단한다.
③ 기초선에서 개입기간까지의 경향선을 통해 시각적으로 개입효과를 판단한다.
④ 기초선과 개입기간 두 평균값의 통계적 검증을 통해 개입효과를 검증한다.
⑤ 개입 후 상당한 기간이 지나 최초의 변화가 발생할 경우 개입효과가 있다고 판단한다.

정 답　1. ②　2. ②　3. ①　4 ④　5. ③　6. ④　7. ③　8. ①　9. ①　10. ④
11. ⑤　12. ③　13. ②　14. ①　15. ⑤

CHAPTER 07

표 본

1 표본조사의 개념

표본(標本, sample)이란 조사하고자 하는 어떠한 현상을 대표할 수 있도록 추출된 일부의 사람, 사건, 또는 사회적 가공물이다. 즉, 조사하고자 하는 모집단에서 일부를 대상으로 표집을 한 것을 의미한다. 이러한 표본을 전체적으로 이해하기 위해서는 관련된 여러 가지 용어를 이해하는 것이 선행되어야 한다.

1) 전수조사와 표본조사

(1) 전수조사와 표본조사의 개념

조사자가 수행하고자 하는 조사주제와 관련된 모집단에 관한 정보를 얻기 위하여 전수조사 또는 표본조사를 실시하게 된다.

전수조사는 모집단 전체를 대상으로 조사하는 방법이다. 모집단의 규모가 작아

시간과 경비의 한계를 극복할 수 있으면 전수조사가 바람직하다고 볼 수 있다. 그러나 모집단이 대규모일지라도 국가정책의 전반적인 기초를 수립하기 위하여 전수조사를 실시하는 경우가 인구센서스이다.

표본조사는 모집단의 일부를 표본 대상으로 선정하여 필요한 정보를 수집한다. 이때 모집단의 일부를 표본(sample)이라고 하며 표본을 선정하는 과정을 표집(sampling)이라고 한다. 표본조사의 궁극적인 목적은 표본조사의 결과인 통계치를 바탕으로 하여 모집단의 특성을 파악하고자 하는 데 있다. 따라서 표본선정은 매우 중요하며 표본이 추출된 모집단의 내용을 파악하는 데 커다란 영향을 미치므로 신중하게 고려하여야 한다.

좀 더 구체적으로 전수조사와 표본조사의 관계를 알아보면 다음과 같다. 표본은 간접적으로 모집단을 대표할 수 있어야 한다. 이것은 표본으로부터 얻은 통계치를 통하여 의미 있는 모수치의 추론이 가능하기 때문이다.

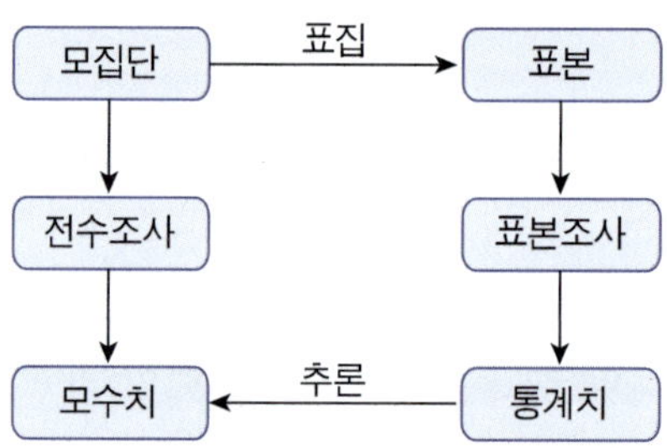

[그림 7-1] 전수조사와 표본조사의 관계

아래에서 자세하게 설명하겠지만 모수치란 집단의 특성을 나타내는 양(수치)이며 조사를 통하여 검증하고자 하는 양(수치)으로 모평균이나 표준편차 등으로 표현되며 통계치는 표본으로부터 얻은 양(수치)으로 표본평균과 표본의 표준편차 등으로 표현된다.

(2) 모집단, 조사 모집단, 표본

모집단(population)은 조사 대상 전체 인구, 즉 조사자가 표본을 통해 발견한 사실을 일반화하고자 하는 집단을 말하고 대상표본은 모집단의 일부를 의미한다.

다시 말해 조사를 위하여 표본이 추출되어 어떠한 현상을 설명할 수 있는 본질적인 대상 전체를 모집단이라고 한다.

조사 모집단은 모집단의 하위개념으로 볼 수 있다. 모집단 중 표본이 실제로 추출되는 대상 범위를 의미한다. 모집단의 진술은 시간, 공간, 자격 등이 구체화 되곤한다. 예를 들어, 대한민국 대학생의 복지의식 조사에서 대한민국 대학생이란 대한민국 국적을 소유한 대학 등록자를 의미하지만 현실적인 이유로 조사가 불가능한 대상자 범위가 존재하게 된다. 아마도 외국에 거주하는 대한민국 국적의 대학생은 조사 대상에서 제외될 수밖에 없다. 위의 조사에서 모집단은 대한민국 국적의 모든 대학생이 될 것이고, 조사 모집단은 2021년 현재 대한민국에 거주하며 복지의식을 표현할 수 있는 대한민국 내의 대학생이 될 것이다.

(3) 모수치(parameter)와 통계치(statistic)

모수치는 모집단에서 나타나는 어떠한 개념 또는 현상의 특성을 측정하여 수치화한 것이다. 즉, 모수치는 실제로 알려진 경우가 드물며 예측치인 경우가 대분분이다. 따라서 모집단의 진정한 참 값과 같다고 할 수 없다. 측정과정에서 오류에 의하여 정확한 값을 구하기 힘들기 때문이다. 예를 들어 전국 대학생의 사회복지의식조사에 대한 모수치가 5점 척도로 조사하여 평균 3.5점인 경우 이것은 표본에서 도출된 통계치를 근거로 추정한 모수치가 된다.

통계치는 표본으로 뽑힌 대상자를 조사하여 도출된 현상에 대한 특성을 수치화한 것이다. 이러한 표본의 통계치를 가지고 실제 알지 못하는 모수치를 추정하는 과정이 표본조사의 묘미이기도 하고 자료분석의 주된 목적 중의 하나이다. 앞의 예와 같이 '대학생들의 복지의식 조사'에서 전체 대학생을 조사한 복지의식의 수치는 모수치이며, 표집을 통하여 일부 대학생을 뽑아 조사하여 나온 복지의식에 대한 수치는 통계치이다. 이러한 통계치로 전체 대학생의 복지의식을 추정하게 된다.

여기서 통계치로 모수치의 추정은 모수치와 통계치의 연결과정을 의미한다.

이것은 가설 검정과 추정절차를 포함하게 된다. 가설 검정과 추정절차는 가설의 기각 여부를 결정하는 과정으로 가설의 기각영역을 미리 정하여 놓고 통계량이 정해진 영역에 포함되는지를 판단하여 결정한다.

(4) 표집틀(sampling frame)과 요소(element)

표집틀은 표집의 각 단계에서 획득될 수 있는 모집단 대상자의 목록, 즉 리스트(list)를 말하며, 주민등록명부, 출석부, 전화번호부 등을 들 수 있다. 표집틀의 중요성은 모집단의 대표성과 관련이 있기 때문이다. 즉, 표집틀이 모집단을 대표하는데 무리가 없어야 한다. 요소는 구성요소(표집요소)라고 표현하기도 하며 모집단을 구성하고 있는 개별 요소를 말한다. 개개의 요소에 대한 조사 정보이며 분석의 기초가 된다. 즉, 요소의 조사를 위하여 표집을 한 요소의 집합체가 조사모집단이라고 할 수 있다. 즉, 자료를 수집하는 기본 단위라고 할 수 있으며 분석단위와 일치하는 경우가 많다. 예를 들어 전국의 사회복지학과 학생이 조사 대상, 즉 모집단이라면 학생 개개인은 요소라고 할 수 있다. 요소는 개인, 집단, 기업 등 조사목적에 따라 다양하다.

(5) 관찰 단위(observation unit)와 표집 단위(sampling unit)

관찰 단위는 정보가 수집되는 개인 또는 단체 등의 요소를 의미하며 자료수집 단위라고도 한다. 대부분 표집단위와 관찰단위가 일치하지만 일치하지 않는 경우도 있다. 예를 들어 치매노인을 조사할 경우 관찰단위를 치매노인으로 할 수 있지만 표집단위는 치매노인을 보화는 보호자가 될 수도 있다. 왜냐하면 치매노인을 대상으로 표집할 경우 조사 자체가 불가능할 수 있기 때문이다.

표집 단위는 표집의 각 단계에서 표본으로 추출될 요소의 묶음 범주이다. 표본의 단위는 개인, 가족, 소집단, 사회적 가공물 등도 될 수 있다. 예를 들어, 주민복지 의식조사를 한다면 3단계로 표집과정을 거치게 된다. 먼저 행정구역을 근거로 몇 개 지역을 표집하고 그 추출지역에서 가구를 표집한 후 가구를 대상으로 주민들을 표집하게 된다. 이때 행정구역, 가구 주민은 표본 단위이고 주민 개개인을 표본 요소라고 한다.

(6) 표집오차와 신뢰 수준

① 표집오차(sampling error)

표집오차는 표본에 의한 통계치의 추정값과 모수치와의 차이로 모집단을 정확하게 반영해 주지 못하는 표본을 선정할 경우 발생하는 오차를 말한다. 이것은 표집오차가 작으면 작을수록 통계치가 모수치에 가깝다는 의미이다.

표집오차는 조사가 표본에 바탕에 의하여 조사되는 한 피할 수 없으며, 측정의 오차와 기타 편견에 의한 오차가 없더라도 표본에서 얻은 통계치는 전수조사를 통한 진정한 참 값인 모수치와 일치하지 않는다.

② 신뢰 수준(confidence level)

신뢰 수준은 모수치를 포함하리라고 기대되는 수준이며 표본의 통계치가 모수치로부터 얼마나 차이가 나는지를 나타내는 수준이다. 신뢰수준은 주로 95~99%까지 선정하며 선택은 조사자 스스로 하게 된다. 일반적으로 95% 수준을 표기한다. 예를 들어, 95% 수준의 신뢰 수준이란 통계치가 모수치로부터 ±5%의 차이를 낼 수 있고 5%의 오차는 허용오차가 된다.

2) 표본조사

(1) 표본추출(sampling)

표본추출이란 어떤 성격 또는 특성을 파악하기 위하여 조사 대상 전체가 아닌 일부를 통한 경험으로 전체를 추정하는 절차를 말한다. 예를 들어, 대형 할인마트 시식 코너에서 음식의 시식으로 음식 전체의 맛을 판단하는 것과 동일하다고 볼 수 있다. 이때 시식하는 음식의 선택을 영어로 sampling이라고 표현하며 우리말로 표본추출이라고 한다. 그러나 이때 시식하는 음식의 대표성에 대한 확신이 표본추출의 핵심이다.

(2) 표본의 대표성

표본의 생명은 모집단을 얼마나 대표할 수 있느냐에 있다. 모집단의 특성을 100% 대표할 수 있다면 이상적이다. 대부분 모집단의 규모 때문에 모집단의 특성인 모수치를 정확히 파악하기가 쉽지 않다. 때문에 모집단에 대한 표본의 대표성은 신뢰구간으로 설정하여 판단한다. 표본의 대표성은 이러한 신뢰구간의 확률적 표본분포에 의하여 결정된다.

(3) 확률 표본분포

앞에서 설명한 바와 같이 표본에 의한 통계치를 근간으로 모집단의 모수치를 추정하게 되는데, 추정의 정확성을 확보하기 위하여 확률 표집의 원리가 적용되게 된다.

확률 표집은 표본추출 과정의 어떠한 사건과 관계없이 뽑힐 확률이 동동한 기회를 갖는 것을 말한다. 이러한 과정을 통한 표집은 어떠한 편견이 개입되지 않을 뿐만 아니라 확률이론을 근거로 모수치와 오차의 측정이 가능해진다.

확률이론은 같은 모집단에서 같은 표본추출 방법으로 같은 크기의 표본을 무수히 뽑는다는 가정에서 시작된다. 매번 뽑힌 표본의 특성에 대한 통계치가 산출되고 각각에 대한 표본의 평균치가 동일하지 않을 것이다. 즉, 각각의 통계치는 각각의 분포를 나타내며 이 표본들의 통계치는 모집단 평균을 중심으로 분포하게 된다. 이러한 것은 이론적인 분포이며 가장 대표적인 것이 정상분포곡선이다. 이들의 통계치의 평균치는 모집단의 평균치와 반드시 일치한다. 이때 나타날 수 있는 통계치의 평균치와 모집단의 평균치와의 차이가 평균편차이며 모수치와 통계치의 차이가 표준오차이다.

표준오차를 이해하기 위하여 표준편차(standard deviation)를 이해하는 것이 선행되어져야 한다. 표준편차란 어떤 특정 요소의 분포가 널리 퍼져 있을 때, 각각의 요소가 평균치로부터 떨어진 거리를 편차라고 하고 이들 각각의 편차 값들의 제곱을 평균하여 다시 제곱을 풀어준 값이다.

표준오차란 표본분포의 표준편차라고 할 수 있는데 표본의 크기가 클수록 표준오차는 줄어든다고 추정할 수 있다.

[그림 7-2]처럼 평균치를 모수차로 가정하면 표준편차가 0이 된다. 그리고 표본 추정치의 68.26%는 ±1 표준오차 범위, 95.44%는 ±2 표준오차 범위, 99.70%는 ±3 표준오차 범위에 포함되게 된다.

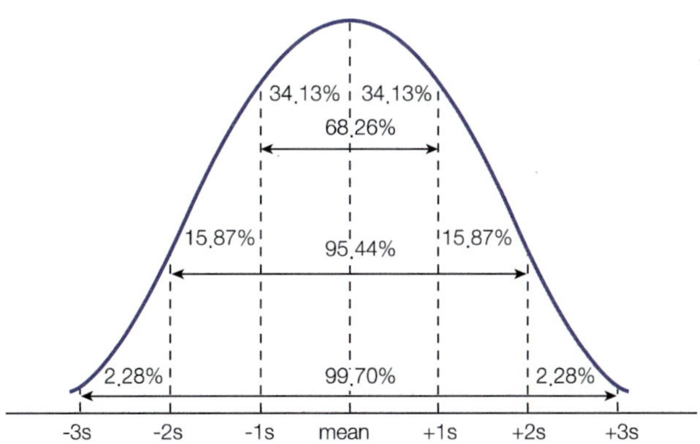

[그림 7-2] 정상분포곡선

(4) 표본조사의 장점과 단점

표본은 일차적으로 기술적 통계분석의 대상이 된다. 그러나 표본조사의 궁극적인 관심은 표본을 통해 모집단을 설명하려는 것이기 때문에 표본의 대표성을 고려하여 가설검증의 방법이 사용되기도 한다.

표본의 장점은 일반적으로 경제성, 신속성, 가능성, 정확성, 응답률, 신뢰도 등을 언급한다. 좀더 구체적으로 기술하면 다음과 같다.

첫째, 전수조사에 비하여 조사기간과 경비를 절약할 수 있는 경제성이다. 조사를 진행함에 있어 현실적인 문제이다.

둘째, 단기간에 걸쳐 조사가 이루어지기 때문에 조사 대상자의 특성이 변하기 전에 신속하게 진행될 수 있는 신속성이다. 표본조사가 아닌 전수조사가 이루어진다면 경우에 따라 오랜 시간이 소요될 수도 있다. 전수조사 기간이 2~3년이 걸린다면 2년 전에 조사한 대상과 2년 후에 조사된 대상은 성숙과 같은 내적 타당도 저해 요인의 영향을 받게 된다.

셋째, 표본의 통계적으로 유의한 수준이 확보된다면 정확도는 유지할 수 있다. 또한, 숙련된 소수의 조사자가 투입됨으로 조사 과정에서 발생할 수 있는 오류를 줄일 수 있어 정확도가 증가될 수 있다. 바꾸어 설명하면 많은 수의 면접자를 투입할 경우 면접자 간의 신뢰도에 문제가 발생할 수 있다.

넷째, 많은 문항 수를 이용한 조사가 가능하여 세밀한 조사를 실시할 수 있다. 시간과 재정적인 차원의 경제성 때문에 조사 문항의 확대가 가능하여 좀 더 세밀한 조사에 부담을 적게 한다.

하지만 단점으로는 첫째, 모집단을 대표할 수 있는 표본추출이 어렵다. 표본이 모집단을 대표하지 못할 경우 일반화 가능성의 한계를 갖게 된다. 둘째, 효율적인 표집을 위한 설계가 시간이 많이 소요되며, 표본오차가 발생할 경우 왜곡된 특성이 나타나게 된다. 특히 표본설계가 복잡한 경우 시간과 비용이 많이 들며, 오차 발생의 가능성이 높아진다. 셋째, 모집단의 크기가 작은 경우 표본의 의미가 반감된다. 모집단이 작은 경우 전수조사가 가능하기 때문이다.

(5) 표본설계 과정

표본설계의 일반적인 과정은 모집단 확정, 표본틀의 확보, 표본추출 방법의 결정, 표본크기의 결정, 표본추출 순으로 진행된다.

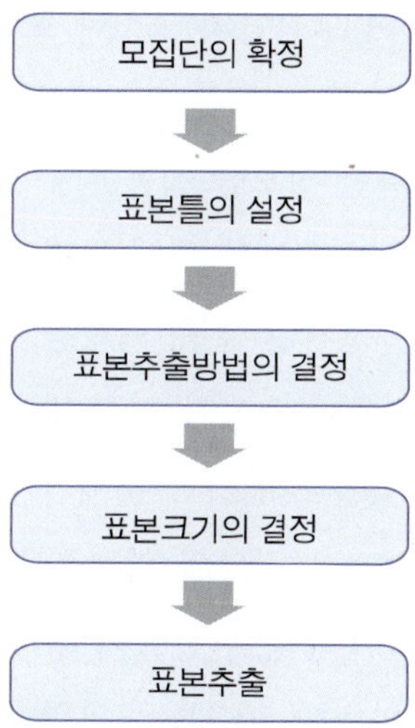

[그림 7-3] 표본설계 과정

① 모집단의 확정

모집단은 조사자가 조사하고자 하는 궁극적인 대상 집단이다. 다시 말해 조사자가 조사를 통하여 궁극적으로 얻고자 하는 정보가 모집단에 관한 것이기 때문에 모집단의 확정은 조사결과의 신뢰성과 타당성의 평가기준을 제시하여 줌으로써 매우 중요하다. 즉, 표집을 통한 조사 결과를 일반화할 수 있는 구체적인 모집단의 확정이 요구된다.

모집단 확정을 위한 요소는 ㉠ 조사 대상, ㉡ 표본 단위, ㉢ 범위, ㉣ 시간을 들 수 있다. 조사 대상은 개인, 집단, 조직이 될 수 있으며 분석의 기초가 된다. 표본

단위는 표본추출의 각 단계에서 표본으로 추출되는 단위이다. 예를 들어, 대한민국 대학생의 복지의식 조사를 할 경우 조사 대상(대학생), 표본 단위(대학생), 범위(전국, 대한민국 국민), 시간(2020)으로 나눌 수 있다.

또 다른 예로 대한민국 성인 남녀의 복지의식 조사에서는 조사 대상(대한민국 성인), 표본 단위(남, 여), 범위(전국), 시간(2020)으로 나눌 수 있다.

② 표집틀(프레임) 확정

표집틀은 표본추출을 위하여 모집단의 요소나 표집 단위들을 한데 모아 정리하여 놓은 일종의 목록으로 매우 중요하다. 표집틀은 모집단의 구성요소를 모두 포함하여 조사 대상에 대한 정확한 정보를 제공할 수 있어야 한다. 때문에 조사자는 가장 최근에 만들어진 표집틀의 확보를 위해 노력해야 한다. 가장 일반적으로 사용하는 표집틀은 전화번호부, 선거인 명부, 학생등록 명부 등이 있다.

표집틀을 확보하지 못할 경우 조사자가 직접 만들어야 할 경우도 있다. 그러나 모집단을 얼마나 대표할 수 있을 것인가가 문제가 된다. 이러한 문제를 해결하기 위하여 결정표본 표집틀의 설정 모집단의 확정틀을 만들고 모집단을 재규정하는 방법과 자료수집 과정에서 선별 문항을 만들어 부적절한 조사 대상자를 제거하는 방법을 사용한다. 언제든지 완벽한 표집틀을 구할 수는 없을 것이 현실이기 때문에 조사의 한계에 명확하게 진술하는 것이 중요하다.

표집틀은 자료수집 방법에 따라 다를 수 있다. 예를 들어, 대한민국 성인 남녀의 복지의식 조사에서 전화면접을 시도할 경우 전화번호부가 표집틀이 될 수 있고, 대인면접을 시도할 경우 표집틀은 주민등록 명부가 될 수 있을 것이다. 바람직한 표집틀은 ① 포괄성, ② 추출확률, ③ 효율성을 갖추어야 한다.

③ 표본추출 방법의 결정

조사자는 표집틀이 결정되면 표본추출 방법을 결정하게 된다. 표본추출 방법은 조사의 목적, 표본 단위의 특성, 그리고 모집단의 대표성을 확보할 수 있는 것을 선택한다. 표본추출 방법은 확률 표집과 비확률 표집이 있다.

확률 표본추출 방법은 표집틀 내에서 무작위로 추출되며 표집될 확률이 알려져 있다. 그러나 비확률 표본추출 방법은 이러한 특성과 관련이 없다.

④ 표본크기의 결정

표본추출을 결정할 때 표본의 크기를 어느 정도로 할 것인가는 현실적인 문제이다.

첫째, 표본의 크기가 크면 대표성에 대한 안정감을 확보할 수 있으나 비용과 시간의 문제가 제기된다. 어느 정도의 대표성을 확보하고 경제적인 효율성이 담보된 적절한 표본의 크기를 결정하는 것은 매우 중요하다.

둘째, 일반적으로 표본의 크기는 모집단의 특성에 따라 달라질 수 있다. 모집단이 크면 표본의 크기도 커지는 것이 일반적이다. 그리고 동질적인 모집단보다는 이질적인 모집단에서 더 큰 표본을 요구하게 되며, 독립변인의 종류와 범주의 수, 시간, 비용, 분석 방법 등의 영향을 받게 된다.

셋째, 표본의 크기는 조사의 목적을 적절히 달성하기 위한 변인의 수, 표본추출 방법, 분석 방법 등에 따라 달라질 수 있다.

넷째, 가장 중요한 표본의 크기 결정 요인으로 모수추정의 정확도와 신뢰도를 확보할 수 있는 크기는 되어야 한다. 표본의 크기는 하나부터 수천 개에 이르기까지 다양하다. 예를 들어, 2×2 행렬 기준으로 카이자승(χ^2)을 통한 자료 분석을 시도한다면 최소 표본이 30이 필요하다. 그러나 일반적으로 120 케이스가 넘으면 대표집으로 간주된다. 표본크기 결정방법은 신뢰구간 접근법과 가설검증 접근법 등이 있다.

⑤ 표본추출

표본추출은 표본의 크기가 결정되면 이루어지는 표본설계 과정의 마지막 단계이다.

2 표본추출 유형

1) 확률 표집과 비확률 표집

확률 표집(probability sampling)은 표집틀이 존재하여야 하며, 대상자의 표집확률이 알려져 있는 경우이다. 확률 표집은 표집과정에서 조사자의 편견이 개입되지 않고 표본조사의 결과인 통계치로부터 표본오차의 계산이 가능하여 신뢰도를 평가할 수 있다. 확률 표집은 환원(복원) 확률 표집과 비환원(비복원) 확률 표집으로 나누어진다. 환원확률 표집이란 한 번 표본으로 뽑힌 요소를 다시 모집단에 환원시키고 다시 표본 추출하는 방법이며, 비환원 확률 표집은 한 번 뽑힌 요소를 모집단에 환원시키지 않고 표본추출을 진행하는 방법이다.

그러나 확률 표집은 실제 조사에서 현실적으로 불가능한 경우를 경험하게 된다. 예를 들어, 전국의 약물 중독자 또는 성격장애자와 같이 모집단 자체를 한정하기 힘든 경우가 종종 있다. 이와 같이 표집틀을 구성하지 못한다면 확률 표집은 무의미하다고 할 수 있다. 이러한 문제점을 대처하기 위한 대안으로 비확률 표집을 사용하게 된다.

비확률 표집(nonprobability sampling)은 모집단에 대한 정보와 지식이 제한적이거나, 표집틀이 존재하지 않아서 대상자의 선택확률이 알려지지 않은 경우에 활용되기 때문에 확률 표집의 대안으로 인식되고 있다.

장점으로는 표집을 위한 절차가 복잡하지 않아서 비용과 노력이 적게 든다. 단점으로는 표본과정에서 조사자의 주관이 개입되고 대표성을 확보하는 데에는 한계가 있기 때문에 조사 결과의 일반화에 한계가 있다(자세한 사항은 〈표 7-1〉 참조).

〈표 7-1〉 확률 표집과 비확률 표집의 비교

확률 표집	비확률 표집
• 무작위 추출 • 추출 확률 알려짐 • 모수추정에 편견(bias) 없음 • 분석결과 일반화 용이함 • 시간과 비용이 많이 듦 • 표본오차 추정 가능	• 인위적 추출 • 추출 확률 안 알려짐 • 모수추정 편견(bias) 존재 • 분석결과 일반회 어려움 • 시간/비용 적게 듦 • 표본오차 추정 불가능

2) 표본추출의 유형

확률 표집의 종류는 단순무작위 표집, 체계적 표집, 층화 표집, 그리고 군집 표집이 있고, 비확률 표집에는 편의 표집, 유의 표집, 할당 표집, 눈덩이 표집 등이 있다.

(1) 확률 표집

① 단순무작위 표집(simple random sampling: SRS)

단순무작위 표집은 순수무작위적인 방법으로 모집단으로부터 표본추출 확률이 알려져 있고 각각의 요소가 뽑힐 확률이 동등하다. 표집은 표집 단위에 번호를 부여하고 나열한 후 결정된 표본의 크기만큼 난수표(table of random digit)를 이용하여 이루어진다. 난수표의 사용방법은 예를 들어 설명하면 다음과 같다.

모 대학의 사회복지학부에서 1,000명의 학생으로 구성된 모집단에서 50명을 표집하여 사회복지조사론 수업 만족도를 조사할 경우 첫째, 1,000명의 명단이 일련번호로 수록된 표집틀을 구한다. 일련번호로 수록된 표집틀이 없을 경우 표집틀의 모든 명단에 일련번호를 매긴다. 둘째, 난수표를 구하여 난수표에서 하나의 숫자를 눈을 감고 선택한다. 셋째, 선택된 번호를 중심으로 상하, 좌우 방향으로 가면서 앞의 두 자리 번호(표집 대상 50이 두 자리이기 때문에)를 읽어 간다. 읽어

가는 번호를 표집틀의 번호에 표시한다. 넷째, 이렇게 진행하여 표집틀에서 50개의 번호가 표시되고 번호에 해당되는 학생은 표집 대상이 된다. 이외에도 로또복권 추첨방식, 제비뽑기가 해당된다.

모집단(N)의 케이스들이 표본(n)에 포함될 확률은 n/N으로 동일하다. 가령 예를 들어, 1,000명의 모집단에서 20명을 표집한다면 20/1,000은 1/50의 확률이다.

단순무작위 표집방법을 사용하기 위한 가정은 첫째, 표본이 일정 양 이상의 크기를 유지할 때, 둘째, 표집과정이 무작위로 이루어져야 한다.

단순무작위 표집방법은 복원 표본추출(sample with replacement)과 비복원 표본추출(sample without replacement)로 분류된다.

복원 표본추출 방법은 한 번 표본으로 뽑힌 요소를 모집단에 돌려보내는 방법이고, 비복원 표본추출 방법은 돌려보내지 않는 방법이다. 예를 들면, 60명인 모집단에서 5명을 무작위로 추출한다면 모집단의 표집 대상자에게 1~60번의 번호를 부여하여 박스에 넣고 5명을 무작위로 추출한다. 뽑힌 한 명 한 명을 다시 박스에 넣지 않고 5명을 추출할 경우 비복원 추출이라고 하고 뽑힌 한 명 한 명을 다시 박스에 넣고 5명까지 추출하면 복원 추출이 된다. 단순무작위 표본추출 방법은 다음과 같다.

첫째, 모집단이 확정되면 표본틀과 표본의 크기를 결정한다.
둘째, 표본의 요소에 번호를 부여한다.
셋째, 무작위로 표본의 크기만큼 추출한다.

장점은 대표성의 확보가 용이하고, 모집단에 대한 지식이 불필요하며, 오차 계산이 용이한 반면, 단점은 모집단의 요소가 모두 알려져야 하며 모집단이 매우 클 경우 각각의 요소에 일련의 번호를 모두 부여하는 것이 현실적으로 어려울 수도 있다.

② 체계적 표집(systematic sampling)

체계적 표집은 단순무작위 표집의 변형된 방법으로 표집하는데 가장 쉽게 이용할 수 있다. 표집틀에 등록된 모집단 목록에서 일정한 순서에 따라 k번째 요소를 표집하여, 표본으로 만드는 방법이다. 체계적 표집의 과정은 다음과 같다.

첫 번째 대상자는 표집구간 내에서 무작위로 추출되지만, 두 번째 대상자부터는 일정한 간격을 두고 표집하는 방법이다. 때문에 모든 표집 대상자인 모집단에 번호를 부여하고 일정한 순서에 따라 표본을 추출하는 방법이다. 만약 1,000명의 모집단(N)에서 100명을 표집(n)한다면 k=N/n=1,000/100이 될 것이다. 예를 들어, 60명인 모집단에서 6명을 표집하면 모집단에 1~60의 번호가 부여되고 표집구간은 10이 될 것이다. 첫 번째 표집구간인 1~10 사이에서 4번이 무작위 표집되었다면, 전체 표집 대상자는 4, 14, 24, 34, 44, 54번이 될 것이다.

장점으로는 표본추출이 용이하고 대표성을 확보할 수 있고 시간과 노력을 절약할 수 있으나, 단점으로는 모집단과 표집의 크기가 클 경우 사용하기가 쉽지 않으며, 표집틀에 포함된 모집단 구성요소들이 주기성 또는 순환성의 성격을 가질 경우(예: 직위, 직급별 순환 편성 등) 표집구간과 일치하게 됨으로써 특정 성격으로 치우친 프레임의 경우 표집오차가 개입될 수 있어 주의해야 한다.

③ 층화 표집(stratified random sampling)

층화 표집은 표본이 이질적인 경우 보다 동질적인 표본이 표집오차를 줄일 수 있다는 확률분포 이론에 근거하여 실행되는 방법으로 표본의 대표성이 가장 높은 방법이다. 때문에 층화 표집은 표본 대상자의 특성에 따라 상호 배타적인 집단으로 층화시키고 집단별로 무작위로 추출한다. 또한 소규모의 하위 조사 대상 집단들이 적절한 크기로 포함되는 것을 담보하기 위한 방법이다. 층화는 일정한 기준에 따라 실행되며 조사 목적이 층화의 기준이 되는 경우가 일반적이다.

층화 표집을 수행하기 위하여 먼저 모집단 내의 하위 조사 대상 집단의 특성과 그 비율을 파악하고 일정 크기의 동질적인 집단으로 나눈다. 이것은 모집단에 대한 연구자의 경험이나 선행조사가 잘 이루어져 있다는 것을 전제로 모집단을 동질적인 하위집단으로 층화시키고 층화된 집단을 대상으로 무작위 추출 절차를 밟게 된다. 따라서, 층화표집은 하위 조사 대상 집단 간에는 이질적이며, 집단 내에서는 서로 동질적이다. 층화 표집은 모집단의 비율과 같게 표집 하는 비례층화 표집(proportionate stratified sampling)과 모집단의 비율과 같지 않게 표집하는 비비례 층화 표집(disproportionate stratified sampling)으로 구분된다.

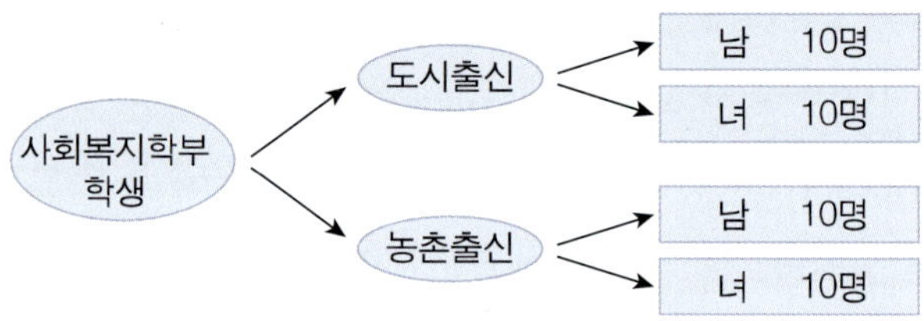

[그림 7-4] 층화 표집

가. 비례 층화 표집

비례 층화 표집은 각 계층에서 동일한 비율로 표집 단위를 추출하는 방법이다. 위의 [그림 7-4]에서 사회복지학부 학생 400명 중 도시 출신이 300명, 농촌 출신이 100명일 경우, 도시와 농촌 출신 학생 비율은 3:1이 된다. 복지의식 조사를 위하여 40명을 비례 층화방법으로 표본추출 한다면 도시 출신에서 30명과 농촌 출신에서 10명이 무작위로 시행되는 표집 대상이 될 것이다.

나. 비비례 층화 표집

비비례 층화 표집은 각 계층에서 차등한 비율로 조사 대상자를 추출하는 방법이다. 예를 들면, 모집단의 비율이 현저히 낮아 같은 비율을 적용하면 표본이 지나치게 작아져 집단의 특성을 대표하기 어려운 경우에는 표본의 비율을 모집단과 다르게 조정하는 것을 말한다. 따라서 조사자는 모집단의 각 층의 정보에 대하여 정확히 알아야 한다.

장점으로는 가능한 표본오차를 줄이고 대표성을 강화할 수 있다. 그러나 조사자에게 층화시킬 수 있을 만큼의 모집단에 대한 사전 지식을 요구하게 된다. 이러한 사전 지식이 없을 경우 층화를 위한 기준의 사용에 대한 타당성이 문제로 제기된다.

④ 군집 표집(cluster sampling)

군집 표집은 집락 표집, 다단계 표집 등으로 불리며, 개별 요소의 목록을 구하기 용이한 몇 개의 부분 단위로 모집단을 나누고 부분 단위를 표집 대상으로 간주한다. 즉, 모집단을 일차적으로 일정 범주로 상호 배타적인 군집으로 나누고 군집 자체를 표본 단위로 하여 무작위로 표본을 추출한다. 1차로 표집된 군집에서 다시하위군집으로 나누고 하위군집을 표집 대상으로 무작위 표집한다. 하위 군집화와 무작위 표집은 마지막 군집 단위까지 계속되고 마지막 군집 단위가 조사 단위가 된다. 예를 들면, 넓은 지역 단위에서 좁은 지역 단위로 범위를 좁혀가며 단계적으로 지역을 선정할 때 주로 사용된다. 즉, 대한민국 국민의 복지의식 조사에서 행정 단위로 군집화한다면 16개 광역시 · 도에서 무작위로 한 개의 광역시 · 도가 표집되고, 표집된 광역시 · 도에서 한 개의 시 · 군이 표집되고, 표집된 시 · 군에서 한 개의 읍 · 면이 표집되고, 표집된 읍 · 면에서 한 개의 리 · 통이 표집될 것이다. 마지막 군집으로 표집된 리 · 통을 대상으로 조사가 수행될 수 있다.

위의 예와 같이 다단계 군집 표집을 많이 사용하며 층화 표집과 혼재된 다단계 층화 군집 표집을 사용하기도 한다.

군집 표집은 층화 표집과 반대로 군집 간에 동질성이 높고 군집 내의 요소는 이질성이 높을 때 대표성이 확보된다. 모집단의 표집틀을 구할 수 없을 때 사용이 가능하며, 비용이 절감되고, 다른 표본과 비교가 가능한 장점이 있지만, 표집 오차 개입이 있는 것이 단점으로 지적된다. 또한, 군집의 수 자체가 너무 많아지고 각각의 군집에서 표본의 크기가 너무 커지면 능률이 떨어진다.

(2) 비확률 표집

① 편의 표집(convenience sampling)

편의 표집은 임의 표집이라고도 하며, 조사자가 표집 대상 선정 기준을 표집의 편리성에 두는 방법으로 비확률 표본추출 방법의 하나이다. 일반적으로 모집단에 대한 정보 확보가 어렵지만 모집단의 구성요소 간에 특성의 차이가 없다고 판단되는 경우에 활용된다. 예로는 TV 뉴스나 프로그램 진행을 위하여 길거리에서 인터뷰하는 것이 대표적이라고 할 수 있다.

즉, 편의 표집은 특정한 원칙이나 계획이 없이 편의성에 근거하여 표집을 하며, 모집단에 대한 정보가 없을 때 사전조사나 탐색적인 조사목적을 달성하기 위하여 사용하곤 한다.

장점으로는 비용이 절약되고, 절차가 간단하며, 표본추출 과정이 용이한 측면이 있지만 대표성의 한계, 인과관계 조사의 어려움, 일반화의 어려움 등이 단점으로 제기된다.

② 유의 표집(purposive sampling)

유의 표집은 판단 표집이라고도 하며, 조사자의 주관적인 근거에 의해 모집단 대표성이 있다고 판단되는 대상을 표집하는 방법이다. 때문에 조사자에게 모집단의 특성에 대하여 충분한 정보와 전문적인 지식이 요구된다.

유의 표집은 이론적으로 중요한 변인에 대하여 한정된 범위 내의 표본을 추출하는 경우이다. 예를 들어, 집단역학의 장점에 대하여 조사한다면 응집력이 강한 운동선수들을 대상으로 하는 것과 같이 극단적인 표본을 추출하는 방법이다.

장점으로는 비용이 적게 들고 편리하며, 정확도가 높아, 표본의 크기가 작을 때 사용하기 좋다. 단점으로는 대표성, 편견 · 오류의 통제 등이 어려워 모집단에 대한 충분한 지식의 요구 등이 지적된다.

③ 할당 표집(quota sampling)

할당 표집은 비확률 표본추출 방법 중에서 가장 정교하여 사회과학 분야의 연구에서 비교적 많이 사용한다.

할당 표집은 선택하고자 하는 표집의 집단별 분포를 미리 알고 그에 맞추어 각 집단 내에서 할당된 수만큼 표본을 임의로 추출하는 방법이다. 할당 표집과 층화 표집은 하위 범주별로 표집 대상을 할당하는 것은 동일하나 추출과정이 다르다.

확률표집인 층화 표집은 단순무작위를 사용하지만 할당 표집은 조사자 임의로 표집이 이루어진다.

일반적으로 할당 표집은 2단계의 과정을 거치게 된다.

첫째, 조사자는 모집단의 특성을 대표할 수 있는 일정의 범주를 나누고 그 범주를 대표할 수 있는 표본이 할당량을 결정한다.

둘째, 각각의 범주에 할당된 표본의 양을 임의로 추출한다. 예를 들어, 복지의식 조사에서 전국을 표본으로 할 때 도시와 농촌, 남녀, 계층과 같은 범주를 차례로 배열하고 각 범주의 상대적 비율에 따라 비확률적으로 표집하는 방법을 말한다.

장점으로는 비용이 적게 드는 것이지만 할당 수에 대한 문제와 일반화 문제, 분류오차 등은 극복해야 할 문제이다.

④ 눈덩이 표집(snowball sampling)

눈덩이 표집은 누적 표집이라고도 하며 눈덩이를 굴리는 것 같이, 최초의 작은 표본을 선택하여 그를 통해 표본을 확대하여 가는 방법이다. 한 조사 대상자가 다른 조사 대상자 2명을 소개하고, 2명의 조사 대상자는 각각 2명씩 조사 대상자를 소개하는 방법이다. 주로 약물중독, 성매매, 불법체류 외국인과 관련된 민감한 주제 또는 대상자를 조사할 때 이용하는 방법이다.

조사자의 신분이 노출되지 않고 비용과 시간이 절약되는 장점이 있지만 표본의 어려움, 피조사자를 조사원으로 사용하기가 쉽지 않은 단점이 있다.

3 표본의 크기와 표본오차

1) 표본의 크기와 대표성

표본의 크기는 모집단에서 표집한 요소의 수를 의미하며 표본의 대표성과 밀접한 관련이 있다. 조사와 관련된 조건이 동일하다면 표본의 크기가 크면 클수록 표본의 대표성이 높아진다고 알려져 있다. 그러나 표본의 크기는 시간과 비용의 문제와 직결됨으로 조사 목적과 특성(변인의 수, 표준오차와 신뢰도)에 맞는 적정의 표본크기를 확보하는 것이 중요하다.

표본의 대표성은 추출된 표본의 대표성이 모집단의 특성과 일치성 정도에 의하여 평가 및 결정이 된다. 즉, 표본의 대표성 정도는 표본을 통하여 조사한 특성(통계치)이 모집단의 특성(모수치)과 확률적으로 같음을 주장할 수 있는 근거가 된다.

2) 표본의 크기

표본의 크기 결정에 영향을 주는 다양한 기준이 제시되고 있다. 일반적인 기준은 모집단의 크기와 동질성, 조사문제 또는 가설, 신뢰수준, 표집방법, 조사여건, 자료분석방법 등이 있다.

좀 더 구체 구체적으로

첫째, 가장 일반적인 기준은 모집단의 크기와 동질성 정도라고 할 수 있다. 모집단의 크기가 크거나 또는 이질적인 경우에는 표본의 크기가 커질 수밖에 없다.

둘째, 조사문제 또는 가설이다. 조사문제 또는 가설이 복잡하게 많이 구성되면 그만큼 변인의 수가 늘어나게 된다. 조사 문제 도는 가설을 구성하는 변인의 수가 많아지면 측정을 위한 설문문항이 늘어나게 되고 설문문항이 늘어나면 표본의 크기가 늘어나게 된다.

셋째, 신뢰 수준의 결정이다. 조사자는 표집된 조사 대상자들에게 설문지를 배부 및 수거하여 분석하게 되는데 이때에 신뢰 수준을 결정하게 된다. 여기서 신뢰 수준이란 표본의 조사 결과인 통계치가 모집단의 조사결과인 모수치의 특정 구간 내에 위치하는 것을 말하며 통계치의 정확성을 의미는 용어이다. 일반적인 신뢰 수준은 95%, 99%를 활용하는데 신뢰도를 95%에서 99%로 높이려면 표본의 크기를 늘려야 한다.

넷째, 조사방법과 표집방법이다. 조사방법과 관련하여 양적조사 방법보다 질적 조사 방법을 적용할 경우 조사방법의 특성상 표본의 크기는 작아질 수밖에 없다. 양적 조사방법 중에 서베이를 활용할 경우 표본의 크기를 확보해야 하지만 실험조사 등과 같이 제한적인 표본의 크기를 활용하는 경우도 있다. 표집방법 측면에서 표본의 크기는 표본오차와 관련이 되어 있다. 여기서 표본오차는 표본의 대표성에 영향을 받게 된다. 즉, 확률표집일지라도 집락표집은 대표성이 가장 떨어지게 되며 표본오차 발생 가능성이 커짐으로 표본의 크기를 늘려야 한다.

다섯째, 조사여건이다. 표본의 크기는 시간, 조사를 위한 투입인력, 조사대상자 확보에 영향을 주제 되며 이러한 영향요인은 경제적인 요인과 직결된다.

여섯째, 자료분석방법이다. 일반적으로 고급자료분석(회귀분석과 구조방정식 등)은 대표집(30~120)을 요구하는 경우가 일반적이다.

3) 표본오차

표본오차는 표집오차라고도 하며, 간단하게 모집단의 값(모수)과 표본의 값(통계치)간의 차이를 의미한다. 즉, 전수조사의 경우 표본오차가 존재하지 않는다.

일반적으로 모집단의 특성을 나타내는 모집단 값(모수치)은 알 수 없는 것이 일반적이다. 때문에 모집단 값은 표본의 값을 토대로 신뢰 수준(95%~99%)을 기준으로 오차의 범위를 추정하게 된다.

예를 들어 종합복지관 설립을 위한 주민조사를 위하여 1,000명을 표집하여

50%의 찬성의 결과를 얻었다. 조사의 오차는 '신뢰 수준 95%에서 ±3%이다.'라고 명시되었다면 ±3%는 표본 값을 근거로 모집단 값을 추정한 확률적 의미의 오차이다. 즉, 모집단 값과 표본 값의 차이로 표본오차라고 한다.

요 약

- **표집(sampling)**: 표본을 선정하는 과정
- **모집단(population)**: 조사 대상 전체 인구, 표본을 통해 발견한 사실을 일반화하고자 하는 집단
- **모수치(parameter)**: 모집단에서 나타나는 어떠한 개념을 변인화하여 변인의 특성을 측정하여 수치화한 것
- **통계치(statistic)**: 표본으로 뽑힌 자료를 근거로 변인에 대한 특성을 수치화한 것
- **표집틀(sampling frame)**: 표집의 각 단계에서 획득될 수 있는 대상자의 목록
- **관찰 단위(observation unit)**: 정보가 수집되는 개인 또는 단체
- **요소(element)**: 모집단을 구성하고 있는 개별 조사정보, 분석 기초
- **표집 단위(sampling unit)**: 표집단계에서 표본으로 추출될 요소의 묶음 범주
- **표집오차(sampling error)**: 표본에 의한 통계치의 추정값과 모수치와의 차이
- **신뢰 수준(confidence level)**: 모수치를 포함하리라고 기대되는 수준, 표본의 통계치가 모수치와 얼마나 차이가 나는지 나타내는 수준
- **확률 표집(probability sampling)**: 표본추출 과정의 어떠한 사건과 관계없이 뽑힐 확률이 동등한 기회를 갖는 표집
- **표준오차(standard error)**: 모수치와 통계치의 차이
- **표준편차(standard deviation)**: 각각 요소가 평균치로부터 떨어진 거리인 편차 값들의 제곱을 평균하여 다시 제곱을 풀어준 값
- **표본조사의 장점**
  ① 경제성 ② 신속성
  ③ 정확도 ④ 조사문항 확대로 세밀한 조사 가능

- **표본조사의 단점**
  ① 모집단을 대표할 수 있는 표본추출이 어려움
  ② 효율적인 표집을 위한 설계에 많은 시간 필요
  ③ 표본오차가 발생할 경우 왜곡 발생
- **표본(sample):** 조사하고자 하는 현상을 대표할 수 있도록 모집단에서 추출된 일부의 사람, 사건, 또는 사회적 가공물
- **표본설계 과정**
  ① 모집단 확정: 조사 대상, 표본 단위, 범위, 시간
  ② 표집틀 확보: 포괄성, 추출확률, 효율성 고려
  ③ 표본추출 방법 결정: 확률 표집과 비확률 표집
  ④ 표본크기 결정: 변인의 수, 표본추출 방법, 분석 방법에 따라 결정
  ⑤ 표본추출
- **확률 표집**
  ① 단순무작위 표집: 복원 표본추출, 비복원 표본추출
    – 장점: 대표성 확보 용이함. 모집단에 대한 지식 불필요함. 오차 계산 용이함.
    – 단점: 모집단 요소 모두 알려져야 함. 모집단이 매우 클 경우 각각 요소에 일련번호를 부여하는 것이 현실적으로 어려움
  ② 체계적 표집
  ③ 층화 표집: 비례 층화 표집, 비비례 층화 표집
  ④ 군집 표집(집락 표집, 다단계 표집): 상호 배타적인 일정 범주로 군집 구분한 후 무작위로 추출
    – 장점: 군집 간에 이질성이 높고 군집 내 요소는 동질성이 높을 때 대표성이 확보, 모집단의 표집틀을 구할 수 없을 때 사용 가능, 비용 절감, 다른 표본과 비교 가능
    – 단점: 표집오차 개입, 군집 수 자체가 너무 많고, 군집에서 표본 크기가 너무 커지면 능률 감소
- **비확률 표집**
  ① 편의 표집(임의 표집)
    – 장점: 비용 절약, 절차 간단, 표본추출 과정이 용이함
    – 단점: 대표성의 한계, 인과관계 조사 어려움, 일반화 어려움
  ② 유의 표집(판단 표집)
    – 장점: 비용 감소, 정확도 높음, 표본 크기 작을 때 사용 적합함
    – 단점: 대표성과 편견 오류의 통제 어려움, 모집단에 대한 충분한 지식 요구됨
  ③ 할당 표집
    – 장점: 비용 절약
    – 단점: 할당 수에 대한 문제, 일반화 문제, 분류오차 발생
  ④ 눈덩이 표집(누적 표집)
    – 장점: 신분 노출 안 됨, 비용과 시간 절약
    – 단점: 표본 어려움, 피조사자를 조사원으로 사용하기 쉽지 않음

CHAPTER 7 연 연습문제

1 표집에 관한 설명으로 옳지 않은 것은? (9회 기출)

① 신뢰 수준은 표집오차와 관련된다.
② 표본의 크기를 결정한 후 모집단을 정한다.
③ 확률표집은 조사자의 주관성을 배제할 수 있다.
④ 표집은 모집단으로부터 조사대상을 선정하는 과정이다.
⑤ 표집은 연구목적, 문제형성 등 연구과정을 고려하여 실시해야 한다.

2 표본의 크기에 관한 설명으로 옳지 않은 것은? (9회 기출)

① 표본의 크기는 표집 비용과 시간에 영향을 받는다.
② 한 변수 내의 범주의 수가 많을수록 표본의 크기는 커져야 한다.
③ 표본의 크기가 커질수록 비표집오차는 표집오차처럼 감소한다.
④ 표본의 크기는 모집단의 특성을 추정하는 정확성과 관계가 있다.
⑤ 표본의 크기가 작으면 통계적 검증력이 떨어지고 제2종 오류를 범하기 쉽다.

3 표본추출에 관한 설명으로 옳지 않은 것은? (14회 기출)

① 개인과 집단은 물론 조직도 표본추출의 요소가 될 수 있다.
② 표본추출단위와 분석단위가 일치하지 않을 수 있다.
③ 전수조사에서는 모수와 통계치 구분이 불필요하다.
④ 표본의 대표성은 표본오차와 정비례한다.
⑤ 양적 연구에서 표본의 크기가 클수록 유의미한 결과를 얻는데 유리하다.

4 정규분포에 관한 설명으로 옳지 않은 것은? (11회 기출)

① 표본의 사례 수와 무관하게 표집분포(sampling distribution)는 정규분포를 따른다.
② 표준정규분포의 평균은 0이고 분산과 표준편차는 동일하다.
③ 정규분포의 모양은 평균과 표준편차에 의해 결정된다.
④ 최빈값과 중위수는 같다
⑤ 정규분포곡선은 좌우 대칭이며 종모양이다.

5 표본크기와 표집오차에 관한 설명으로 옳은 것을 모두 고른 것은? (13회 기출)

ㄱ. 자료수집 방법은 표본크기와 관련 있다.
ㄴ. 표본크기가 커질수록 모수와 통계치의 유사성이 커진다.
ㄷ. 표집오차가 커질수록 표본이 모집단을 대표하는 정확성이 낮아진다.
ㄹ. 동일한 표집오차를 가정한다면, 분석변수가 많아질수록 표본크기는 커져야 한다.

① ㄱ, ㄴ, ㄷ ② ㄱ, ㄷ ③ ㄴ, ㄹ
④ ㄹ ⑤ ㄱ, ㄴ, ㄷ, ㄹ

6 다음에 해당하는 표집방법은? (18회 기출)

빈곤노인을 위한 새로운 사회복지서비스 개발을 위해 사회복지관의 노인 사례관리담당자에게 의뢰하여 자신의 욕구를 잘 표현할 수 있는 빈곤노인을 조사 대상으로 선정하였다.

① 층화 표집
② 할당 표집
③ 의도적 표집
④ 우발적 표집
⑤ 체계적 표집

7 확률표집에 관한 설명으로 옳지 않은 것은? (18회 기출)

① 무작위추출방식으로 표본을 추출한다.
② 의식적이거나 무의식적인 편향(bias)을 방지할 수 있다.
③ 모집단의 규모와 특성을 알 때 사용할 수 있다.
④ 표본오차를 추정할 수 있다.
⑤ 질적 연구에서 주로 사용된다.

8 비확률표집에 관한 설명으로 옳은 것을 모두 고른 것은? (12회 기출)

ㄱ. 표집틀이 없는 경우 사용된다.
ㄴ. 연구자의 편견이 개입될 수 있다.
ㄷ. 질적 연구에 빈번히 활용되는 방법이다.
ㄹ. 연구결과를 일반화할 수 있다.

① ㄱ, ㄴ, ㄷ　② ㄱ, ㄷ　③ ㄴ, ㄹ
④ ㄹ　⑤ ㄱ, ㄴ, ㄷ, ㄹ

9 이질적 집단보다 동질적 집단에서 추출한 표본의 표집오차가 작다는 이론에 기초한 표집방법을 모두 고른 것은? (11회 기출)

가. 유의(purposive)표집	나. 할당(quota)표집
다. 단순무작위(simple random)표집	라. 층화(stratified)표집

① 가, 나, 다
② 가, 다
③ 나, 라
④ 라
⑤ 가, 나, 다, 라

10 할당표본추출에 관한 설명으로 옳지 않은 것은? (17회 기출)

① 연구자는 모집단에 대한 사전지식을 가지고 있어야 한다.
② 연구자의 편향적 선정이 이루어질 수 있다.
③ 모집단의 구성요소들이 표본으로 선정될 확률이 동일하지 않다.
④ 표본추출 시 할당틀을 만들어 사용한다.
⑤ 전체 모집단에서 직접 표본을 추출한다.

11 표본추출방법에 관한 설명으로 옳은 것을 모두 고른 것은? (14회 기출)

> ㄱ. 할당표본추출-연구자의 편향적 선정이 이루어질 수 있다.
> ㄴ. 체계적 표본추출-주기성(periodicity)이 문제가 될 수 있다.
> ㄷ. 층화표본추출-전체 모집단이 아니라 여러 하위 집단에서 표본을 추출한다.
> ㄹ. 군집표본추출-다단계 표본추출이 가능하다.

① ㄱ, ㄴ, ㄷ ② ㄱ, ㄷ ③ ㄴ, ㄹ
④ ㄹ ⑤ ㄱ, ㄴ, ㄷ, ㄹ

12 초 · 중 · 고등학생의 행복도를 조사하기 위해 모집단에서 차지하는 비율에 맞춰 조사대상자를 표집하고자 한다. 이 때 적절하게 사용할 수 있는 비확률표집방법은? (16회 기출)

① 층화(stratified)표집
② 체계(systematic)표집
③ 할당(quota)표집
④ 눈덩이(snowball)표집
⑤ 편의(convenience)표집

13 표본의 대표성에 관한 설명으로 옳지 않은 것은? (17회 기출)

① 무작위로 추출된 표본의 크기는 표본의 대표성과 관계가 있다.
② 층화표본추출은 단순무작위 표본추출보다 대표성이 높은 표본을 추출하는 방법으로 알려져 있다.
③ 표본의 대표성은 표본의 질을 판단하는 주요 기준이다.
④ 동일확률선정법으로 추출된 표본은 모집단을 완벽하게 대표한다.
⑤ 모집단의 동질성은 표본의 대표성과 관계가 있다.

14 소득주도성장에 대한 국내 일간지의 사설을 내용분석할 때, 다음의 표본추출방법 중 가능한 것을 모두 고른 것은? (17회 기출)

ㄱ. 무작위표본추출	ㄴ. 층화표본추출
ㄷ. 체계적표본추출	ㄹ. 군집(집락)표본추출

① ㄱ, ㄴ　② ㄱ, ㄹ　③ ㄴ, ㄷ
④ ㄴ, ㄷ, ㄹ　⑤ ㄱ, ㄴ, ㄷ, ㄹ

15 다음 조사에 해당하는 표집방법은? (15회 기출)

> 한국산업인력공단은 2015년 사회복지사 1급 국가시험 합격자 명단에서 수험번호가 가장 앞쪽인 10명 중 무작위로 첫 번째 요소를 추출하였다. 그 후 첫 번째 요소로부터 매 10번째 요소를 추출하여 합격자들의 특성을 파악하였다.

① ㄱ, ㄴ, ㄷ　② ㄱ, ㄷ　③ ㄴ, ㄹ
④ ㄹ　⑤ ㄱ, ㄴ, ㄷ, ㄹ

16 1,000명을 번호 순서대로 배열한 모집단에서 4번이 처음 무작위로 선정되고 9번, 14번, 19번, … 등이 차례로 체계(systematic)표집을 통해 선정되었다. 이 표집에서 표집간격(ㄱ)과 표본수(ㄴ)가 바르게 짝지어진 것은? (13회 기출)

① ㄱ : 4　ㄴ : 200　② ㄱ : 4　ㄴ : 250
③ ㄱ : 5　ㄴ : 200　④ ㄱ : 5　ㄴ : 250
⑤ ㄱ : 10　ㄴ : 200

정답　1. ②　2. ③　3. ④　4 ①　5. ⑤　6. ③　7. ⑤　8. ①　9. ③　10. ⑤
11. ⑤　12. ③　13. ④　14. ④　15. ③

CHAPTER 08

측정과 척도

1 측정(measurement)

1) 측정의 정의

일상생활에서의 모든 의사결정은 일정 기준에 의한 측정의 결과에 의하여 이루어진다. 측정이라는 개념이 생소하고 어렵게 느껴지는 것은 생활언어가 아니기 때문이다. 일상생활을 위한 측정과 학문을 위한 측정의 차이점은 얼마나 과학적인 접근에 의한 측정이 시도되었느냐에 의하여 결정된다. 일상생활 또는 학문을 위한 측정이든지 측정은 어떠한 현상을 기술하거나 묘사하기 위한 방법이라고 할 수 있다.

일반적으로 측정은 추상적인 개념을 구체화하는 작업으로, 경험적인 속성에 대해 규칙적 방법에 의해서 숫자나 기호를 배정하는 것이라고 한다. 측정은 조사 대상자 또는 대상물 자체를 측정하는 것이 아니고 조사 대상이 지니고 있는 속성에 숫자나 기호를 부여하는 것이다.

측정에 기호나 숫자를 부여하는 이유는 숫자나 기호는 객관적인 표현이 가능하며, 보다 정확한 의사소통이 가능하고, 각종 통계적 기법의 적용이 가능하기 때문이다.

좀 더 구체적으로 말하자면 일정한 규칙에 의해 대상, 사건, 상태, 특성에 숫자 또는 기호를 부여하는 것으로 측정의 핵심적인 요소는 규칙이 된다. 규칙의 정확성이 측정의 정확성 확보를 담보하기 때문이다. 측정을 위하여 부여되는 숫자는 수량적 의미가 아닌 경우도 있다. 즉, 측정이란 양적인 요인뿐만 아니라 질적인 요인까지도 포괄한다고 볼 수 있다.

우리는 일상생활에서의 관심 또는 조사의 대상이 질적인 요인에 대한 측정을 시도하는 경우가 많이 있다. 예를 들어, 어떤 사람이 '잘 생겼다'에 1을 부여하고 '못 생겼다'에 2를 부여했다면 이것은 양적인 측정이 아닌 질적인 측정이다.

만약 사회과학에서 어떠한 요인을 양적인 측정에 한정한다면 적용에 상당한 한계가 있을 것이다. 때문에 광의로 측정의 정의를 시도할 때는 분석을 위한 어떠한 속성에 대하여 양적 또는 질적 값이나 수준을 규정하는 과정으로 이해하기도 한다.

이러한 측정은 조사주제를 경험적으로 검증할 수 있도록 구성된 가설에 나타난 개념/변인에 대한 속성을 표현하는 수단이라고 할 수 있다. 즉, 측정은 가설에 나타난 개념 또는 변인을 경험적으로 관찰이 가능한 자료로 연결하는 데 사용하는 수단이다.

2) 측정의 과정

측정의 개념에서 언급되었듯이 측정은 서로 다른 두 차원, 추상적 세계와 이론적 세계에서 경험적 차원을 연결하는 가교 역할을 한다. 즉, 이론을 검증할 수 있는 경험적인 수단이라고 할 수 있다. 이론은 기본적으로 추상적인 개념으로 구성되어 있다. 이러한 추상적인 개념에서 측정이 가능한 경험의 영역으로 이동하기 위하여 개념에 포함된 속성의 측정이 가능한 변인으로 전환시킨다. 예를 들어, 한 사회에서 개인의 사회경제적 위치를 파악하고자 할 때는 그 위치의 높고 낮음을 구별할 수 있는 사회경제적 지위라는 변인으로 전환시킨다. 변인으로 변환되면 이 변인의 속성을 나타내는 지표를 찾아내게 된다. 사회경제적 지위에 대한 지표는 소득, 직업, 학력 등으로 분류할 수 있다.

그러나 이론과 사실, 추상과 경험의 두 차원의 연결과정에서 많은 오류가 개입되게 된다. 때로는 추상적 세계의 속성이 실제보다 과대 또는 과소하게 측정되는 오류를 범할 수 있다. 때문에 측정의 과정에서 이러한 오류를 최소화하기 위하여 충분한 이론의 검토 후에 경험 세계에 대한 정보가 추가된 가설 또는 조사문제를 도입하여 측정의 체계를 구축하게 된다. 가설 또는 조사문제의 도입 후 구체적인 측정을 위하여 측정 대상에 대한 속성을 규명하기 위하여 개념화–개념–개념적 정의–조작적 정의 순으로 이루어지는 조작화를 통하여 범주화하게 된다. 이러한 범주화 과정에서 포괄성의 원칙과 상호 배타성의 원칙이 적용된다.

첫째, 포괄성의 원칙은 한 변인이 내포하고 있는 모든 속성이 측정에 포함될 수 있도록 해야 한다.

둘째, 상호 배타성의 원칙은 한 변인을 나타내는 속성은 상호 배타적이어야 한다. 예를 들어, 대학의 학년에 대한 변인에 1, 2, 3학년만 포함되고 4학년이 포함되지 않았다면 포괄성의 원칙에 위배된 것이다. 또한, 대학의 학년은 1년 단위로 분류되는 데 1학년, 2 · 3학년, 4학년으로 분류되었다면 상호 배타성의 원칙에 위배된 것이다.

3) 측정의 기능

일반적으로 측정의 기능을 다섯 가지로 분류하여 설명하곤 한다. 첫째, 추상세계와 경험세계 간의 연결 기능을 하다. 측정은 조사문제에 대한 해답 또는 가설

검증을 위하여 추상적인 개념을 경험적으로 인식할 수 있도록 하는 기능을 한다. 둘째, 이론적 모델과 측정모델간의 일치와 조화의 기능이다. 여기서 일치와 조화란 추상적인 세계와 경험적인 세계의 조화를 만들기 위하여 사용하는 규칙과 절차의 제시를 의미한다. 셋째, 개량화 기능이다. 측정은 통계적 분석에 활용할 수 있도록 자료를 수치로 표시됨으로 계량화가 가능하다. 넷째, 객관화와 표준화 기능이다. 이론모델에 대한 측정이 이루어지지 않는다면 측정모델의 결과에 대하여 일반화 객관화가 불가능하여 진다. 다섯째, 반복과 의사소통 기능이다. 타 조사자가 유사한 현상에 대하여 유사한 측정도구를 활용하여 반증을 시도하게 된다.

4) 측정의 중요성과 한계

측정은 통계적 기법 적용을 가능하게 하여 가장 타당하고 신뢰할 수 있는 자료나 데이터의 수집을 가능하게 한다. 또한, 하나의 지표로서 측정하기 어려운 복합적 개념의 측정을 가능하게 한다.

그러나 측정 대상이 추상적인 것이 많기 때문에 모든 것을 측정할 수는 없다. 특히 질적인 속성의 수량화 과정에 많은 오류가 개입될 수 있어 신뢰성을 담보할 수 없는 경우도 있다.

5) 측정의 유형

앞에서 언급하였듯이 측정은 일정한 규칙에 의하여 어떠한 대상의 속성을 수량화하는 것이다. 즉, 규칙의 정교화 정도에 따라 그 수준이 결정되는 데 명목 수준, 서열 수준, 등간 수준 그리고 비율 수준으로 분류된다.

(1) 명목측정(분류화)

명목측정은 측정의 가장 초보적인 수준이며, 측정 대상의 유사성과 상이성에 대한 근거를 제시할 수 있도록 측정 대상에 숫자 또는 기호를 부여하는 것이다. 명목측정은 분류를 위한 수단으로 모든 질적인 측정은 명목척도에 의하여 수행된다.

명목측정은 속성의 측정에 있어서 기초가 되는 분류방법으로 경험사회에서 타당하고 신뢰할 수 있는 자료를 얻기 위해 숫자나 기호를 붙이는 방법이다. 그러나 숫자나 기호가 단지 존재의 유 · 무만을 나타내고 숫자의 크기가 양의 크기를 나타내는 것이 아닌 동일 범주 내의 대상임을 표현할 뿐이다. 예를 들어, 성명, 학번, 성별, 전화번호, 대학 전공, 출신지역에 대한 조사가 이에 해당된다. 각각의 구분에 있어서 서로 다른 임의 숫자를 부여하는 것이 통상적이다. 성별에 ① 남성, ② 여성이 배정된 경우 숫자는 범주를 구분하는 기능만이 존재하고 다른 의미는 없다.

범주 간의 상호 배타성의 원칙과 포괄성의 원칙이 적용된다.

명목측정은 논리적으로 어떠한 한 범주에 변인이 속하는 귀속성(a=a, b=b), 한 범주 안에서 변인 간에 교환적으로 대칭되는 대칭성(a=b, b=a), 그리고 한 범주 안에서 세 변인의 논리적 조합에 의한 이행성(a=b, b=c, c=a)이 요구된다.

명목측정에 의하여 측정된 자료분석 방법은 빈도분석, 최빈값, 교차분석, 그리고 비모수검증 등이 있다.

(2) 서열측정(서열화)

서열측정은 유사성에 따른 측정 대상의 분류뿐만 아니라 순위를 측정할 수 있도록 기호 또는 숫자를 부여하는 것을 말한다. 서열측정은 정확한 정량화가 요구되지 않는 태도, 선호도 등을 측정하는 데에 이용된다. 때문에 서열측정을 통하여 측정 대상자 속성의 정도와 방향을 알 수 있다.

사회복지에서 측정하고자 하는 변인 가운데 순위를 부여하고 비교하고자 하는 속성이 많다. 이러한 측정은 기호로 크다(〉), 작다(〈)로 나타낼 수 있으며, 매우 크다, 크다, 작다 등의 순위도 매길 수 있는 측정을 사용하며 이러한 측정을 서열

측정이라고 한다.

서열측정은 어떠한 대상의 속성을 명목측정과 같이 범주로 분류하고 범주 간의 비교가 가능할 정도의 서열을 매긴다. 서열측정도 숫자를 부여할 수 있지만 그 숫자의 크기가 속성의 양적 차이를 나타내지는 못한다. 왜냐하면 수치 자체가 어떠한 절대적인 수 또는 양의 크기 정도를 나타내는 기능이 없고 단지 서열만을 나타내기 때문이다. 사회복지분야에서 다루는 서열적 측정을 시도해야 할 변인이 많다. 예를 들어, 사회복지 서비스에 대한 만족도에 관한 조사에서 ① 매우불만족, ② 불만족, ③ 보통, ④ 만족, ⑤ 매우 만족으로 설문한 결과 ⑤ 만족에 응답한 사람은 ② 불만족에 응답한 사람에 비하여 2배 정도 만족도가 높다고 할 수 없고 단지 만족도가 높다는 사실만을 인지할 수 있다.

서열측정의 특징은 어떠한 범주에 변인이 속한다는 것보다는 어떠한 요인은 다른 변인보다 크다 또는 작다고 표현되는 비귀속적(a>b, 또는 b<a), 한 범주 안에서 변인 간에 교환적으로 대칭되지 않는 비대칭성 (a>b이면 b<a이다), 범주 안에서 세 요인의 논리적 조합에 의한 이행성(a>b, b>c, a>c)이 요구된다.

대표적인 서열측정은 중앙값, 순위 상관관계, 비모수검증 등의 자료분석 방법에 이용된다.

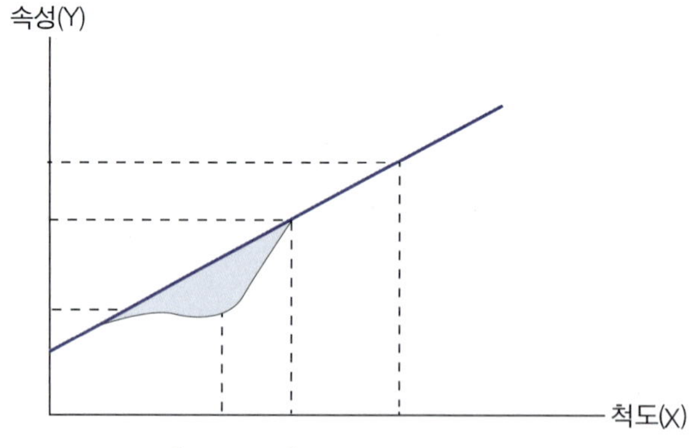

[그림 8-1] 서열측정과 속성

(3) 등간측정

등간측정은 측정 대상의 유사성에 따른 분류와 서열화뿐만 아니라 범주(집단)간의 간격이 동일하도록 수치 또는 기호를 부여하는 것이다. 등간측정은 시간, 거리 등과 같은 자연현상을 측정하기 위하여 만들어진 단위나 물가, 생산성, 주가와 같이 임의로 만들어진 지표나 지수 등이 이에 속한다.

이러한 측정을 위하여 등간측정은 서열측정의 서열뿐만 아니라 범주간의 차이를 포함한다.즉, 어떠한 측정 대상의 속성을 크다(〉), 작다(〈)의 구분뿐만 아니라 크다는 작다보다 얼마만큼 큰지를 정확하게 표현한다. 예를 들어, 토익점수에 대한 조사에서 ① 200 이하, ② 201~400, ③ 401~600, ④ 601~800, ⑤ 801 이상에서 ① 200 이하의 학생과 ⑤ 801점 이상의 학생은 600점 차이의 계산적 구조에 의하여 산술적 설명이 가능하다. 그러나 토익점수가 800점인 학생은 200점의 학생에 비하여 실력이 4배라고 말하기는 힘들다. 또한, 토익 점수가 0점이라 할지라도 영어 실력이 0이라고 할 수 없다.

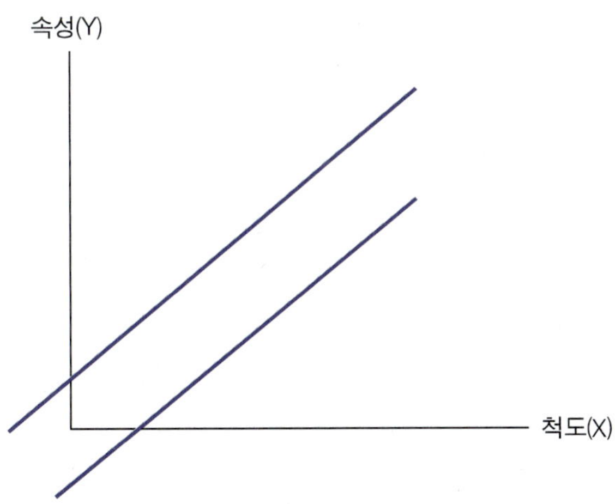

[그림 8-2] 등간척도와 속성

바꾸어 설명하면 등간측정은 측정 대상에 기호 수준의 허수가 아닌 실수를 부여하는 과정이다. 즉, 상대적인 영점이 존재하여 측정에 부여된 숫자는 산술적인 조작이 가능하나 속성 자체는 산술적이지 않다. 즉, 측정하고자 부여된 실수에 일정한 수의 더하기와 빼기가 가능하다. 이러한 현상을 논리적으로 설명하면 다음과 같다.

첫째, 특이성으로 한 범주 안에서 변인 a와 b가 실수를 의미한다면 a+b와 a×b도 하나의 실수로 나타낼 수 있다.

둘째, 대칭성으로 한 범주 안에서 변인 간에 a=b이면 b=a형식의 교환적으로 대칭된다.

셋째, 전환성으로 a와 b가 실수를 의미한다면 a+b=b+a와 ab=ba 관계가 성립된다.

넷째, 상치성으로 a=b이고 a+c=d이면 b+c=d이다. 또는 a=b이고 ac=d이면 bc=d가 성립된다.

다섯째, 조합성으로 a, b, c가 모두 실수를 의미한다면 (a+b)+c=a+(b+c)이고 (ab)c=a(bc)이다.

등간측정을 위한 활용하여 평균값, 표준편차, 적률상관관계, 비모수검증, 모수검증 등의 자료분석 방법이 사용된다.

(4) 비율측정

비율측정은 속성의 분류, 서열, 간격뿐만 아니라 절대 영 값을 측정할 수 있다.

비율측정은 수의 본질적인 측면에 가까운 측정을 나타낸다. 절대 영점을 갖춘 측정이기 때문에 산술적인 계산이 가능하다. 산술적 계산이 가능하다는 것은 덧셈(가), 뺄셈(감), 곱셈(승), 나눗셈(제)의 연산이 가능하다는 의미이다. 사회복지를 포함한 사회과학 분야에서 측정의 정확성을 추구하는 이상적인 측정으로 간주한다. 예를 들어, 월급을 200만 원 받는 사람은 100만 원 받는 사람에 비하여 2배의 월급을 받는다고 할 수 있다.

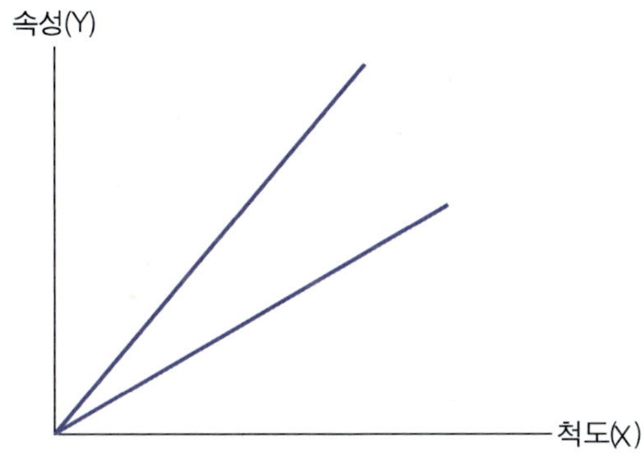

[그림 8-3] 비율척도와 속성

〈표 8-1〉 측정 수준과 척도의 비교

측성/측정방법		명목 수준	서열 수준	등간 수준	비율 수준
측정 작용		분류체계	분류체계 등급서열	분류체계, 등급서열, 등간, 균등간격, 가감,	분류체계 등급서열, 등간, 가감승제, 절대영점
전형적인 예		성명, 학번, 성별, 전화번호, 대학 전공	사회계층, 상품 품질, 상품 선호도	성적, 학력, 연령대, 빈도수, 인지도	소득, 매출액, 나이
구체적인 예		대학 전공 인문-1 사회-2 공학-3	사회계층 상류-1 중류-2 하류-3	TOEFL 성적 401~450점 451~500 501~550 551~600	월 임금 격차 0~20만 원 21~40 41~60 61~80 81~100
측정 대상 속성 관계 규정	유목	O	O	O	O
	순위	X	O	O	O
	등간	X	X	O	O
	절대영점	X	X	X	O
비교방법		확인, 분류	순위 비교	간격 비교	절대적 크기 비교
평균의 측정		최빈치	중앙값	산술평균	기하/조화평균
분석 방법		빈도, 교차분석 비모수통계	서열상간 비모수통계	모수통계	모수통계

2 척도(scale)

1) 척도의 개념

조사 대상의 속성을 파악하기 위하여 숫자 또는 기호를 부여하는 것이 측정이라면, 척도란 측정하고자 하는 대상에게 부여된 숫자나 기호의 체계를 의미한다. 즉, 척도란 측정을 위한 도구라고 할 수 있다. 측정 대상에 일정한 수치를 부여하기 위하여 규칙을 표시한 것이 척도(측정도구)이다. 몸무게를 재기 위한 체중계, 속도를 재기 위한 속도계 등이 척도(측정도구)이다. 이러한 단순 측정이 가능한 것을 단일 측정도구라고 한다.

그러나 사회복지에서 측정 대상자의 만족도, 태도, 참여도 등은 단일 측정도구의 사용이 어렵고 복수의 측정도구를 사용하게 된다. 이렇게 경험적 논리적으로 연관되어 있는 여러 개의 문항 또는 지표로 구성된 복합 측정도구를 통칭하여 척도라고 한다. 하나의 개념(변인)을 측정하기 위하여 둘 이상의 복수지표 또는 항목을 활용하여 측정하는 도구를 척도라고 할 수 있다. 여기서 지표란 변인을 구성하는 요소이다. 예를 들어 사회경제적 지위라는 변인에는 소득, 학력, 직업 등의 지표로 구성된다. 사회경제적 지위를 측정하기 위하여 지표를 설문 문항으로 만들어 조사가 이루어지게 된다.

2) 척도의 구성과정과 활용

척도의 구성과정은 다섯 단계-이론적 개념-경험적 변인(수)화-경험적 지표 구성-척도 구성-타당도 및 신뢰도 검사 순으로 진행된다. 첫째, 조사하고자 하는 현상 또는 문제와 관련된 이론적 개념을 파악한다. 둘째, 이론적 개념을 측정이 가능한 경험적 변인(수)로 발전시킨다. 셋째, 변인의 속성을 파악하기 위하여 경험적 지표를 확정 한다. 넷째, 확정된 지표를 활용하여 척도를 구성한다.

이러한 과정을 통하여 구성된 척도는 여러 개의 지표를 하나의 점수로 나타남으로써 자료의 복잡함을 단순화시킬 뿐만 아니라 변인의 양적 측정치를 제공함으로써 정확성을 높인다.

3) 척도화의 유형

척도화(scaling)는 조사하고자 하는 개념의 수준 따라 기호 또는 숫자를 부여하는 것이라고 할 수 있다.

척도화 방법은 주어진 속성을 여러 질문 문항으로 측정할 경우 동일한 수준의 척도를 사용한다. 척도화 방법(scaling methods)은 측정 수준에 따라 세 가지–명목화 척도, 서열화 척도, 등간–비율화 척도로 구분한다. 척도의 구성에 따른 분류는 평정척도, 차별척도, 층화척도, 누적 척도 등으로 분류한다.

(1) 명목화 척도

명목화 척도는 각각의 범주가 동질적, 상호 배타적, 포괄성 원칙, 논리적 연관성, 단일차원성에 근거하여 설문을 구성한다. 예를 들어 귀하의 성별은? ① 남자 ② 여자. 또 다른 예로 귀하의 종교는? ① 기독교 ② 불교 ③ 천주교 ④ 기타.

(2) 서열화 척도

① 평정척도(rating scales)

가. 평정척도의 개념

평정척도는 가장 보편적으로 사용하며 주어진 설문 문항의 응답을 평정하는 형태이다. 설문으로 주어진 대상, 인물, 문장 등과 같은 것을 일정한 연속선상의 한 점, 또는 배열된 범주 가운데 하나를 선택하므로 자신의 견해를 밝히는 방법이다.

평정의 형태는 응답자가 가장 유사한 문항을 선택하는 문항 평정법, 비교 기준에 의한 비교 평정법, 응답자 스스로가 평가하는 자아 평정법 등이 있다.

나. 도표 평정법

선과 언어를 활용하여 구성하는 척도로 선을 긋고 중간 중간에 숫자 또는 언어로 측정이 가능하도록 만든다.

> 예) 귀하가 현재 받고 있는 장기요양서비스 만족도는 ?
>
> 불만족 보통 만족

다. 범주평정법

조사하고자 하는 변인의 속성을 문장 또는 항목을 범주별로 제시하고 응답자가 선택하게 하는 방법이다.

> 예) 귀하는 수행하는 업무에 만족하십니까 ?
> 매우 만족 ( )
> 만족 ( )
> 보통 ( )
> 불만족 ( )
> 매우 불만족 ( )

라. 숫자 또는 언어 평정법

조사 대상의 특성을 파악하기 위하여 일정한 숫자 또는 언어를 부여하여 평가하는 방법이다.

> 예) 귀하는 서비스 제공 결정에 의사결정권 정도?
> 25%, 50%, 75%, 100%

마. 평정방식 평정법

조사 대상의 속성이나 특성을 측정할 때 응답자의 의견을 수치로 평정하는 방법으로 평점의 양극 점수만 주어지고 범주 안에서 자유롭게 선택하는 방법이다.

예) 귀하가 현재 받고 있는 재가서비스 만족도는 ?

바. 그림 평정법

가장 흔하게 쓰는 방법으로 일직선상에 일정한 범위의 수를 배열한 그림에 자신의 의견을 O 또는 V 등의 형태로 표시하게 된다.

예) 지방차치단체가 복지재단을 설립하는 것에 대한 귀하의 의견은?

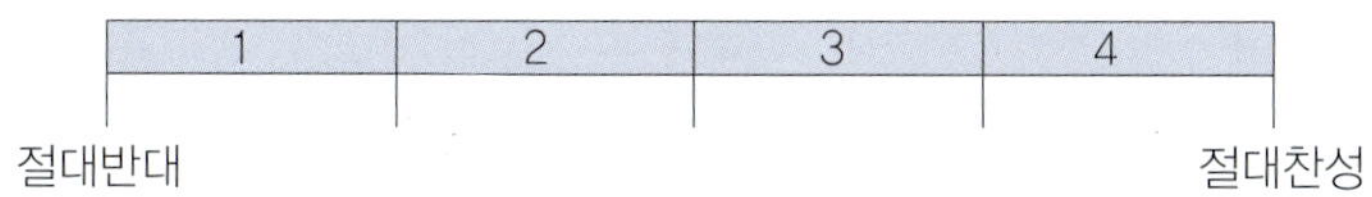

사. 평정척도의 장 · 단점

평정법은 만들기가 쉽고 사용하기가 간단하며 비용과 시간이 적게 들고 적용범위가 넓은 것이 장점이다. 단점으로는 평정 요소의 선택이 곤란하며, 평가자의 성격이나 태도 등의 성향에 따라 평가가 편향될 수 있으며, 평균 혹은 평정척도의 중간에 가깝게 평정하려는 경향이 있으므로 유의해야 한다.

② 총화평정척도(summated rating scale)

가. 총화평정척도의 개념

여러 종류의 척도 중 총화평정척도는 가장 실용성이 높은 척도로 간주된다. 총화평정척도는 각각의 설문 문항에 대한 의견의 강도를 설문지에 점수로 표시하게 한 후 전체 문항의 평점을 총화하여 척도값을 산출한다. 하나의 개념이 복합 문항에 의하여 측정되며, 복합 문항의 총합이 개념의 현실화 점수가 된다.

사회과학 조사에서 가장 많이 이용하는 척도로 리커트 척도가 대표적이다. 통상적으로 설문 문항에 대한 응답은 홀수로 5~7개의 범주로 구성된다. 응답지에 주어지는 응답의 범주 간에 등간성이 있다는 것으로 간주되나 실질적으로 등간성의 확인이 불가능함으로 서열측정의 결과로 나타난다.

나. 총화평정척도의 구성방법

총화평정척도의 대표적인 척도인 리커트 척도의 구성방법은 다음과 같다. 리커트 척도는 개념의 변인 값을 다양하게 구성하여 정밀한 측정을 하기 위하여 고안되었다. 어떠한 개념 측정을 위한 각각의 문항은 그 개념의 속성을 표현하는 데 기여하는 정도는 동일하다는 전제와 각각의 문항이 동일한 개념을 측정한다면 문항 간에 높은 상관관계가 있다는 것을 전제로 한다. 리커트 척도의 구성 절차는 다음과 같다.

첫째, 조사하려는 개념을 명확히 한다.

둘째, 조사하려는 개념을 우호적과 비우호적으로 분류하여 3, 5, 7점으로 나열한다.

셋째, 문항이 만들어지면 사전 검사를 실시한다.

넷째, 표집된 표본으로부터 응답을 받는다.

다섯째, 부정적인 질문 형태로 구성되면 역순으로 배열 및 코딩한다.

예) 사회복지사의 소진(burn out)에 관한 조사

번호	문항	전혀 그렇지 않다	그렇지 않다	그저 그렇다	약간 그렇다	매우 그렇다
1	나는 일 때문에 정신적으로 지쳐 있다고 느낀다	①	②	③	④	⑤
2	나는 일 때문에 완전히 기진맥진한 상태에 있다고 느껴진다.	①	②	③	④	⑤
3	나는 대상자의 감정을 쉽게 이해할 수 있다.*	①	②	③	④	⑤
4	나는 대상자를 비인격적으로 대하고 있다고 느낀다	①	②	③	④	⑤
5	사람들과 하루 종일 일을 ₩ 하는 것은 정말 힘든 일이다	①	②	③	④	⑤

*역문항

다. 총화척도의 장 · 단점

장점으로는 첫째, 평가자의 주관을 배제할 수 있고 시간 비용이 적게 든다. 둘째, 척도 구성이 간편하여 편리하다. 번거로운 절차를 거치지 않고 척도의 구성이 가능하다. 셋째, 측정의 정밀성이 확보되고 비교적 신뢰성이 높다.

단점으로는 첫째, 중간 점수에 민감할 수 없고 엄격하게 범주 간의 간격이 동일하다고 간주하기가 어렵다. 둘째, 점수의 총화에 의하여 다른 소수의 의견이 묻혀버린다. 셋째, 문항 선정과정에서 내적 일관성이 담보될 수 있지만 최종 선정된 문항이 측정하고자 하는 것을 정확히 측정했는가 하는 타당도의 문제가 대두된다.

③ 누적 척도

누적 척도는 앞에서 언급한 총화척도에 비하여 좀 더 발전한 형태라고 할 수 있다. 일정한 기준에 근거하여 문항이 논리적으로 서열화가 가능하다고 가정하고, 응답자 또한 그 문항에 따라 순위로 배열할 수 있다는 가정을 할 수 있다. 즉, 누적척도는 각각의 설문 문항을 논리적으로 서열화하여 응답자의 의견을 유형화한다. 대표적인 누적 척도로는 보가더스 사회거리 척도와 거트만 척도가 있다.

가. 보가더스 사회거리 척도(Bogardus social distance scale)

보가더스 사회거리 척도는 사회집단 간 또는 집단 구성원 간의 사회관계 측정, 즉 친밀감을 측정할 때 이용된다. 설문 문항을 사회적 거리가 가장 먼 것으로부터 가까운 순서로 배치한다. 일반적으로 적용 범위가 넓고 단기간에 결과를 산출할 수 있는 장점이 있으나, 사회적 친밀 순위만 나타내지 친밀 강도의 측정은 어렵다. 서열척도 중에 누적 척도의 대표적인 예라고 할 수 있다.

예) 아래의 주어진 민족 중 귀하가 경험한 평균적인 사람들을 생각하여 사회적 관계형성 정도를 O표를 해 주세요. 깊은 사고가 아닌 즉각적인 반응에 따라 응답해 주세요.

사회적 관계	민족(국적)			
	미국인	중국인	일본인	이라크인
결혼하고 싶다				
친구가 되고 싶다				
이웃이 되고 싶다				
관심 없다				

나. 거트만 척도(Guttman scale)

평가하고자 하는 어떤 속성이 하나의 차원을 구성하고 있는지를 확인할 수 있는 척도이다. 즉, 설문 문항을 구성할 때 적합성을 평가할 때 사용된다. 거트만 척도는 어떠한 개념을 측정할 때 문항을 질문의 강도에 따라 순서대로 배열하여 구성한다.

> 예) 1일 기준으로 스마트폰 게임의 정도를 파악하기 위하여 누적 척도를 이용하여 다음과 같은 질문을 할 수 있다.
>
> ① 귀하는 스마트폰 게임을 하십니까?
> ② 귀하는 스마트폰 게임을 하루에 1시간 이상하십니까?
> ③ 귀하는 스마트폰 게임을 하루에 5시간 이상하십니까?

질문이 진행됨에 따라 컴퓨터 게임의 시간이 늘어남을 알 수 있다. ①, ②, ③번 중 어느 하나의 질문 문항을 선택하게 되면 그 이하의 모든 문항을 인정하게 된다.

그러나 거트만 척도는 다음과 같은 단점을 지니고 있다.

첫째, 누적 척도이기 때문에 다른 변인과의 관계를 분석한다면 비교적 방법이 단순한 총화척도와 비슷한 결론이 도출된다. 결론이 비슷하다면 복잡한 거트만척도를 사용할 필요가 없다.

둘째, 일정한 표본을 사용하여 얻은 결과를 근거로 척도 구성 가능성을 사후적으로 검증하기 때문에 한 집단에서 척도 구성 가능성이 확보된다고 해도 다른 집단에 적용을 위한 일반화 가능성에는 문제가 있다.

④ 의미분화 척도

가. 의미분화 척도의 개념

의미분화(semantic differential) 척도는 의미차별 척도, 의미차이 척도, 어의차이 척도, 어의차별 척도, 어의변별 척도 등 다양하게 불리며, 어떤 개념에 함축되어 있는 의미를 평가하기 위해 개발된 것이다. 어떤 대상이나 개념에 대해 어떻게 느끼고 있는지를 다양한 형용사를 사용하여 간접적으로 측정하는 척도 구성방법이다. 민감한 개념이나 사람 또는 사건에 대한 주관적 느낌을 간접적으로 측정하는데 적합하다.

나. 의미분화 척도의 구성방법

첫째, 일직선으로 도표화된 척도의 양극단에 상반되는 형용사를 배열한다.

둘째, 양극단 사이에 보통 응답 강도에 따라 7개 부분으로 해당 속성을 평가한다.

예) A 사회복지관의 관장에 대한 귀하의 느낌에 해당하는 수치에 V해 주세요.

	1	2	3	4	5	6	
적극적임							소극적임
능력 있음							능력 없음
믿을 만함							믿지 못함

다. 의미분화 척도의 장 · 단점

의미분화 척도는 다른 척도에 비하여 응답자가 많이 생각하지 않고 쉽게, 그리고 짧은 시간에 응답할 수 있지만, 서열척도의 수준에 머문다는 한계를 가진다.

(3) 등간-비율화 척도

① 서스톤 척도

가. 서스톤 척도의 개념

사회복지조사에서 속성을 측정하고자 쓰이는 대부분의 척도는 서열 수준을 넘지 않는 것이 일반적이다. 그러나 자료분석을 위하여 등간 수준을 요구하는 경우가 있다. 즉, 어떠한 속성에 관계없이 기술적인 척도의 구성에서 절차를 통하여 등간성을 확보하게 되는데 이것이 서스톤 척도이다.

서스톤 척도는 어떤 사실에 대해 가장 우호적인 태도와 가장 비우호적인 태도를 나타내는 양극단을 등간격으로 구분하여 여기에 수치를 부여하는 등간 척도이다. 서스톤 척도의 두 가지 중요한 측면은 '척도 구성을 위한 문항을 어떻게 선택할 것인가?'와 '각 문항에 대한 척도 점수를 어떻게 부여할 것인가?'이다.

나. 서스톤 척도의 구성방법

척도 구성방법은 다음과 같다.

첫째, 조사주제와 관련된 문항을 수백 개 정도 만든다.

둘째, 평가자 집단을 구성하여 그들에게 일정의 점수를 부여할 수 있는 범주를 제시하여 문항을 평가하도록 한다.

셋째, 극단점수를 배제한 평가점수를 평가자 수로 나누고 평균한 중위값을 척도값으로 이용한다. 대표적인 예로 미스코리아 선발대회, 피겨스케이팅, 체조 경기의 평가 방법 등이 있다.

예) 노인복지관에 근무하는 사회복지사의 직무스트레스 조사

	설문 내용	5점 만점 (가중치)	제거
1	어르신에게 거부, 욕설, 폭력, 배회 등 문제성 행동이 있어 정신적 · 육체적으로 힘이 든다.		
2	어르신의 반복되는 서비스요구와 불만 등으로 짜증스러움을 느낀다.		
3	어르신의 비협조적인 언행과 태도 등으로 어르신을 위한 서비스가 힘들 때가 많다.		
4	야간 근무 시 긴급 환자-상황에 직면하게 되면 특별히 힘이 많이 든다.		
5	시설 어르신의 죽음을 직면하게 되면 심리적으로 고통스럽다.		
6	어르신의 이송, 이동 시에 육체적으로 힘들게 일을 하게 된다.		
7	좋은 서비스를 제공하고도 어르신의 이해 부족으로 무시와 비난을 받은 적이 있다.		

다. 서스톤 척도의 장 · 단점

장점으로는 평가자가 많고, 극단적인 점수를 배제한 후 평가하므로 객관성의

확보가 용이하다. 단점으로는 첫째, 문장을 분류하는 평가자의 편견이 개입될 우려가 있다. 둘째, 실질적으로 절차가 복잡하고 문장이나 평가자가 많아야 하므로 시간과 경비가 많이 든다.

3 측정의 타당도(validity)

조사자는 측정 대상의 속성을 파악하기 위하여 측정도구를 사용하게 된다. 측정도구를 사용하여 얻어진 측정의 결과는 신뢰성과 타당성의 문제에 직면하게 된다. 즉, 측정의 질을 판단하는 기준이 타당도과 신뢰도이다. 타당도는 조사자가 측정하고자 하는 대상의 속성을 측정하였는가에 대한 의문이고, 신뢰도는 측정하고자 하는 것을 일관성 있게 측정하였는가 하는 의문에 대한 대답이다.

1) 타당도의 개념

검사 또는 측정 도구 자체가 검사 또는 측정하고자 하는 개념이나 속성을 정확히 반영할 수 있는가를 나타내는 것으로 검사결과로부터 무엇을 추론하고 해석할 것인지 말해 준다. 즉, 조사를 위한 측정 도구가 조사에서 측정하고자 하는 것을 얼마만큼 충실하게 측정하였는가의 문제로 도구의 적합성과 관련된 문제이다. 예를 들어, 삶의 만족도 조사를 하기 위한 도구에 죽음에 대한 불안감의 내용이 포함되어 있다면 타당도가 없거나 떨어진다고 할 수 있다.

2) 타당도의 종류

어떠한 조사 대상의 특징 또는 속성을 밝히고자 먼저 개념화를 시도한 후 변인으로 변환시켜 측정도구를 만들게 된다. 이 과정에서 개념의 정밀한 변인화를 위하여 측정하고자 하는 지표를 명시하는 조작화 과정을 거쳐 조작적 정의를 하게 된다.

이러한 모든 과정을 측정이라고 하며, 측정에 쓰이는 도구, 지표 등을 사용하여 측정 대상의 속성을 정확하게 측정하였는가의 판단 기준이 타당도이다. 이러한 타당도를 평가하기 위한 여러 방법이 개발되고 있다. 주요한 타당도의 종류는 내용타당도, 기준타당도 그리고 구성타당도 등이 있다.

(1) 내용타당도(content validity)

내용타당도는 측정내용의 명확성(self evidence)과 관련이 있으며 내용타당도에는 액면타당도(face validity)와 표본타당도(sample validity)가 있다.

측정하고자 하는 내용에 구체적인 측정이 얼마나 잘 반영되었나 하는 것이다. 즉, 측정하고자 하는 개념이 액면 그대로 측정되었는가 하는 액면타당도이다. 예를 들어, 지역사회 욕구조사에 대하여 알아보고자 한다면 욕구에 대한 개념적 정의를 하고 구체적인 조작적 정의가 필요할 것이다. 그러나 추상적인 용어인 욕구를 정의할 때 욕구를 충분히 설명할 수 있는 범위를 숫자로 표현하기는 쉬운 일이 아니다. 때문에 추상적인 욕구에 대한 전집(전체 욕구범위)을 구성하는 것은 매우 어렵다. 그러나 전집 구성에 있어서 사회복지관에서 제공하는 서비스 만족도 조사의 경우 비교적 어렵지 않다. 사회복지관에서 제공하는 일반적인 서비스에 추가제공되는 특별 서비스를 통합하여 전집으로 간주하면 되기 때문이다.

전수조사가 이루어질 경우는 내용 타당도는 문제가 되지 않지만 표집에 의한 조사가 이루어질 경우 어떠한 내용이 포함되어져야 하고, 그것이 측정하고자 하는 속성을 대표할 수 있는가 하는 문제가 대두된다. 즉, 측정도구로 어떠한 대상의 속성을 측정하고자 하는 내용이 정확하게 그 속성의 요소의 모집단을 대표한다고 할 수 있는가를 판단기준으로 삼기 때문에 표본타당도(sample validity)라고도 한다.

측정이 얼마나 타당한가를 내용면에서 판단하는 것은 일반적으로 해당분야의 전문가들이 조사도구가 타당하게 구성되었는지를 근거로 주관적으로 판단하게 되어 여러 가지 문제점을 야기한다.

첫째, 전문가의 전문성 정도에 의하여 타당도가 결정되는 문제점이 있다.
둘째, 측정하고자 하는 개념에 대한 규정을 완전하게 합의하기가 어렵다.
셋째, 사회복지와 관련된 대부분의 개념은 다차원적으로 구성되어 어떠한 차원에서 다루어야 하는지 판단이 쉽지 않다.

내용타당도를 높이기 위한 방법으로 선행조사나 이론을 판단근거로 사용하는 방법, 패널을 통한 토의, 워크숍 등을 활용하는 방법이 있다.

(2) 기준타당도(criterion validity)

기준타당도는 실제 조사결과의 경험적 근거로 기술적인 수준에서 실용적인 판단을 내리고자 하는 측정도구의 타당성을 평가하는 것이다. 즉, 기준타당도는 어떠한 측정의 타당도를 판단하는 기준이 된다. 예를 들면, 기준타당도는 대학 입시를 위한 수학능력고사 성적이 우수하면 대학에서도 수학 능력이 우수할 것이라는 것과 같이 경험적인 근거를 통한 타당도를 확인하는 방법이다.

어떤 개념에 대한 새로운 조사도구와 기존에 널리 통용되던 조사도구를 비교하여 타당도를 판단하는 방법이다. 새로운 도구와 기존도구의 상관관계가 높으면 새로운 도구의 타당도가 높은 것으로 판단한다. 기준타당도는 검사결과의 효과 발생 기간에 따라 동시발생 기준타당도(concurrent validity)와 예측 기준타당도(predictive validity)로 구분된다.

① 예측 기준타당도

예측 기준타당도는 검사결과가 관련된 개념을 예측하는 데 쓰이며, 관련 개념이 예측 기준이 되어서 검사도구에 대한 타당성을 확인하는 방법이다. 즉, 현재의 검사 결과를 가지고 미래 상황을 예측하는 것이다. 직장에서의 입사시험, 대학입

시 등이 좋은 예이다.

예측 기준타당도는 새롭게 만들어진 조사도구로 대상자를 조사한 다음 일정 기간이 지난 다음에 조사 대상자의 행위 결과를 조사하여 상관관계로 판단한다. 일반적으로 상관계수가 0.7 이상이면 높은 타당도로 간주한다.

② 동시발생 기준타당도

동시발생 기준타당도는 검사에 의한 결과를 현재의 그것과 관련이 있다고 믿어지는 다른 변인과 상관관계를 통해 확인하는 방법이다. 미래상황의 예측보다는 현재상황의 진단에 목적을 두고 있다. 새로이 만들어진 조사도구와 동시에 기존에 사용하던 조사도구를 사용한 조사결과의 상관관계를 조사하여 판단한다. 운전면허 시험, 심리검사 등이 대표적인 예이다.

기존에 사용하던 조사도구의 사용이 불편하거나 비용이 많이 드는 경우에 조사도구를 개선할 목적으로 이용된다. 동시발생 기준타당도를 조사하기 위하여 타당도가 높은 기존의 조사도구를 사용해야 하는데 이러한 조사도구를 발견하기가 쉽지 않다는 어려움이 있다.

(3) 구성타당도(construct validity)

구성타당도는 측정하고자 하는 추상적인 개념이 측정도구에 의하여 측정되는 정도를 의미한다. 조사를 위하여 구성된 이론과 이를 측정하는 측정도구 또는 수단 간에 일치하는 정도를 의미한다.

구성타당도는 검사도구에 대한 타당도를 경험적으로 검증하는 가장 고차원적인 방법으로 조사자가 제시하는 이론과 개념화의 틀 자체의 맥락 속에서 타당도를 판단한다. 즉, 검사도구가 이론적 구성과 특성을 측정하고 있는가에 대한 타당성 검사이다. 검사와 관련된 이론을 수집 및 정리하여 체계적 위계로 분석하는 것이다. '정리된 이론–하위 개념의 설정–문항연결 변인 도출–경험적 자료의 비교검증' 순서를 거치게 된다. 예를 들어, 우울증을 측정하는 지표로서 X_1과 X_2를 사용하고 이론의 틀 안에서 우울증과 차분한 성격 간에 정적 상관관계가 있다는 가설을 설정했다고 하자. X_1 지표를 사용한 조사에서 우울증과 차분한 성격이 정적 상관관계를 보인 결과를 얻었다. X_1 대신에 X_2를 사용하여 똑같은 가설을 검증한 결과 정적 상관관계를 보였다면 두 지표의 개념의 구성타당도를 확인한 것이다.

(4) 세 가지 타당도의 비교

내용타당도는 너무 주관적이기 때문에 실용적인 기준을 근거로 경험적으로 타당성을 평가하는 것이 기준타당도이며, 측정이나 관찰의 결과를 이론의 합리성을 근거로 판단하는 것이 구성타당도이다. 이러한 세 가지 타당도는 일종의 단계적 성격을 띠는 것을 알 수 있다. 즉, 구성타당도를 판단하려면 내용타당도와 기준타당도에 근거하여야만 한다.

4 신뢰도(reliability)

1) 신뢰도의 개념

측정이 타당한 수단에 의하여 수행되었다면 그 측정에 대한 신뢰도는 그리 문제가 되지 않을 것이다. '측정이 수단과 관련하여 정확하게 이루어졌는가?'라는 의문에 신뢰도를 따지게 된다. 즉, 측정한 결과를 얼마나 믿을 수 있냐는 질문에 대한 긍정적인 대답의 정도라고 할 수 있다. 동일 대상을 동일 또는 유사한 도구로 반복 측정하였을 때 측정값이 일정하게 나타나는 결과에 대한 확실성, 안정성, 의존가능성, 예측성의 정도를 의미한다. 바꾸어 말하면, '측정의 오차가 얼마나 존재하나?'라는 질문에 대한 대답일 수 있다. 예를 들어, 어떤 학생의 지능지수를 동일 측정 도구로 4번 조사했는데 98, 140, 123, 108이 나왔다면 측정에 사용된 도구를 신뢰할 수 없다. 왜냐하면 정형화된 경향이 나타나지 않았기 때문이다. 어떤 현상에 대한 측정에 대한 결과의 측정오차는 필연적으로 나타날 수밖에 없으나 일정한 경향을 보이게 될 것이다. 이때 측정 결과는 두 가지 요소를 가지게 되는데 하나는 참값이요, 하나는 오차값이다. 신뢰도 검사는 주로 설문지를 보완할 목적으로 이용되며 신뢰도가 낮은 설문 문항은 수정, 보완 또는 삭제하기도 한다.

2) 신뢰도 저해 요인

측정치는 참값과 오류값의 합으로 구성되어진다. 참값은 측정 대상이 오차가 없이 얻어진 점수이다. 측정치는 한 사람이 같은 대상을 여러 번 반복 측정하여 얻은 점수의 평균치이다. 신뢰도는 측정을 통하여 얻은 측정치에 대한 참 요소의 비율이라고 해석할 수 있다.

오류값을 높이는 신뢰도 저해 요인은 측정 수단, 측정 대상자, 관찰/조사자 측면에서 살펴볼 수 있다.

첫째, 측정 수단 측면에서 신뢰성 저해 요인은 측정에 사용되는 도구를 적절하게 사용하지 못할 때 발생한다.

둘째, 측정 대상자가 개인적 환경 또는 조사환경에 영향을 받아 신뢰성이 저해되게 된다. 예를 들어, 대상자의 피로, 기분, 경험 등이 측정에 영향을 미치게 되면 신뢰성이 저해되게 된다.

셋째, 관찰/조사자 측면에서 조사자의 객관성이 요구된다. 둘 이상의 조사자가 같은 주제를 같은 방법에 의하여 측정한 결과가 동일하지 않다면 신뢰성이 있다고 볼 수 없다.

3) 신뢰도 검사 기법

신뢰도 검사 방법으로는 검사-재검사 기법(test-retest method), 유사 양식 검사기법(parallel-form method), 반분검사 기법(split-half method), 그리고 크론바

알파(Chronbach's alpha) 기법 등이 있다. 신뢰도 계수는 0과 1 사이의 값을 가지며 1에 까울수록 신뢰도가 높다. 신뢰도 계수가 어느 정도 되어야 신뢰할 수 있느냐는 학자의 주장마다 다르다. 그러나 일반적으로 Σ=.70 이상이면 신뢰할 수 있다는 것이 일반적인 견해이다.

(1) 검사-재검사 기법(test-retest method)

검사-재검사 기법은 신뢰도 검사에 가장 널리 사용하는 방법으로 매우 단순한 신뢰도의 의미를 이해할 수 있다. 동일한 검사 대상에게 동일한 검사를 일정 시간 간격을 두고 두 번 반복하여 실시한 결과를 평균 내는 방법이다. 즉, 검사-재검사는 측정도구를 반복하여 사용하여 일관된 정도를 나타내는 안정성(stability)을 의미한다.

설문 또는 실험을 통한 검사는 두 번 같은 설문지로 반복하고 관찰을 통한 검사는 두 번 이상 반복을 하게 된다. 두 번 측정된 점수에 대한 상관관계로 신뢰도를 판단하게 된다.

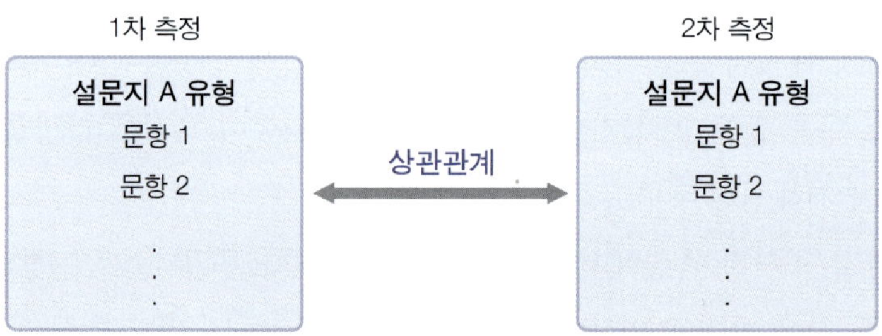

[그림 8-4] 검사-재검사 기법

문제점은 다음과 같다.

첫째, 첫 번째와 두 번째 검사 기간의 시차로 인하여 측정하고자 하는 속성이 변할 수 있다.

둘째, 두 검사 간의 시차와 관련된 문제가 제기된다. 검사기간이 긴 경우 검사 대상자는 다양한 경험을 하게 되어 재검사 결과에 영향을 미칠 수 있고 재검사 기간이 너무 짧을 경우 검사 대상자가 첫 번째 검사내용을 기억하여 과도한 신뢰도를 보일 수 있다. 때문에 검사-재검사 신뢰도를 사용할 경우 검사 간격을 명시해야 한다. 검사-재검사 기간은 검사의 성격에 따라 1주일, 1개월, 3개월 등 다양하게 제시되고 있으나 6개월이 넘지 않도록 권고하고 있다.

(2) 유사 양식 검사 기법(parallel-forms method)

검사-재검사 기법의 약점을 보완하기 위한 방법으로 측정하고자 하는 대상의 속성은 동일하지만 검사 문항을 다르게 하여 시차를 두고 다른 시기에 검사하는 방법이다. 이 방법은 동일 대상자를 조사한다는 점에서 검사-재검사 기법과 유사하다고 할 수 있으나 양식이 다르다.

유사 양식 검사 기법을 위하여 측정 대상의 속성과 측정결과를 같게 할 수 있는 유사 양식의 검사도구를 만드는 것이 관건이다. 즉, 두 검사양식의 등가치성을 어떻게 확보할 것이냐가 관건이다. 두 번 이상의 검사 결과의 비교를 통하여 질적 또는 통계적으로 신뢰도를 판단하게 된다.

장점으로는 응답자가 과거를 기억함으로서 나타나는 오류를 어느 정도 예방할 수 있다. 그러나 시험이나 조사를 두 번 실행함으로써 조사환경이나 응답자의 태도에 차이에서 나타나는 오류를 제거할 수 없다.

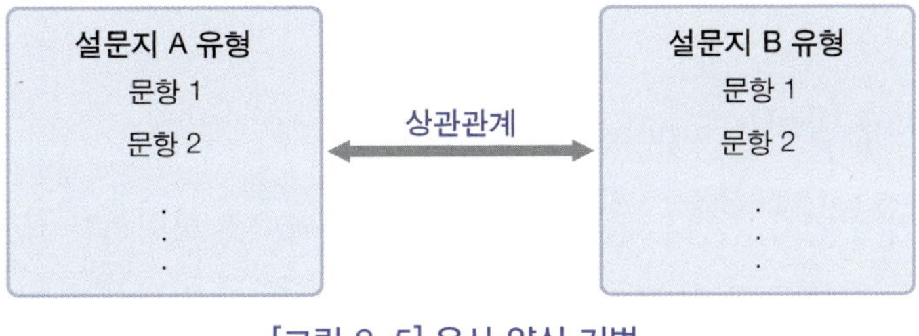

[그림 8-5] 유사 양식 기법

(3) 이(반)분 검사 기법(split-half method)

앞의 두 가지 신뢰도 검사 방법에서 나타난 검사도구의 시간적 안정성 또는 등가치성의 문제를 해결하기 위해서는 동질적인 도구 또는 동질적이라고 가정되는 측정도구를 사용하면 된다. 이때 동질성의 의미는 신뢰성의 개념에 기초한다고 볼 수 있다. 이러한 원리가 적용된 신뢰도 검사 기법이 반분검사법이다. 반분검사 기법은 하나의 검사를 문항 수와 내용이 비슷하도록 두 개의 검사로 나누어서 상관관계로 신뢰도를 산출하는 방법이다. 검사-재검사 기법 또는 유사 양식 기법은 같은 대상자를 두 번 조사하지만, 이분검사 기법은 한 번에 조사가 가능하다.

반분된 두 검사지는 서로 독립적인 것으로 간주하며 문항의 난이도를 고려하여 구성되나 과정이 복잡하여 사용하기가 쉽지 않다. 일반적으로 사용하는 반분검사 기법은 전반부와 후반부로 반분하는 지속적 반분검사 기법과 짝(기) 홀(우)수 번호 문항으로 반분하는 기우수 반분검사 기법을 이용한다. 예를 들어, 20문항으로 구성된 도구의 신뢰도 검사는 먼저 10문항씩 두 부분으로 나누고 각 대상자의 검사 점수 간의 상관계수를 구한다. 검사도구 20문항 전체의 신뢰도가 아니라 절반인 10문항에 대한 신뢰도 검사가 된다.

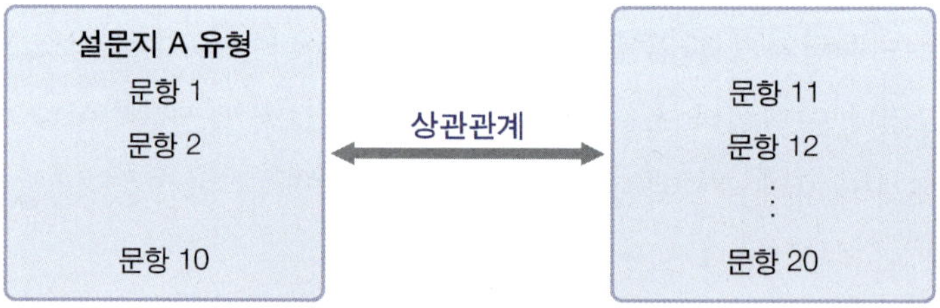

[그림 8-6] 이분검사 기법

(4) 크론바 알파(Chronbach's alpha)

앞의 세 가지 검사 기법은 검사 전체에 대한 신뢰도를 파악하는 데 사용하는 기법인 반면에, 크론바 알파(Chronbach's alpha) 기법은 검사 내에서 검사 문항에 대한 반응이 일관성을 유지하는지 또는 문항 간의 동질성을 유지하는지를 알아봄으로써 신뢰도를 알아보는 기법으로 현재 가장 널리 사용되고 있다. 예를 들어, 운전 면허 시험에서 동질적인 문항을 난이도가 쉬운 문제에서 어려운 문제 순으로 나열하여 실시하면 응시자의 능력에 따라 일정 문항에서 임계점에 이르게 될 것이다. 그러나 문항이 동질적이지 못하면 맞고 틀리는 문항이 일관적이지 못할 것이다. 여기서 이야기하는 동질성과 일관성의 정도를 신뢰계수라고 한다. SPSS win에서 신뢰도 검사의 방법은 다음과 같다. 'statistic → scale → reliability analysis → alpha' 순으로 선택 후 진행을 한다. 크론바 알파는 0에서 1에 가까울수록 신뢰도가 높다고 해석한다. 통상 크론바 알파가 0.7~0.8 또는 이상이면 신뢰도가 있다는 것으로 간주된다.

4) 신뢰도 높이는 방법

(1) 측정도구의 모호성 제거

측정도구의 모호성을 제거하는 것은 매우 중요하다. 특히 개념을 측정하기 위한 척도, 즉 측정도구를 만들기 위하여 개념적 정의와 조작적 정의가 명확하게 이루어져야 한다. 또한, 측정도구의 신뢰도 검사를 통하여 모호한 척도의 항목을 제거하거나 다른 항목으로 대체한다.

(2) 측정도구의 항목을 늘림

개념이 추상적일수록 척도(측정도구)의 항목을 늘려 구체성을 확보하게 된다. 그러나 너무 많은 척도 항목은 설문과정에서 현상의 실태를 제대로 반영하기 어려운 측면이 있다. 일반적으로 문항 수가 5문항 이하인 경우 문항 수를 늘리면 신뢰도가 크게 향상되나 10문항 이상에서는 크게 향상되지 않는다.

(3) 면접방식과 태도의 일관성

면접방식과 면접 태도의 일관성을 유지함으로써 면접환경에서 나타날 수 있는 오류를 제거함으로써 신뢰도를 확보할 수 있다.

(4) 유사질문 문항의 배치

측정도구에 유사질문을 위치를 달리하여 배치함으로써 응답의 일관성 확인을 통하여 신뢰도를 확인할 수 있다.

(5) 신뢰도가 인정된 도구 사용

사회복지조사에서 초보 조사자에게 신뢰도가 담보된 측정도구의 구성은 쉽지 않은 작업 중의 하나이다. 가능하다면 이미 신뢰도가 검증된 측정도구를 사용한다면 그 만큼 시간과 노력을 절약할 수 있을 것이다.

5) 타당도와 신뢰도의 관계

사회복지조사는 조사자가 조사주제 관련 변인이나 개념을 측정하는 데 있어서 측정의 오차가 발생하는 것은 자연스러운 것이다. 때문에 조사자는 조사의 신뢰도와 타당도를 평가하게 된다. 신뢰도와 타당도에 대한 의문은 측정 오차와 관련되어 있다. 측정값은 참 값과 오차의 합이라고 할 수 있다(측정값=참값+오차). 여기서 오차는 체계적 오류(systematic error)와 비체계적 오류(random error)로 나눌 수 있다. 체계적 오류는 오차가 일정한 방향으로 작용하며, 자료수집 방법에서 발생하는 문제나 잘못된 측정도구 구성으로 인하여 발생한다. 예를 들어, 태도와 행동을 뒤섞여 측정하는 경우나 고정반응과 사회적 바람직성의 편향이 작용하는 경우이다. 이는 타당도와 관련이 있다. 비체계적 오류는 무작위로 발생하며, 측정의 전 과정에서 항상 나타날 수 있고 체계적 오류에 비해 통제하기 힘들다. 예를 들어, 수집된 자료의 코딩 시 값을 잘못 입력하거나, 응답자가 질문내용을 정확하게 이해하지 못했지만 자신이 무지해 보일까봐 되는 대로 응답하는 경우 등이다. 이는 신뢰도와 관련이 있다.

신뢰도가 높아진다고 하여 타당도가 높아지는 것은 아니나 타당도가 높아지면 신뢰도는 높아지게 된다. 타당도와 신뢰도와의 관계를 그림으로 표현하면 다음과 같다.

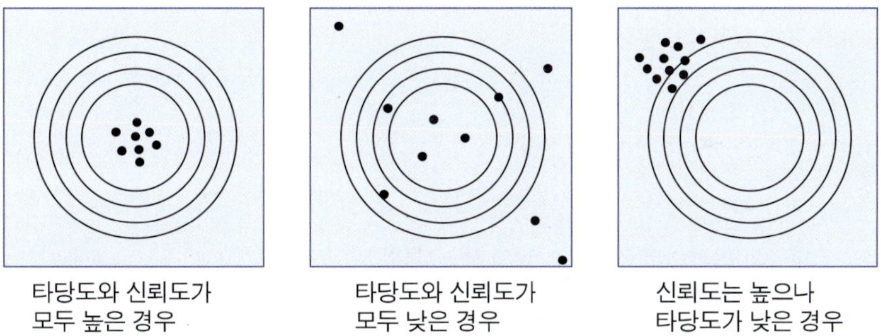

[그림 8-7] 신뢰도와 타당도와의 관계

첫째, 타당도와 신뢰도가 모두 높은 경우이다. 측정치가 표적을 중심으로 집중되어 있어 체계적 오류와 비체계적 오류가 적은 경우가 해당된다.

둘째, 타당도와 신뢰도 모두 낮은 경우이다. 측정치가 표적을 중심으로 분포되어 있으나 분산이 매우 크다.

셋째, 타당도는 낮으나 신뢰도는 높은 경우이다. 측정치의 분산은 적으나 측정치가 표적을 중심으로 일정한 방향으로 치우쳐 있다. 이것은 비체계적 오류는 적으나 체계적 오류가 많은 경우가 이에 해당된다.

요 약

- **측정** : 가설에 나타난 개념 또는 변인을 경험적으로 관찰이 가능한 자료로 연결하는 데 사용하는 수단. 이론을 검증할 수 있는 경험적 수단. 조사 대상의 속성을 파악하기 위해 숫자 또는 기호 부여

- **측정과정**
  ① 변인 전환: 이론의 추상적 개념을 측정 가능한 변인으로 전환
  ② 변인지표 분류: 변인의 속성을 나타내는 지표를 찾아서 분류
  ③ 가설 또는 조사문제 도입: 충분한 이론 검토, 경험세계 정보 추가
  ④ 조작화를 통한 범주화: 개념화 – 개념 – 개념적 정의 – 조작적 정의

- **조작화를 통한 범주화의 원칙**
  ① 포괄성의 원칙: 한 변인이 내포하고 있는 모든 속성들이 측정에 포함되어야 함
  ② 상호 배타성의 원칙: 한 변인을 나타내는 속성은 상호 배타적

- **측정도구:** 측정 대상에 일정한 수치를 부여하기 위하여 규칙을 표시한 것

- **척도:** 경험적 논리적으로 연관되어 있는 여러 개의 문항 또는 지표로 구성된 복합 측정도구. 측정하고자 하는 대상에게 부여된 숫자/기호의 체계

- **척도 유형(측정 수준에 따른)**
  ① 명목척도
  ② 서열척도: 리커트 척도, 거트만 척도
  ③ 등간척도: 서스톤 척도
  ④ 비율척도

- **척도 유형(구성에 따른)**
  ① 평정척도: 도표 평정법, 범주, 숫자 또는 언어 평정법, 평정방식 평정법, 그림 평정법
  ② 총화평정척도: 리커트 척도
  ③ 누적 척도: 보가더스 사회거리 척도, 거트만 척도
  ④ 의미분화 척도
  ⑤ 서스톤 척도

- **타당도:** 조사자가 측정하고자 하는 대상의 속성을 측정하였는가?

- **신뢰도**: 측정하고자 하는 것을 일관성 있게 측정하였는가?

- **타당도 종류**
  ① 내용타당도: 측정내용의 명확성 – 액면타당도, 표본타당도
  ② 기준타당도: 측정도구의 타당성 – 예측 기준타당도, 동시발생 기준타당도
  ③ 구성타당도: 측정하고자 하는 추상적인 개념이 측정도구에 의해 측정되는 정도

- **신뢰도 검사**
  ① 검사–재검사 기법
  ② 유사 양식 검사 기법
  ③ 반분검사 기법
  ④ 크론바 알파 기법

- **신뢰도를 높이는 방법**
  ① 측정도구의 모호성 제거
  ② 측정도구의 항목 늘림
  ③ 면접방식과 태도의 일관성 유지
  ④ 유사 질문 문항의 배치
  ⑤ 신뢰도가 인정된 도구 사용

- **타당도와 신뢰도와의 관계 : 신뢰도가 높아진다고 해서, 타당도가 높아지는 것은 아니나 타당도가 높아지면 신뢰도는 높아짐**
  ① 체계적 오류: 오차가 일정 방향으로 작용하여 타당도와 관련됨
  ② 비체계적 오류: 오차가 무작위로 발생하며 신뢰도와 관련됨

CHAPTER 8 연습문제

1 측정에 관한 설명으로 옳지 않은 것은? (16회 기출)

① 개념의 구체화 과정에서 포괄성의 원칙을 지켜야 한다.
② 개념의 경험화 과정에서 변수를 구성하는 속성들 간의 구분이 분명해야 한다.
③ 신뢰도가 높은 측정을 위해서는 문항 간 내적 일관성을 가져야 한다.
④ 측정은 개념의 현상적 구조와 경험적 측정값들이 일치될수록 정확해진다.
⑤ 개념화가 조작화에 비해 경험적 차원에서의 구체화 정도가 높다.

2 다음 변수의 측정수준을 고려하여 변수의 유형을 순서대로 나열한 것은? (18회 기출)

- 장애유형 – 정신장애, 지체장애 등
- 장애등록 후 기간 – 개월 수
- 장애등록연령 – 나이
- 장애인의 건강 정도 – 상, 중, 하

① 비율변수, 비율변수, 서열변수, 명목변수
② 명목변수, 비율변수, 비율변수, 서열변수
③ 명목변수, 등간변수, 명목변수, 서열변수
④ 등간변수, 비율변수, 서열변수, 비율변수
⑤ 명목변수, 비율변수, 비율변수, 명목변수

3 측정의 4등급 – 사례 – 가능한 통계분석의 연결이 옳지 않은 것은? (17회 기출)

① 명목등급 – 베이비붐세대 여부 – 백분율
② 서열등급 – 학점(A, B, C…) – 최빈치
③ 등간등급 – 온도(℃) – 중위수
④ 비율등급 – 시험점수(0~100점) – 산술평균
⑤ 명목등급 – 성별, 현재흡연여부 – 교차분석

4 한 연구에서 사용된 "소득(단위: 원)" 변수에 관한 설명으로 옳지 않은 것은? (13회 기출)

① 1만 원과 2만 원의 차이는 400만 원과 401만의 차이와 동일하다.
② 0원은 실제적 의미가 있는 절대영점이다.
③ 표준편차를 계산할 수 없다.
④ 사칙연산이 가능하다.
⑤ 명목척도로 변환할 수 있다

5 척도에 관한 설명으로 옳지 않은 것은? (9회 기출)

① 척도의 타당도가 높으면 신뢰도도 높다.
② 척도 문항의 응답범주는 상호배타적이어야 한다.
③ 척도의 문항들 간에는 내적 일관성이 있어야 한다.
④ 척도의 기준관련타당도는 구성체타당도라고도 한다.
⑤ 평정척도의 응답범주들은 논리적 연관성이 있어야 한다.

6 측정오류(measurement error)에 관한 설명으로 옳은 것을 모두 고른 것은? (9회 기출)

ㄱ. 체계적 오류는 측정도구의 구성에서 발생할 수 있다.
ㄴ. 측정오류의 정도는 측정대상과 측정도구의 성격에 따라 차이가 나타난다.
ㄷ. 측정오류는 신뢰도와 타당도가 확보된 측정도구를 이용하여 예방할 수 있다.
ㄹ. 무작위 오류는 수집된 자료를 코딩하는 과정에서 잘못 입력하는 경우에 발생한다.

① ㄱ, ㄴ, ㄷ ② ㄱ, ㄷ ③ ㄴ, ㄹ
④ ㄹ ⑤ ㄱ, ㄴ, ㄷ, ㄹ

7 척도에 관한 설명으로 옳지 않은 것은? (12회 기출)

① 보가더시의 사회적 거리척도는 누적척도의 한 종류이다.
② 의미분화(semantic differential)척도는 한쌍의 반대가 되는 형용사를 사용한다.
③ 리커트척도의 각 문항은 등간척도이다.
④ 거트만척도는 각 문항을 서열적으로 구성한다.
⑤ 서스톤척도를 개발하는 과정은 리커트척도와 비교하여 많은 시간과 노력이 요구된다.

8 다음 내용에서 설명하고 있는 척도는? (9회 기출)

o 각각의 문항은 측정하고자 하는 개념의 속성에 대해 동일한 기여를 한다. o 내적 일관성 검증을 통해 신뢰도가 낮은 항목은 삭제할 필요가 있다. o 각 문항별 응답점수의 총합이 측정하고자 하는 개념을 대표한다는 가정에 근거한다.

① 리커트(Likert) 척도
② 거트만(Guttman) 척도
③ 서스톤(Thurstone) 척도
④ 사회적 거리(Social Distance) 척도
⑤ 의미분화(Semantic Differential) 척도

9 측정의 신뢰도와 타당도에 관한 설명으로 옳은 것은? (18회 기출)

① 신뢰도는 일관성으로 표현될 수 있는 개념이다.
② 측정도구의 문항 수가 적을수록 신뢰도는 높아진다.
③ 검사-재검사 방법은 타당도를 측정하는 방법이다.
④ 편향(bias)은 측정의 비체계적 오류와 관련된다.
⑤ 측정도구의 신뢰도가 높아지면 타당도도 높아진다.

10 크론바 알파(Cronbach's alpha)에 관한 설명으로 옳은 것은? (9회 기출)

① 척도를 구성하는 전체 문항 조합들의 상관관계 평균값을 계산한 것이다.
② 척도의 문항을 절반으로 나누어 두 부분 간의 상관관계를 계산한 것이다.
③ 복수의 조사자를 통해 측정한 점수를 비교하여 의견일치도를 평가한 것이다.
④ 비슷한 두 개의 척도로 동일한 대상을 측정한 점수들 간의 상관관계를 계산한 것이다.
⑤ 동일한 척도를 사용하여 동일대상에게 서로 다른 시점에 측정한 점수 간의 상관관계를 계산한 것이다.

11 다음 (　　)안에 알맞은 것은? (10회 기출)

> 종합사회복지관 채용시험에서 A의 성적은 높았고 B의 성적은 낮았지만 두 사람 모두 같은 복지관에 입사했다. 입사 후에 B가 A보다 업무능력이 뛰어난 것으로 나타난다면 이 복지관에서 사용한 채용시험의 (　　　)타당도는 낮다고 할 수 있다.

① 내용(content)　② 동시(concurrent)　③ 수렴(convergent)
④ 판별(discriminant)　⑤ 예측(predictive)

12 다음 사례에 기술된 '표준화된 척도'의 타당도 평가방법은? (14회 기출)

> 사회복지사가 클라이언트 100명의 약물남용 정도를 두 가지 방법으로 측정하였다. 첫째, 약물남용으로 인해 상담이나 치료를 받은 경험이 있는지를 질문하였고, 둘째, 표준화된 척도로 약물남용 정도를 측정하였다. 측정 결과, 상담이나 치료 경험이 있는 집단의 척도 평균 점수가 그렇지 않은 집단의 점수보다 통계적으로 유의미하게 높았다. (단, 척도의 점수가 높을수록 약물남용 정도가 심하다고 해석한다.)

① 기준타당도　② 수렴타당도　③ 판별타당도
④ 개념타당도　⑤ 액면타당도

13 내적 일관성 신뢰도에 관한 설명으로 옳지 않은 것은? (14회 기출)

① 반분법은 내적 일관성 신뢰도를 평가하는 방법이다.
② 척도 내 문항들 간 상관관계를 분석하여 평가한다.
③ 가장 일반적인 신뢰도 평가 방법이다.
④ 크론바 알파(Cronbach's alpha)를 사용하여 나타낼 수 있다.
⑤ 동등한 것으로 추정되는 2개의 측정도구를 사용하여 평가하는 방법이 최근 추세이다.

14 총 20문항의 척도를 10문항씩 두 조합으로 나눈 후, 평균점수 간 상관관계를 보고 측정의 일관성을 확인하였다. 이에 관한 설명으로 옳지 않은 것은? (13회 기출)

① 신뢰도 측정방법 중 하나다.
② 일관성 확인을 위해 두 번 조사해야 하는 불편함이 없다.
③ 20문항이 동일 개념을 측정해야 적용할 수 있다.
④ 문항을 어떻게 두 조합으로 나누는지에 따라 상관관계가 달라진다.
⑤ 상관관계가 낮을 경우 어떤 문항을 제거할지 알 수 있다.

15 (17회 기출) 측정 및 측정도구에 관한 설명으로 옳은 것을 모두 고른 것은?

ㄱ. 측정도구를 개발하기 위해서 조작화가 요구된다. ㄴ. 문화적 편견은 측정의 무작위 오류를 발생시킨다. ㄷ. 리커트 척도구성(scaling)은 서열척도구성이다. ㄹ. 수능시험은 대학에서의 학업능력을 예비적으로 파악하는 측정도구이다.

① ㄴ, ㄷ ② ㄴ, ㄹ ③ ㄱ, ㄷ, ㄹ
④ ㄴ, ㄷ, ㄹ ⑤ ㄱ, ㄴ, ㄷ, ㄹ

16 다음에서 설명하고 있는 타당도는? (18회 기출)

측정되는 개념이 속한 이론 체계 내에서 다른 개념들과 논리적으로 어느 정도 관련성을 갖고 있는지를 경험적으로 검증하는 가장 수준이 높은 타당도

① 액면타당도(face validity)
② 기준타당도(criterion validity)
③ 동시타당도(concurrent validity)
④ 구성타당도(construct validity)
⑤ 예측타당도(predictive validity)

정답	1. ⑤ 2. ② 3. ④ 4. ③ 5. ④ 6. ⑤ 7. ③ 8. ① 9. ① 10. ① 11. ⑤ 12. ① 13. ⑤ 14. ⑤ 15. ③ 16. ④

P/A/R/T/ 03

사회복지조사의 적용

CHAPTER 09

측정도구 작성

1 설문지 작성

1) 설문지의 개념

설문지는 단시간에 다수의 사람에 대한 의견, 의식, 태도 등을 조사할 수 있게 하여 효과적으로 조사목적으로 달성하게 하는 방법 중의 하나이다. 설문지 작성은 일정의 원리나 이론보다는 경험적 · 기술적인 차원이 강조된다.

설문지 이용의 장점으로 표준화된 설문지 이용은 결과의 비교 가능성이 높고, 단기간에 핵심적인 정보의 선별이 가능하며, 비교적, 객관적, 정확한 정보 취득이 가능하다. 불필요한 내용은 설문지에서 삭제가 가능하며, 민감한 문항은 무기명으로 조사가 가능하고, 응답의 정확성과 용이성을 담보할 수 있다.

설문지는 대상자의 응답을 얻어내는 직접적인 도구이므로 조사의 성패를 좌우한다고 볼 수 있다. 즉, 단점으로 설문지가 잘못 만들어지면 조사목적에 적합한 자료의 수집이 불가능하며, 분석결과를 신뢰할 수 없게 된다.

설문지 작성의 중요성은 다양한 측면에서 언급되는데, 설문지는 조사방법의 모든 단계와 밀접한 관계가 있다. 가설이 설정되면 가설에 포함된 개념의 명확화 단계에서 측정을 위해서는 개념을 명확히 정의하고 측정이 가능하도록 적절한 조작적 정의를 시도하게 된다. 조작적 정의를 근간으로 변수(인)가 확정되면 설문문항을 구성하게 되고 구성된 문항들은 신뢰도와 타당도를 검정하게 된다.

2) 설문지의 구성요소

설문지의 구성요소는 설문표지, 응답자협조 요청, 식별자료, 지시사항, 문항, 응답자 분류를 위한 자료 등으로 분류 된다.

첫째, 설문표지는 설문 응답율에 많은 영향을 미치게 된다. 먼저 연구 목적과 응답자 선정 과정을 간략하게 설명하여 관심을 유발한다. 연구지원 또는 후원 기관을 언급하여 설문지의 신뢰도를 확보할 필요가 있다. 둘째, 응답자의 협조사항을 직시하다. 조사기관과 조사자를 소개하고 설문 내용에 대한 비밀보장을 언급하게 된다. 셋째, 자료식별을 위하여 설문지 일련번호, 조사자 이름, 조사 일시 등을 기록한다. 넷째, 지시사항 및 문항 배열이다. 응답자의 혼란을 피하거나 좀더 명확한 응답을 얻어내기 위하여 응답 방법에 대한 지침을 만들어 배부하고 문항을 논리적으로 배열한다.

3) 설문지 작성절차

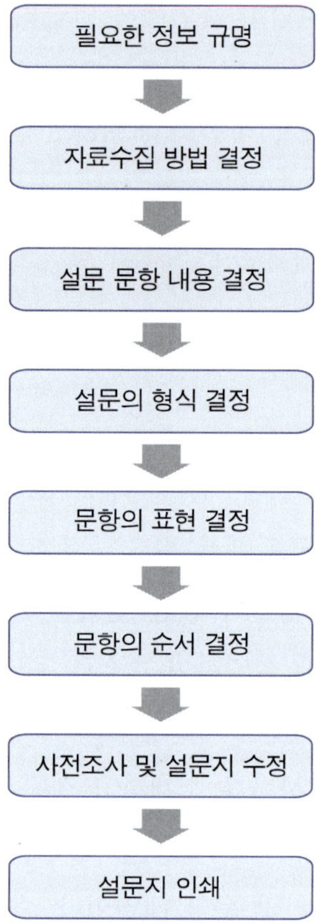

[그림 9-1] 설문지 작성절차

(1) 필요한 정보 규명

조사의 목적, 조사 내용과 관련된 이론, 변인, 개념, 가설 등을 파악한다.

(2) 자료수집의 방법 결정

어떠한 방법으로 자료를 수집할 것인지 결정한다. 모든 조사에 적용이 가능한 자료수집 방법은 없다. 각각의 자료수집 방법의 장 · 단점을 비교하여 가장 적절한 방법을 선택한다.

(3) 설문 문항의 내용 결정

최소 단위의 범주에 대한 구체적인 설문 문항 내용을 구성한다. 통상적으로 설문지에 포함되는 내용은 대상자의 인구사회학적 요인과 조사주제와 관련되어 구성된다.

(4) 설문의 형식 결정

조사의 목적과 자료분석 방법을 고려하여 설문 형식을 고려한다. 동일한 설문일지라도 설문의 형태에 따라 응답이 달라질 수 있다.

(5) 문항의 표현 결정

각각의 설문 문항의 표현을 결정한다. 조사자가 조사하고자 하는 내용의 범위 내에서 설문 대상자가 충분히 이해할 수 있는 수준을 고려한다.

(6) 문항의 순서 결정

전체적인 설문지의 틀을 갖추도록 문항을 순서에 맞게 배열하고 지시문을 작성한다. 누락된 설문이 없는지 신중하게 검토한다.

(7) 사전조사 및 설문지 수정

사전조사를 실시하여 난이도, 응답의 편리성 등을 찾아낸다. 사전조사는 본조사의 대상자들을 대상으로 하며 약 10명 내외로 실시한다. 사전조사 후 수정할 문항은 수정하고 문항도 재배열시킨다.

(8) 설문지 인쇄

설문지의 전체 양식과 문항 배열 등을 최종 편집하여 인쇄한다. 조사에 필요한 설문지보다 약 20%가량 더 인쇄한다. 조사과정뿐만이 아니라 그 이후에도 필요한 경우가 있다.

4) 설문지의 배치 및 내용

설문지는 설문지 표지, 설문 문항, 설문에 대한 감사인사 순으로 배치한다. 구체적인 설명은 다음과 같다.

(1) 설문지 표지

통상적으로 설문지의 표지는 대수롭지 않게 생각하는 경향이 있는데 설문지 회수율에 많은 영향을 미치게 된다. 설문지 표지에는 인사말을 쓰게 되고 인사말에는 조사기관, 조사목적과 중요성, 비밀보장, 조사결과 활용 등에 대하여 언급한다. 경우에 따라서 표지에는 조사자가 식별할 수 있는 설문지 고유번호를 기입하기도 한다. 설문지 표지의 예는 다음과 같다.

> 안녕하십니까?
> 귀하의 무궁한 발전을 기원합니다.
> 본 설문은 한국의 노인복지 현장에 도입 정착되고 있는 케어 매니지먼트(사례관리)의 실태 파악을 위한 실증적인 조사로서 노인종합사회복지관/노인복지회관의 재가노인복지 서비스를 담당하고 있는 사회복지사를 대상으로 하고 있습니다.
>
> • 케어 매니지먼트란
> 법률 및 규정에 근거하여 클라이언트와 그들 보호자의 선호도를 고려한 욕구사정에 의하며, 욕구사정을 근거로 지역사회 내의 다양한 서비스를 통합/조정 및 서비스를 개발하는 메커니즘이다.
>
> 귀하께서 응답하신 내용은 일체의 비밀이 보장되며 순수 학술상의 목적 이외에는 사용하지 않을 것을 약속드리며 설문에 협조를 부탁드립니다. 고맙습니다.
>
> ㅇㅇ대학교 사회복지학부
> ㅇㅇㅇ 교수(e-mail, 전화번호)

(2) 설문내용

① 설문내용 개발의 원칙

설문 문항의 개발은 조사목적과의 관련성, 개별 문항의 기여도, 회수율, 문항작성의 적절성 등을 고려하여 이루어지게 된다. 다음은 설문내용 개발을 위한 일반적인 원칙이다.

첫째, 가치의 중립성의 원칙이다. 조사자의 가치 판단을 배제하고 중립적인 설문이어야 한다. 예를 들어, '장애인복지시설이 사회적으로 문제가 되고 있는데 우리 마을에 장애인복지시설 설립에 대한 견해는?'이 있다. 장애인복지시설이 사회적으로 문제가 되고 있다는 가치를 전제로 설문이 이루어지고 있다. 그리고 특정 응답을 유도하는 질문 또는 편견을 유도할 수 있는 어휘 등의 사용을 삼가야 한다.

둘째, 균형성의 원칙이다. 응답이 상반되게 나타날 수 있는 설문은 한쪽으로 치우치지 않게 주의한다. 예를 들어, '어린이집 교사의 체벌은 나쁘다고 생각하십니까?'는 '어린이집 교사의 체벌에 대하여 어떻게 생각하십니까?'로 바꾸어야 한다.

셋째, 설문 범주의 동일성의 원칙이다. 폐쇄형 설문에서 설문/응답 범주가 동일해야 한다. 서비스에 대한 만족도 조사에서 설문/응답 범주가 매우만족, 만족, 보통, 불만족으로 구성되었다면 매우 불만족한 응답자는 혼란을 겪게 된다.

넷째, 간결 및 명료성의 원칙이다. 설문이 길면 설명과 구별이 되지 않아 응답자가 혼란을 경험하게 된다. 경우에 따라서는 긴 설문도 허용되나 주의가 필요하다.

또한, 설문의 내용이 명료해야 한다. 설문의 시기, 범위 등이 명확해야 한다. 예를 들어, '귀 대학의 학생 수는 몇 명입니까?'라는 설문에 현재 등록 학생 수인지 학생을 포함한 전체 학생 수인지 혼란을 겪게 된다.

다섯째, 가정적 설문회피 원칙이다. 응답자가 인지하고 있다는 가정 하에 설문을 개발하는 경우 신뢰할 수 있는 응답을 기대하기 어렵다. 예를 들어, '귀하는 장기요양보험에 대하여 찬성하십니까?'라는 설문을 한다면 대상자가 장기요양보험에 대하여 어느 정도 인지하고 있다는 가정 하에 주어지는 설문이다. 이러한 설문을 요구할 때는 장기요양보험에 대한 정확한 정보가 주어진 후에 설문을 하거나 조건부 설문으로 바꾸어야 한다.

여섯째, 규범적 설문회피의 원칙이다. 설문의 응답에 사회규범적인 요인이 영향을 미칠 수 있는 설문은 피해야 한다. 예를 들어, 미혼 여성에게 '이성과의 성경험이 몇 번 있습니까?'라고 설문한다면 정확한 응답을 기대할 수 없다.

일곱째, 기타로 약어 사용금지 원칙, 정중한 설문의 원칙 등이 있다.

② 설문 문항 배치 요령

설문 문항을 어떻게 배치하여야 하는가에 따라 면접의 분위기를 좌우할 수 있기 때문이다. 구체적인 설문 문항의 배치의 요령은 다음과 같다.

첫째, 설문 문항은 자연스럽게 물 흐르듯이 순서화가 되도록 배열한다. 쉬운 설문 또는 흥미를 유발할 수 있는 설문은 앞에 배열하고 민감한 문제는 뒤에 배치한다. 시간적 순서에서는 과거, 현재, 미래의 연속선 순으로 배열한다.

둘째, 논리적인 순서에 의한 배열을 시도한다. 개연성이 있는 설문들은 그에 적합한 순서대로 배열한다. 설문의 흐름이 매끄럽게 진행되도록 설문을 내용별로 범주화하여 배열한다. 그러나 앞의 설문에 대한 기억을 없애기 위하여 의도적으 완전히 새로운 설문 문항으로 전환하는 경우도 있다.

셋째, 응답자의 고정반응을 막기 위해 항목을 적절하게 배치하며, 신뢰도 측정을 위한 설문 문항 짝은 분리하여 배치한다.

(3) 설문지의 마지막 부분

응답에 대한 간단한 감사의 인사말을 적는다.

5) 설문의 유형

설문지는 여러 가지 설문형태를 조합하여 만들어지게 되는데, 설문의 유형은 목적달성, 시간과 비용, 설문의 민감성 등을 고려하여 작성하는 기본적인 작업이다.

(1) 개방형 질문과 폐쇄형 설문

① 개방형(open-ended) 설문

개방형 설문은 조사 대상자가 자유로이 응답할 수 있도록 구성된 설문으로 일명 주관식 설문이다. 일반적으로 예비조사와 같은 탐색조사 또는 전문적인 의견/자료수집을 위한 전문조사를 위하여 사용하는 방법이다.

장점으로는 조사 대상자가 자유로이 응답할 수 있고, 많은 생각 가운데 현실적이고 생생한 응답을 기대할 수 있다. 반면에 응답자의 진술에 의한 응답은 상당한 부담으로 작용할 수도 있고 어느 정도의 사고력을 요구하게 된다. 조사자에게는 이러한 자료를 범주화와 계량화의 어려움이 있다.

개방형 설문의 예는 다음과 같다.

> 예) 관장님은 귀 기관에 근무하는 사회복지사들의 가장 큰 불만이 무엇이라고 생각하십니까? 자유롭게 적어 주세요.

② 폐쇄형(closed-ended) 설문

폐쇄형 설문은 조사자가 구조화시켜 놓은 설문 문항에 대한 내용을 조사 대상자가 선택하는 방법으로 흔히 우리가 이야기하는 객관식이다. 장점으로는 응답자의 편의와 회수율을 높일 수 있고, 선택의 보기를 제시함으로써 명확한 의미전달이 가능하다. 자료처리 과정에서 부호화 과정을 거치지 않고 컴퓨터에 입력이 가능하여 양적 분석에 매우 편리하다. 그러나 응답자는 생각하지 않고 기계적으로 응답하여 의견/태도를 충분히 반영할 수 없는 단점이 있다. 폐쇄형 설문의 예는 다음과 같다.

예) 귀하는 사회복지실천 기법에 대하여 얼마나 알고 있습니까?
① 매우 잘 안다 ② 잘 안다 ③ 잘 모른다 ④ 매우 모른다

(2) 선택형 설문

대표적인 선택형 설문은 서열측정을 현실적으로 구체화한 리커트(Likert)형 설문이다. 리커트형 설문은 여러 가지 방법으로 구성될 수 있다

① 단어 나열로 서열이나 등급을 표시

폐쇄형 설문의 형태로 단어의 나열로 서열 또는 등급을 알 수 있게 하는 방법이다.

예) 성폭력범죄자의 이름 공개에 대한 귀하의 견해는?
① 절대적 찬성 ② 찬성 ③ 그저 그렇다 ④ 반대 ⑤ 절대적 반대

② 다이어그램(diagram) 또는 숫자로 표시

사용단어의 의미상의 정도를 서열로 파악할 수 있게 하는 방법이다.

예) 성폭력범죄자의 이름 공개에 대한 귀하의 견해는?
25% 50% 75% 100%

③ 응답자가 스스로 순서를 정하는 방법

설문에 응답할 수 있는 변인을 나열하고 응답자 스스로 순서를 기입하게 하는 방법이다.

예) 성폭력범죄자의 이름 공개 방법에 대한 귀하의 견해를 우선순위대로 기입하시오.

① 신문/방송 ② 인터넷 ③ 관보 ④ 동사무소 게시판

(3) 매트릭스형(matrix) 설문

매트릭스형의 대표적인 것은 거트만 척도이다.

예) 사회복지 학생의 장애인에 대한의 조사

	많다		적다
☞ 장애인을 보면 돕고 싶다	①	②	③
☞ 장애인을 위한 자선기금을 낸다	①	②	③
☞ 장애인 관련 서적에 관심이 있다	①	②	③

(4) 여과형(수반형) 설문

설문의 내용에 따라 문항을 여과식으로 구성하는 방법이다. 응답자가 한 문항에 따른 다른 질문을 응답해야할 경우 사용되는 질문으로 질문이 많아지면 응답자는 피로감을 느끼고 이로 인해 응답률이 떨어질 수 있다. 응답자가 쉽게 확인하고 이동할 수 있도록 문항을 시각적으로 적절히 배치하는 노력이 필요하다.

예) 1. 귀하는 자원봉사에 참여한 경험이 있는가?

① 있다 ② 없다 ③ 기억이 없다.

2. 1번에서 '② 없다'에 답한 사람만 답하시오.

요 약

• **설문지 :** 단시간에 다수의 사람에 대한 의견, 의식, 태도 등을 조사할 수 있게 하여 효과적으로 조사목적을 달성하게 하는 방법 중 하나

• **설문지 작성절차**
① 필요한 정보 규명
② 자료수집 방법 결정
③ 설문 문항의 내용 결정
④ 설문의 형식 결정
⑤ 문항의 표현 결정
⑥ 문항의 순서 결정
⑦ 사전조사 및 설문지 수정
⑧ 설문지 인쇄

• **설문내용 개발의 원칙**
① 가치중립성의 원칙
② 균형성의 원칙
③ 설문 범주의 동일성의 원칙
④ 간결 및 명료성의 원칙
⑤ 가정적 설문회피 원칙
⑥ 규범적 설문회피의 원칙
⑦ 기타: 약어 사용금지 원칙, 정중한 설문 원칙

• **설문지의 배치 요령**
① 설문 문항은 자연스럽게 물 흐르듯 순서화
② 논리적인 순서, 개연성 있는 설문 흐름에 맞춰 범주화 배열
③ 고정반응을 막기 위한 항목과 신뢰도 측정을 위한 문항 짝 배치

• **설문 유형**
① 개방형 설문과 폐쇄형 설문
② 선택형 설문
③ 매트릭스형 설문
④ 여과형 설문

CHAPTER 9 연습문제

1 설문지 문항의 작성 방법에 관한 설명으로 옳지 않은 것은? (13회 기출)

① 이중(double-barreled)질문과 유도질문은 피하는 것이 좋다.
② 신뢰도 측정을 위해 짝(pair)으로 된 문항들은 함께 배치하는 것이 좋다.
③ 응답하기 쉬운 문항일수록 설문지의 앞에 배치하는 것이 좋다.
④ 일반적인 것을 먼저 묻고 특수한 것을 뒤에 묻는 것이 좋다.
⑤ 객관식 문항의 응답 항목은 상호 배타적이어야 한다.

2 설문지 작성에 관한 내용으로 옳지 않은 것은? (18회 기출)

① 개연성 질문(contingency questions)은 사고의 흐름에 따라 배치한다.
② 고정반응(response set)을 예방하기 위해 유사질문들은 분리하여 배치한다.
③ 민감한 주제나 주관식 질문은 설문지의 뒷부분에 배치한다.
④ 명목측정을 위한 질문은 단일차원성의 원칙을 지켜 내용을 구성한다.
⑤ 신뢰도 측정을 위한 질문들은 가능한 한 서로 가깝게 배치한다.

3 면접 설문조사와 비교할 때 자기기입식 설문조사가 갖는 장점은? (10회 기출)

① 복잡한 쟁점을 다룰 때 효과적이다.
② 설문의 응답률이 높다.
③ 혼동을 일으키는 질문에 대한 추가 설명이 가능하다.
④ 개인의 민감한 문제를 다루는 데 유리하다.
⑤ 일반적으로 시간이 덜 걸리지만, 비용 면에서는 별 차이가 없다.

4 설문지 작성과정 중 사전검사(pre-test)를 실시하는 이유로 옳지 않은 것은? (10회 기출)

① 연구하려는 문제의 핵심적인 요소가 무엇인지 확인
② 응답내용간에 모순 또는 합치되지 않는지 확인
③ 응답이 한쪽으로 치우치지 않는지 확인
④ 질문 순서가 바뀌었을 대 응답에 실질적 변화가 일어나는지 확인
⑤ 무응답, 기타응답이 많은 경우를 확인

5 설문지의 회수율 모니터링에 관한 설명으로 옳지 않은 것은? (10회 기출)

① 추가설문지의 발송시기를 예측한다.
② 비응답자들의 추가응답률을 높이는 데 활용된다.
③ 모니터링을 중단하는 시점은 회수율이 50%인 때이다.
④ 여러 시점에서 회수된 설문지를 분석하면 표본추출의 편향을 추정할 수 있다.
⑤ 그래프로 일일 회수빈도와 누적빈도를 기록한다.

6 다음과 같은 유형의 질문은? (11회 기출)

> 귀하는 대통령선거에 투표한 적이 있습니까?
> ㅁ 예 (1~3번 질문에 답해 주십시오)
> ㅁ 아니오 (1~3번 질문을 건너뛰고 4번 질문으로 바로 가십시오)

① 복수응답 유발형 질문 ② 행렬식 질문
③ 동일유형 질문 ④ 수반형 질문
⑤ 개방형 질문

정 답 1. ② 2. ⑤ 3. ④ 4 ① 5. ③ 6. ④

CHAPTER 10

자료수집

1 자료수집의 개념

1) 자료수집 방법의 개요

자료수집은 조사자가 면접, 전화 등의 방법을 이용하여 직접 자료를 수집하는 1차 자료, 기존에 조사가 수행되어 출판된 보고서, 간행물, 선행조사물인 2차 자료, 그리고 메타분석(meta-analysis)을 수행하기 위한 종합 조사물인 3차 자료로 분류하는데 본서에서의 자료수집은 1차 자료의 수집을 의미한다.

자료수집에서 1차 자료는 조사문제를 적절하게 해결하기 위하여 작성한 조사설계를 근거로 가장 효율적이며 효과적으로 조사목적의 달성과 조사결과의 신뢰도와 타당도를 담보할 수 있는 장점이 있다. 그러나 2차 자료와 3차 자료의 이용보다는 비용과 시간이 많이 드는 단점이 있다.

2) 자료수집 방법의 선택기준

자료수집 방법이라기보다 전략이라는 표현이 옳을 것이다. 조사자는 자료수집의 전략 안에서 자료수집 방법을 선택하게 된다.

자료수집 방법에서 응답에 영향을 주는 요인으로는 응답자의 인구사회학적 요인(성별, 나이, 직업 등), 조사를 위한 설문의 주제 등이 영향을 주게 된다.

자료수집 방법은 조사의 목적, 조사내용, 조사 대상, 비용과 시간의 경제성, 설문의 민감도 등을 근거로 장단점을 고려하여 결정하게 된다. 가장 흔하게 사용하는 양적 자료수집 방법으로는 우편조사, 대인면접, 전화면접, 온라인 서베이 등이 이용된다.

2 자료수집의 유형

1) 우편설문(postal questionnaires)

(1) 우편설문 개요

우편설문은 아마도 가장 일반적으로 양적 자료를 수집하는 데 사용하는 방법중의 하나이다. 설문지와 반송봉투를 동봉하여 대상자에게 발송 및 수거를 통하여 자료를 수집하는 방법이다. 경우에 따라서는 팩스를 이용하기도 하며 회수율을 높이기 위하여 방문하는 경우도 있다.

우편설문은 설문지 이외에 조사의 목적, 중요성 등을 설명하고 협조를 당부하는 소개편지를 동봉한다. 설문지와 봉투에 비밀번호를 기입하고 독촉편지는 왕복우송기간에 3~4일이 지난 다음에 우송한다.

일반적으로 광범위한 지역을 대상으로 대규모에 사용되는 우편설문지는 다른 우편물에 비하여 환영받지 못하는 경우가 대부분이다. 우편설문의 응답은 설문주제와 설문내용의 길이에 영향을 받게 된다. 이러한 응답률은 성별, 나이, 인구사회학적 요인 등에 영향을 받지 않는 것으로 알려져 있다.

(2) 우편설문의 장 · 단점

① 장점

첫째, 경비의 경제성이다. 최소의 경비로 광범위한 지역에 대한 조사가 가능하다는 것이다. 고위층과 같이 접촉이 어려운 대상자에게도 접근이 가능하다. 우표, 반송봉투, 필기도구 또는 기념품을 위한 경비만 지출된다. 또한, 숙련된 면접요원이 필요하지 않으므로 인건비 면에서 크게 절약할 수 있다.

둘째, 익명성에 대한 보장이다. 응답자는 익명성에 대한 확신과 여유 있는 시간으로 성실한 응답을 유도할 수 있다. 장기간에 응답을 하고자하는 사람, 혼자서 응답하고자 하는 사람 등에게 성실한 답변을 기대할 수 있다.

셋째, 면접자의 개인차 오류를 배제할 수 있다. 면접자간, 면접자와 응답자 간의 통제 오류를 감소시킬 수 있다. 면접자의 개성에 의한 영향을 배제할 수 있고 대인 면접과는 달리 질문이 주어지는 형식이 일률적이다.

넷째, 대표성과 외적 타당도를 높일 수 있다. 지리적 또는 시간적 한계를 어느 정도 극복할 수 있음으로 많은 사람의 표본이 가능하고 이것은 대표성과 외적 타당도를 확보할 수 있는 방법 중의 하나이다.

② 단점

첫째, 설문주제의 제한성이다. 설문지면에 기록된 문자만을 통한 설문이 진행되므로 응답자가 설명내용을 이해할 수 없을 때도 있다. 또한, 설문지 이외의 추가적/보충적 설문이 불가능하다. 때문에 첫 번째 응답이 최종 응답이 된다.

둘째, 응답자의 통제가 어렵다. 설문을 누가 작성했는지 알 수가 없다. 실제로 응답자 본인이 직접 작성했는지 또는 대리로 다른 사람이 작성했는지 구별할 수 없다. 그리고 응답자의 응답제공 능력과 수용의도에 의하여 자료의 타당성이 좌우

된다.

셋째, 낮은 회수율이다. 통상적으로 우편설문은 20~40%의 회수율을 보이며 50% 정도면 매우 성공적이라고 평가한다.

넷째, 설문 문항의 독립성 확보가 어렵다. 설문을 시작하기 전에 설문지 전체를 읽어보고 시작하므로 조사자가 의도한 문항 순서의 효과를 감소시킨다.

다섯째, 복잡한 설문은 한계가 있다. 설문지에 인쇄된 설문 문항만을 읽고 응답이 요구되므로 문항은 간결한 문장을 사용하게 된다. 때문에 복잡한 내용과 형식의 설문 문항은 구성하기 힘들다.

여섯째, 기타 주소불명, 무응답, 응답환경의 차이 등은 또 다른 단점으로 지적되곤 한다.

(3) 응답률에 미치는 요인

첫째, 후원자 전략(단체, 기관)이다. 적절한 후원자 명시는 중요성과 정당성이 확보되어 성의 있는 응답을 유도할 수 있다. 공신력이 없거나 불신되는 단체, 기관, 개인에 대하여 비협조적이다.

둘째, 응답의 유인책을 쓴다. 응답자의 선의에 호소, 선물, 이타적인 감정에 호소 등의 방법을 동원한다.

셋째, 설문지 양식에 있어서 짧은 설문일수록 응답률이 높으므로 가능한 설문지 내용을 짧게 하고, 설문지 디자인과 색깔을 고급스럽게 하도록 한다.

넷째, 겉표지 편지는 설득력을 높인다. 조사의 목적과 용도, 왜 응답이 중요한지, 익명성 보장 등이 기술되며 설득력 있는 문장으로 작성한다.

다섯째, 우편의 유형이 중요하다. 우표가 부착된 반송 봉투를 동봉한다.

여섯째, 후속 독촉 방법도 있다. 3~4회의 독촉 편지와 전화로 70%까지 회수율을 높일 수 있다.

일곱째, 발송 시기에 유의한다. 사회복지기관 종사자에게 여름휴가 기간, 보건복지부 평가기간 등의 시기에 우편설문을 한다면 매우 낮은 회수율을 보일 것이다.

2) 면접조사

(1) 면접조사 개요

면접조사는 조사자가 응답자를 직접 대면하여 정보를 획득하는 방법이다. 면접조사를 위하여 완전구조화 설문지, 반구조화 설문지 그리고 개방형 설문지를 이용하게 된다. 대인면접은 30~60분 정도가 적당하나, 경우에 따라서는 2~3시간 정도 이루어질 수 있다.

면접조사는 거리에서의 면접, 방문면접 등 다양한 장소에서 실시될 수 있다. 방문 면접의 경우 방문 전에 전화 또는 우편으로 방문시간의 약속을 하게 된다.

(2) 면접조사의 장 · 단점

① 장점

첫째, 설문의 유연성 확보이다. 대상자의 불확실한 응답은 그 자리에서 재차 확인이 가능하고, 다소 복잡한 설문도 자세한 설명과 여러 번의 질문으로 처리할 수 있으며, 상황에 따라 문제를 바꾸어 설문할 수 있다. 응답자가 좀 더 정확한 응답을 할 수 있는 기회를 가질 수 있다.

둘째, 인터뷰 상황을 비슷하게 통제할 수 있다. 면접자는 의도적으로 유사상황 또는 환경을 조성하여 설문할 수 있다. 응답의 일관성, 신뢰성 있는 자료수집이 가능하다. 면접과정에서 상호작용에 의하여 자료가 수집되므로 앞뒤가 맞지 않는 응답이 있을 때 수정이 가능하다.

셋째, 높은 응답률이다. 면접자와 응답자가 친밀관계를 형성할 기회를 갖기 때문에 면접에 응할 동기부여가 가능하다. 면접 대상자가 면접을 거절하는 경우 설득하여 차기에 방문하여 설문할 수 있어 대표성의 확보가 가능하다.

넷째, 면접자는 응답에 대한 신빙성의 판단이 가능하다. 면접 전후에 여러 가지 주변 환경의 직접 관찰이 가능하여 응답의 신뢰성을 높일 수 있다. 또한, 응답자의 이해도 등의 능력을 파악할 수 있어 적절하게 난이도를 조정할 수 있다.

다섯째, 응답자에 대한 의존율을 줄일 수 있고, 제3자의 개입을 방지할 수 있다.

우편설문과는 달리 설문의 진행상황을 전적으로 응답자에게 의존하지 않고 어느 정도는 조사자에 의하여 진행될 수 있다. 또한, 설문과정에서 옆에 있는 사람이 끼어드는 것을 예방할 수 있다.

② 단점

첫째, 우선 다른 자료수집 방법에 비하여 비용과 시간이 더욱 많이 든다. 직접 응답자를 만나야 하고, 응답자의 편리한 시간을 고려하여 허락을 받아야 한다. 또한, 다수의 면접자가 상당 시간을 투입해야 한다.

둘째, 면접자의 편견 문제가 대두된다. 면접자가 여러 명일 경우 면접자 간의 능력과 개별적인 편견에 의하여 오차가 발생할 수 있다. 또한, 면접자와 응답자의 상호작용에 의하여 면접이 이루어지므로 상호작용의 정도에 따라 응답의 질이 결정되고 응답의 질적인 편차가 발생한다. 특히 면접자의 훈련 정도에 따라 신빙성 있는 자료수집이 결정되기도 한다. 이러한 현상은 응답의 타당도와 신뢰도에 영향을 미치게 된다.

셋째, 익명성 부재와 관련된 문제이다. 현대인들은 사생활에 민감하며 이러한 경향으로 설문내용은 제한적이고 응답의 충실도에도 문제가 있다.

넷째, 설문 환경에 영향을 많이 받는다. 설문 대상자가 많을 경우 설문 환경을 일괄적으로 통제하기가 어려워 타당성과 신뢰성 문제를 야기한다.

다섯째, 민감한 주제의 설문이 어렵다. 익명성이 보장되지 않는 면접기법이기 때문에 개인사, 개인적 또는 사회적으로 민감한 문제에 대하여 응답을 기피하기 쉽다. 또한, 즉각적인 대답이 요구됨으로 압력을 느끼면 왜곡된 응답을 할 수 있다.

(3) 면접조사 수행의 원칙

면접 대상자가 유쾌하고 만족스런 느낌을 갖도록 배려하고, 조사주제를 가치 있는 것으로 생각할 수 있도록 유도하며, 면접에 대한 장벽을 극복하도록 유도한다.

3) 전화조사

(1) 전화조사 개요

전화조사는 전화통화를 이용하여 면접하고 자료를 수집한다. 즉각적인 결과가 요구되는 선거에서 정당 선호도의 변화, 여론조사 등에 널리 이용된다. 전화조사는 특성상 20여 분 정도가 적당하며 질문이 무겁지 않아 쉽게 응답할 수 있는 설문조사에 적격하다.

전화조사는 전화번호부를 표집틀로 이용하는 것이 일반적이며 대표성 있는 응답자와의 면접이 중요하다. 전화조사에서는 대부분 면접방법의 시간과 주제의 한계로 인하여 구조화된 설문지를 이용한다.

최근 휴대전화의 보급으로 전화면접은 새로운 양상을 보이고 있다. 대표적인 변화로 표본의 대표성이다. 가정에 위치한 전화인 경우 전화번호로 지역을 구별할 수 있었으나 이동전화의 경우 조사 응답자의 지역을 정확히 알 수 없다.

(2) 전화조사의 장 · 단점

① 장점

첫째, 간편하고 신속하게 진행된다. 면접조사보다 지리적인 접근성이 뛰어나고, 낯선 사람의 방문을 경계하는 심리적인 접근성도 용이하다고 볼 수 있다.

둘째, 시간과 비용의 경제성이다. 소수의 면접자가 많은 수의 대상자를 면접할 수 있다. 조사자는 조사지역을 면접조사 같이 방문할 필요가 없기 때문이다.

셋째, 비교적 자료의 질이 높은 편이다. 면접의 효과로 인하여 수집 자료의 정확성이 대면면접에 비하여 크게 뒤지지 않는다.

넷째, 수퍼바이저의 일괄 통제 하에 면접이 이루어짐으로 일정한 질문에 대한 답변이 일관적일 수 있다.

다섯째, 익명성이 보장된다. 대인면접과는 다르게 직접 얼굴을 마주하고 설문을 하지 않기 때문에 응답자가 정직하고 편안한 마음으로 응답할 수 있다.

② 단점

첫째, 자료의 대표성이다. 일단 전화를 소유한 사람에게 한정된다는 점이다. 최근 이동전화의 보급률이 매우 높기는 하지만 아직도 휴대전화를 소유하지 않거나 등록되지 않는 사람이 있기 때문이다.

둘째, 특정 주제는 전화조사가 불가능하다. 대화를 통한 자료수집뿐만 아니라 시각적인 보조자료수집이 필요한 경우에는 부적절한 방법이다. 또한, 복잡하거나 난해한 설문은 오해가 생길 수 있다.

셋째, 대상자가 면접을 거절할 수 있다. 면접 중에 시간상 또는 감정적인 이유로 전화를 끊을 수도 있는 등 응답자 상황을 통제하기 어렵다.

4) 온라인 인터넷 조사

(1) 온라인 인터넷 조사의 개요

최근 컴퓨터의 급속한 보급으로 인터넷 조사가 널리 이용되고 있다. 인터넷 조사는 전자메일(e-mail) 또는 웹브라우저(web browser)를 통하여 응답하게 하고 내용이 면접자의 컴퓨터에 전달되는 방식이다.

전자메일을 통한 자료의 수집은 우편을 통한 자료수집과 유사하다.

인터넷 조사는 표집틀의 형태에 따라 접근방법이 달라질 수 있는데 회원 면접, 방문자 면접, 전자메일 면접으로 분류된다.

① 전자메일 서베이

설문지를 작성하여 전자메일을 통하여 발송하고 응답자는 설문을 작성하여 전자메일로 회신한다. 전자메일 주소를 확보하는 것이 쉽지 않고 전자메일을 사용하지 않는 대상에게 접근하지 못하는 어려움이 있다.

② 웹사이트 서베이

온라인에 구축된 특정 사이트에 설문지를 게재하여 방문자의 자발적인 참여를 통하여 면접하는 방식이다. 요즘 네이버 폼 설문지, 구글 온라인 설문지 등이 그 예이다.

(2) 온라인 인터넷 조사의 장 · 단점

인터넷 조사의 장점은 발송, 회수 비용이 들지 않는 비용의 경제성, 설문 입력의 편의성, 후속 독촉의 용이성, 편리한 시간에 응답할 수 있어 응답의 질을 제고할 수 있고, 전 지구촌을 대상으로 할 수 있는 광범위성 등이 있다. 단점은 인터넷에 접속이 가능한 대상에게만 면접하기에 표본의 대표성 확보의 어려움과 응답자의 적극적 참여 없이는 불가능하다는 점이다.

3 자료수집의 과정 및 기술

자료수집은 면접요원을 선정하는 면접의 준비단계, 면접의 실시단계 그리고 면접의 정리단계의 3단계 과정으로 정리된다.

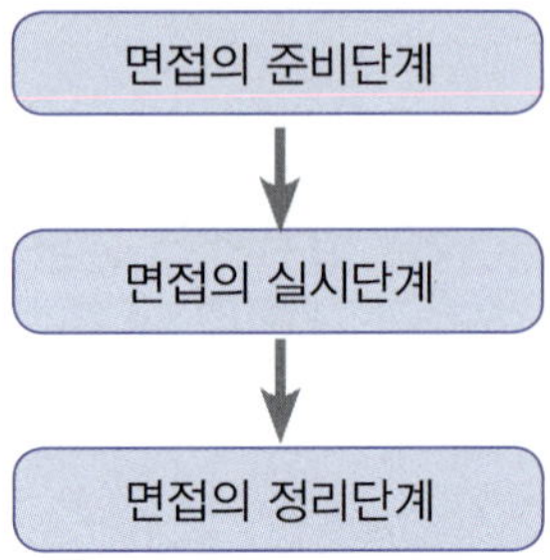

[그림 10-1] 양적 자료수집 과정

1) 면접의 준비단계

(1) 면접요원의 선정

자료수집 과정에서 면접요원의 역할은 매우 중요하기 때문에 면접요원의 선발은 신중을 기할 필요가 있다. 면접요원은 역할수행을 위한 교육/훈련이 잘 이루어지고 경험이 풍부한 사람을 선정하는 것이 유리하다. 그러나 조사나 자료수집을 전문으로 하는 기관이 아니면 전문적인 면접요원을 채용하는 것은 경제적인 문제로 쉽지가 않다. 자원봉사자를 포함한 비전문가를 채용할 경우 훈련과 교육을 통하여 훌륭하게 면접을 수행할 수 있도록 하여야 한다. 면접요원을 선정하는 데에는 조사의 주제가 영향을 미치게 되는데 구체적인 내용은 다음과 같다.

첫째, 면접요원의 성, 연령, 언어능력, 외모 등을 고려한다. 조사의 성격에 따라 남성 또는 여성이 적격한 경우가 있다. 연령이 너무 어리거나 너무 많으면 면접과정에서 어려움을 겪게 된다. 언어는 또박또박 논리적으로 설득력이 있게 구사할 수 있으면 유리하다. 외모는 대상자에게 혐오감을 주어서는 안 된다.

둘째, 면접요원의 성격, 품성, 지적 수준 등을 고려한다. 처음 만나는 사람과의 면접을 통하여 자료를 수집하게 되므로 대인관계에서 긍정적인 태도와 성품을 가진 사람이 유리하다. 지적 수준도 최소한 고등학교 졸업 정도는 되어야 자료수집을 효과적으로 수행할 수 있다.

셋째, 내면적인 특질은 융통성과 적응력, 정직성, 정확성과 정밀성, 정서적 안정성, 편견적이지 않은 사람이 유리하다.

(2) 교육내용 및 교육과정

① 교육내용

면접요원의 교육은 면접의 절차와 기법과 같은 기술적인 측면뿐만 아니라 사명감 같은 심리적인 측면의 강화를 통하여 면접요원들의 표준화 행동을 유도한다.

구체적인 내용은 다음과 같다.

첫째, 조사에 대한 배경을 설명한다.
둘째, 면접의 원리, 기술, 윤리, 사명감 등을 주지시킨다.
셋째, 면접과정에서 필요한 규범, 돌발 상황에 대처 요령을 교육한다.

② 교육과정

면접요원의 교육과정은 일반적으로 3단계 과정을 거치게 된다. 구체적인 과정은 다음과 같다

첫 번째 단계는 조사의 전반에 대하여 이해시킨다. 조사와 관련된 자료를 배포하여 읽어 보게 하고 설명한다. 면접요원이 많을 경우 지침서를 작성하여 면접의 통일성을 유지한다. 지침서에는 면접 전, 면접과정, 면접 후의 모든 일정과 복장, 태도, 휴대품 목록과 같은 면접과 관련된 환경에 대한 각종 정보를 수록한다.

두 번째 단계는 설문지와 면접 상황의 숙지에 대한 교육이다. 응답자에게 어떠한 설문이 주어지는지를 미리 숙지하여 설문지를 여러 차례 보지 않고 설문할 정도로 교육한다.

세 번째 단계에서는 면접 실기와 현장실습을 진행한다. 면접요원들끼리 짝을지어 역할 연습을 하고 고쳐야 할 점을 서로 토론한다. 현장에서 설문 대상자와 비슷한 대상자 군을 대상으로 실습한다.

③ 면접요원의 윤리

면접과정에서 발생할 수 있는 윤리적인 문제에 대한 교육은 매우 중요하다. 이러한 윤리적인 문제에 적절하게 대처하지 못하여 조사의 실패를 초래할 수 있기 때문이다. 구체적인 내용은 다음과 같다.

첫째, 조사 설계에서 제시된 면접 대상자와 면접방법을 임의로 바꾸어서는 안 된다. 조사 대상자의 선정은 조사의 전체적인 틀을 고려하여 선정되었기에 임의로 대상을 바꾸면 신뢰성에 영향을 주게 된다. 또한, 우편면접을 전화면접으로 면접방법을 바꾸면 면접의 일관성이 결여되어 외적 타당도에 심각한 영향을 주게 된다.

둘째, 면접 시 친구나 가족을 동반하지 말아야 한다. 면접자 이외의 다른 사람이 동반될 경우 면접 응답자는 비밀유지를 염려하여 정확하게 응답하지 못하게 된다.

셋째, 특정 응답을 유도하거나 무엇인가 언질을 해서는 안 된다. 또한, 면접한 내용을 가감 없이 그대로 메모해야 한다.

넷째, 면접의 과정과 면접의 결과를 통하여 알게 된 어떠한 사항도 조사목적 이외에 그 어떠한 목적에도 이용해서는 안 된다.

2) 면접의 실시단계

(1) 현장면접 준비

현장면접을 실시하기 전에 사전협조를 구해야 한다. 면접요원들에게는 증명할 수 있는 신분증을 만들어 준다. 사전에 발송한 협조공문의 사본을 지참하게 한다.

면접요원이 많은 경우에 일정 지역을 중심으로 조장을 임명하여 면접을 지휘하도록 한다. 면접요원에게는 조사대상의 명단과 연락처에 관한 정보가 제공된다. 응답자가 중도 포기 등으로 탈락하는 경우를 상정하여 10% 정도 초과 표집하여 명단을 면접요원들에게 제공한다.

(2) 면접계획 및 실시

현장면접을 실시하다 보면 시간과 경비 면에서 계획보다 초과하게 될 수도 있다. 면접의 기간은 최대 2주를 넘지 않게 한다. 이보다 길어지면 조사결과에 영향을 줄 수 있다. 조장은 매일매일 면접 진행상황을 체크하고 메모한다.

(3) 면접기술

① 라포(rapport) 형성 기술

면접자는 면접의 동의와 협조를 얻어야 하는데 대면과 동시에 인간적인 친밀감, 즉 라포(공감대)를 어떻게 형성하느냐에 성공의 여부가 달려 있다. 라포 형성을 위한 몇 가지 기술은 다음과 같다.

첫째, 단정한 용모와 옷차림을 유지한다. 면접자의 외모는 첫인상에 절대적인 영향을 주게 된다. 주위를 두리번거리거나 과장된 웃음은 대상자에게 의심을 사게 된다.

둘째, 간단하게 인사소개하고 방문 목적을 설명한다. 면접자는 조사기관을 정확히 알려 주고 신분증을 제시하여 신뢰감을 확보한다.

셋째, 응답자로 선정된 과정을 설명하고 비밀보장을 확약한다. 응답자의 불안감을 해소하게 하고 소요시간을 설명하여 편안하게 면접에 임하게 한다.

넷째, 응답자가 면접을 거절할 경우 진지하게 설득한다. 협조 요청과 함께 개인적, 사회적인 공헌과 간접적인 이익에 대하여 설명한다.

② 면접진행 기술

라포가 성공적으로 형성되면 본격적으로 면접을 진행하게 된다. 이 단계에서는 형성된 라포가 계속 유지될 수 있도록 노력해야 한다. 구체적인 기술은 다음과 같다.

첫째, 응답자가 이해할 수 있도록 설문을 정확히 한다. 불필요한 설명이 추가되면 응답자는 설문의 본질을 오해할 수 있다.

둘째, 설문이 끝나기 전에 대답하지 않도록 유도한다.

셋째, 면접의 적절한 속도를 유지한다. 초당 2개 단어 정도가 적절하며 천천히 설문함으로써 생각할 시간을 준다.

넷째, 필요한 경우 캐어묻기를 한다. 명료화, 해명, 자세한 설명이 요구되어지면 캐어묻기를 할 수 있다.

다섯째, 원활한 면접을 위하여 보조 자료를 제공한다. 보조 자료는 조사자 임의로 제공할 수 없으며 지침서의 의거하여야 한다.

여섯째, 면접과정에서 응답자와 우호적인 관계를 유지한다.

일곱째, 면접내용을 정확히 기록한다.

여덟째, 면접 종료 시에 응답자의 양해를 구하고 처음부터 리뷰한다.

아홉째, 떠나기 전에 기념품을 건넨다.

열째, 면접이 종료되면 밖으로 나와서 소요시간, 지역, 일련번호, 분위기 등을 면접일지에 기록한다.

③ 질문대처 기술

면접 전후 또는 과정에서 응답자가 예기치 않는 질문을 할 수 있다. 면접자의 대처 기술의 예를 들면 다음과 같다.

면접 대상자의 질문	질문대처 기술의 예
본조사의 주관 기관은?	주관 기관과 조사진을 간략하게 설명하고 신분증을 제시한다.
주소를 어떻게 알게 되었나?	표집틀을 설명하고 무작위에 의하여 선정되었음을 설명한다.
조사해서 무엇에 쓰이나?	조사의 목적과 처리과정을 설명한다.
왜 내가 응답해야 하며 다른 사람이 대신하면 안 되나?	면접에 응해야 하는 이유와 표본추출에 의한 대표성을 설명한다.

이 외에도 면접 대상자가 면접에 관심이 없거나 조사기관 또는 면접에 대한 반감, 시간상의 이유로 거절한다면, 면접자는 인내를 가지고 응답자를 설득한다.

(4) 면접요원 소지품

현장으로 떠나기 전에 면접요원은 준비를 하게 된다. 면접 책임자는 요원들의 소지품을 체크한다. 구체적인 품목은 다음과 같다.

- 약 10%가 추가된 설문지와 설문에 딸린 보조자료
- 면접 대상자의 명단, 주소 및 전화번호
- 면접일지 및 필기도구
- 면접요원의 신분증
- 조사기관의 협조공문 사본 및 소개편지
- 응답자에게 제공될 기념품
- 현지 지도 및 교통 안내서
- 면접 실시에 필요한 제반 경비
- 비상 연락망
- 기타 이동에 필요한 개인용품

3) 면접의 정리단계

면접의 정리단계는 면접과정을 되돌아보고 면접내용을 요약정리하며 진행되지 않은 설문 문항에 대하여 보완한다.

요 약

• **자료수집 방법**
① 1차 자료수집: 조사자가 면접, 전화 등의 방법을 이용하여 직접 자료를 수집
② 2차 자료수집: 기존에 조사가 수행되어 출판된 보고서, 간행물, 선행조사물
③ 3차 자료수집: 메타 분석을 수행하기 위한 종합조사물

• **자료수집 방법:** 조사목적, 내용, 대상, 경제성, 설문 민감도 고려
– 우편조사, 면접조사, 전화조사, 인터넷 조사

• **우편조사 장점**
① 경제성
② 익명성 보장
③ 면접자 간 개인차 오류 배제
④ 대표성과 외적 타당도 확보

• **우편조사 단점**
① 설문주제의 제한성
② 응답자 통제 어려움
③ 낮은 회수율
④ 설문 문항 독립성 확보 어려움
⑤ 복잡한 설문 한계
⑥ 주소불명, 무응답, 응답환경의 차이

• **면접조사의 장점**
① 설문 유연성 확보
② 인터뷰 상황을 비슷하게 통제
③ 높은 응답률
④ 응답에 대한 신빙성의 판단 가능
⑤ 응답자에 의한 의존율을 줄이고 제3자 개입 방지

• **면접조사의 단점**
① 비용과 시간 투입
② 면접자의 편견 문제 대두
③ 익명성 부재
④ 설문환경에 영향
⑤ 민감한 주제

- **전화조사의 장점**
  ① 간편하고 신속한 진행
  ② 시간과 비용의 경제성
  ③ 비교적 자료의 질이 높은 편
  ④ 답변의 일관성 확보
  ⑤ 익명성 보장

- **전화조사의 단점**
  ① 자료의 대표성
  ② 특정 주제는 전화면접 불가능
  ③ 면접 도중 거절

- **온라인 인터넷 조사(전자메일 서베이, 웹사이트 서베이)의 장점**
  ① 비용의 경제성
  ② 설문 입력의 편의성
  ③ 후속 독촉의 용이성
  ④ 편리한 시간에 응답하여 응답의 질 제고
  ⑤ 광범위성

- **온라인 인터넷 조사의 단점**
  ① 인터넷 사용자에 한정적 가능
  ② 응답자의 적극적 참여가 필요

- **자료수집 과정**
  ① 면접 준비단계
    - 면접요원 선정
    - 면접요원 교육: 조사배경, 면접의 원리, 기술, 윤리, 사명감 주지, 면접과정에서 필요한 규범, 돌발 상황 요령)
  ② 면접 실시단계
    - 현장면접 준비
    - 면접 계획 및 면접 실시
    - 면접 과정 시 면접기술(라포 형성, 면접진행기술, 질문대처기술) 활용
    - 면접요원 소지품
  ③ 면접 정리단계

1 자료수집에 관한 설명으로 옳지 않은 것은? (18회 기출)

① 질문지법은 문서화된 질문지를 사용한다.
② 면접법은 조사대상자에게 질문내용을 구두 전달한다.
③ 관찰법은 유형, 시기, 방법, 추론 정도에 따라 조직적 관찰과 비조직적 관찰로 구분된다.
④ 비관여적 조사는 기존의 기록물이나 역사자료 등을 분석한다.
⑤ 내용분석법은 신문, 책, 일기 등의 직접자료를 수집하고 분석하는 방법이다.

2 우편조사, 전화조사, 대면면접조사에 관한 비교설명으로 옳은 것은? (12회 기출)

① 일반적으로 우편조사의 응답률이 가장 높다.
② 우편조사와 전화조사는 자기기입식 자료수집 방법이다.
③ 대면면접조사에서는 추가질문하기가 가장 어렵다.
④ 원거리 응답자에게는 우편조사보다 대면면접조사가 더 적절하다.
⑤ 어린이나 노인에게는 대면면접조사가 가장 적합하다.

3 자료수집방법으로서 면접법에 관한 설명으로 옳지 않은 것은? (9회 기출)

① 표준화 면접은 비표준화 면접보다 타당도가 높다.
② 면접법은 질문지법보다 응답범주의 표준화가 어렵다.
③ 면접법은 질문지법보다 제3자의 영향을 배제할 수 있다.
④ 표준화 면접에는 개방형 및 폐쇄형 질문을 모두 사용할 수 있다.
⑤ 면접법은 면접목적에 따라 진단적 면접과 조사면접으로 구분된다.

4 서베이(survey)조사에 적절한 주제가 아닌 것은? (14회 기출)

① 신규 프로그램 개발을 위한 주민 욕구 측정
② 기초생활보장제도의 대국민 만족도 측정
③ 틱(tic)현상을 가진 아동에 대한 단일사례분석
④ 한국 청소년의 약물남용 실태조사
⑤ 노숙자들의 쉼터 이용 거부 원인 분석

5 설문조사에 관한 설명으로 옳은 것을 모두 고른 것은? (10회 기출)

ㄱ. 대단위 모집단의 태도와 성향을 측정할 때 적합한 방법이다. ㄴ. 개인, 집단, 사회적 가공물(social artifacts) 등을 분석단위로 사용한다. ㄷ. 표본의 소재(olocation)에 관한 정보가 부족할 때 눈덩이 표집으로 할 수 있다. ㄹ. 현상의 기술(description)을 목적으로 사용할 수 있다.

① ㄱ, ㄴ, ㄷ ② ㄱ, ㄷ ③ ㄴ, ㄹ
④ ㄹ ⑤ ㄱ, ㄴ, ㄷ, ㄹ

6 면접 설문조사와 비교할 때 자기기입식 설문조사가 갖는 장점은? (10회 기출)

① 복잡한 쟁점을 다룰 때 효과적이다.
② 설문의 응답률이 높다.
③ 혼동을 일으키는 질문에 대한 추가설명이 가능하다.
④ 개인의 민감한 문제를 다루는데 유리하다.
⑤ 일반적으로 시간이 덜 걸리지만, 비용면에서는 별 차이가 없다.

7 서베이(survey)에서 우편설문법과 비교한 대인면접법의 특성으로 옳지 않은 것은? (13회 기출)

① 비언어적 행위의 관찰이 가능하다.
② 대리 응답의 가능성이 낮다.
③ 질문 과정에서의 유연성이 높다.
④ 응답 환경을 구조화하기 어렵다.
⑤ 표집 조건이 동일하다면 비용이 많이 든다.

8 다음 중 옳지 않은 것은? (17회 기출)

① 우편설문: 원래 표본으로 추출된 응답자가 응답하지 않을 수 있다.
② 실험설계: 개입을 제공하기 전에는 종속변수의 측정이 사실상 불가능하다.
③ 관찰: 비언어적 자료수집이 가능하다.
④ 비반응성 자료수집: 연구대상의 반응성 오류를 피할 수 있다.
⑤ 대인면접설문: 방문 조사원에 의해 보충적인 자료가 수집될 수 있다.

9 2차 자료 분석에 관한 설명으로 옳은 것을 모두 고른 것은? (15회 기출)

> ㄱ. 비관여적 방법이다.
> ㄴ. 관찰대상에 대한 연구자의 영향이 크다.
> ㄷ. 통계적 기법으로 자료의 결측값을 대체할 수 없다.
> ㄹ. 신뢰도와 타당도에 관한 문제는 발생하지 않는다.

① ㄱ ② ㄱ, ㄷ ③ ㄱ, ㄷ, ㄹ
④ ㄴ, ㄷ, ㄹ ⑤ ㄱ, ㄴ, ㄷ, ㄹ

10 A대학교는 전체 대학생 중 5백 명을 선정하여 취업욕구조사를 하고자 한다. 비용 부담이 가장 적고 절차가 간편한 자료수집방법은? (18회 기출)

① 우편조사
② 방문조사
③ 전화조사
④ 온라인조사
⑤ 면접조사

정 답 1. ⑤ 2. ⑤ 3. ① 4 ③ 5. ⑤ 6. ④ 7. ④ 8. ② 9. ① 10. ④

CHAPTER 11

욕구조사와 평가조사

1 욕구조사

1) 욕구조사의 필요성

사회복지조사는 사회문제와 인간의 욕구에 대한 체계적이고 과학적인 해결책을 제시하고자 한다. 어느 사회나 시대에서 사회문제는 존재하였다. 우리가 살고 있는 현대사회를 흔히 정보사회라고 하는데 여러 가지 시대적 상황에 관련하여 다양한 문제가 도출되고 있는 것이 사실이다. 사회복지의 궁극적인 목적의 하나라고 할 수 있는 자원의 합리적 배분을 위해 특정 계층에 속해 있는 대상자의 명확한 욕구설정은 매우 중요하다. 사용하고자 하는 재화나 용역은 항상 제한되어 있고, 이에 대한 사회적 욕구는 무한하다. 이러한 자원의 희소성의 원칙은 효율적 자원의 분배에 대한 준거기준이나 판단을 요구하게 된다. 서비스 대상자들의 욕구를 과학적으로 조사하여 클라이언트가 충족되기를 바라는 서비스를 개발하는 것이 시대적 상황이며, 정부나 민간 차원에서 재원을 제공할 때 체계적인 욕구조사에 입각한 결과는 신청 프로그램 예산 선정에 중요한 기준이 되고 있으며, 지역의 특성과 클라이언트에 대한 욕구 자료는 기관 활동의 홍보에 중요한 요소가 되고 있다.

최근 사회복지욕구조사에 대한 수요가 점점 증가하고 있는데 이것은 소위 복지국가 위기론으로 표현되는 80년대 초 신자유주의적 경제사조와 관련성이 매우 깊다. 즉, 사회복지 재정의 한계로 인해 사회구성원의 욕구를 파악해야 했다. 체계화된 욕구를 수렴하여 재화나 서비스를 효율적, 효과적으로 전달하기 위해서 지역주민의 복지욕구에 대한 과학적이고 체계적인 개입 방안이 요구되었다. 사회복지관이나 기타 관련 시설에서 사업을 계획, 평가하기 위해 전문성과 책임성이 더욱 강조되고 있고 욕구조사 활동의 이해가 더욱 중요해질 전망이다.

2) 욕구의 개념

욕구는 어떤 내용이 기준에 미달되어 그것이 충족되지 못한 상태를 말한다. 욕구는 무엇이 결여된 상태로 인해 불편을 겪고 있는 상황을 의미하며, 당연히 충족되어야 할 것과 실제와의 격차 또는 차이가 존재하는 상태에 놓여 있음을 의미한다. 욕구란 “개인이 느끼고 있는 무엇인가의 결핍 상태를 충족시키기 위하여 필요로 하거나 원하는 상태 또는 상황을 말하며, 이는 현재의 상태와 바라는 상태 사이에 존재하는 격차 또는 조건의 차이”로 정의할 수 있다(정무성 · 정진모, 2001).

욕구를 정의하는 데 있어 중요한 문제는 ‘어떠한 욕구를 만족시켜 줄 수 있는가?’와 ‘누가 기준을 설정하느냐’?로 욕구의 유형이라고 할 수 있다.

욕구의 유형은 매슬로(Maslow)의 욕구 5단계 유형과 브래드쇼(Bradshaw)의 4가지 욕구 유형으로 분류하곤 한다.

(1) 매슬로우의 욕구 5단계

매슬로우는 인간의 욕구를 선천적인 동기에 의하여 유발되는데 욕구가 강한 것부터 약한 것으로 위계를 형성한다고 보고 있다. 그 위계는 1단계: 생리적.신체적 욕구 → 2단계: 안전에 대한 욕구 → 3단계: 소속과 애정에 대한 욕구 → 4단계: 자아존중의 욕구 → 5단계: 자아실현의 욕구로 5단계로 형성된다. 하위단계의 욕구가 어느 정도 충족이 되어야 다음 단계의 욕구로 발전할 수 있다고 주장하였으며, 하위단계의 욕구가 100% 충족되지 않아도 다음 단계의 욕구로 발전할 수 있다고 보았다.

① 생리적 · 신체적 욕구

생리적 욕구는 성욕. 식욕 등 최하위 욕구로 우선 순위가 높은 동물적 욕구를 지칭하는데 이것만 지나치게 추구하는 인간은 수준이 낮은 부류로 볼 수 있다. 생리적 욕구는 내부 지향적 욕구와 외부 지향적 욕구로 나누어지는데, 첫째, 외부지향적 욕구(externally oriented)는 탈출욕구, 호기심욕구, 깨우침 욕구 등이다. 둘째, 내부지향적 욕구(interally oriented)는 휴식욕구, 성욕, 식음욕 등이 있다.

② 안전 욕구

안전의 욕구는 경제적 안정. 사회생활의 안정에 관한 욕구로 안정된 생활을 추구하고픈 인간들의 심리를 말한다. 안전의 욕구는 자아지향적 욕구와 타인지향적 욕구로 나누어지는데, 첫째, 자아지향 욕구(self-directed)는 위험 감소 욕구, 외부세계 예측 및 설명 욕구가 있다. 둘째, 타인지향 욕구(other oriented)는 치안욕구 등이 있다.

③ 소속과 애정에 대한 욕구

사람들과 어울리고 싶은 친밀한 인간관계를 바라고 정을 주고 받으며 살고 싶은 욕구 추구를 말한다. 소속의 욕구는 타인 지향적인 욕구와 자아 지향적인 욕구로 나누는데, 첫째, 타인지향 욕구(other oriented)는 타인에 대한 위험감소욕구, 친교욕구 등이 있다. 둘째, 자아지향 욕구(self-direcnted)는 사랑. 애정 욕구가 있다.

④ 자아존중의 욕구

누군가에게 인정받고 싶고 존경을 받고 싶은 사회적 지위에 관한 상위단계의 욕구를 말한다. 자아존중의 욕구는 타인지향적 욕구와 자아지향적 욕구로 나누어지는데, 첫째, 타인지향 욕구(other oriented)는 지위욕구, 존경욕구, 인정욕구, 성취욕구가 있다. 둘째, 자아지향 욕구(self-directed)는 자아발전 욕구, 성장욕구, 정신적 자극 욕구 등이 있다.

⑤ 자아실현의 욕구

최상위 욕구단계로 자기의 잠재력과 창의력을 바탕으로 뭔가 자기실현의 일을 많이 하여 보람을 만끽하고 싶은 수준 높은 욕구라 할 수 있다. 자아실현의 욕구(fulfillment needs)는 자아실현 욕구, 끊임없는 체험욕구 등이 있다.

(2) 브레드쇼의 욕구 유형

① 규범적 욕구(normative needs)

전문가가 판단할 때 주어진 상황에서 욕구가 존재한다고 정의하는 것이다. 전문적으로 정해진 기준에 비추어 이에 미치지 못한 상태를 욕구가 있는 상태라고 규정하는 경우이다. 즉, 바람직한 수준이 정해지고 실질적으로 존재하는 수준과 비교하여, 개인이나 집단이 바람직한 수준에 미치지 못하면 그들은 욕구상태에 있다고 본다. 아동의 일일 영양기준, 정부가 정한 절대빈곤선/최저임금 등이 이에 해당한다.

이러한 욕구의 정의는 객관적인 목표가 정해져 있기 때문에 계량화가 가능하고 구체적인 변화를 설정하여 이에 미치는 여부가 파악되는 장점이 있다. 그러나 그 기준이 사람마다 다를 수 있고 시간에 따라 변할 수 있기 때문에 욕구체제가 경제적 상태, 가치관의 변화를 반영하지 못할 경우 규범적 욕구는 논란의 대상이 된다는 단점이 있다. 즉, 빈곤을 해결하기 위한 빈곤선은 정부가 계량적으로 정의하여 이를 정책에 반영하고 있으나, 시민단체나 빈곤계층이 느끼는 빈곤선은 크게 다를 수 있다.

② 느낀 욕구(felt needs)

서비스 대상자들이 어떤 특정한 욕구를 느끼고 있는 것은 무엇인가 원함(want)이 있다는 의미이다. 통상 관련된 사람들에게 특정 서비스가 필요하다고 느끼고 있는지 물어보기 위한 사회조사 방식의 욕구측정이 이에 해당된다. 느낀 욕구는 서비스 대상자들이 자신의 문제나 욕구에 대해 가장 잘 파악하고 있다는 데에 근거하고 있다. 즉, 서비스 욕구는 해당 당사자들에 의해 느껴지지 않는다면 쓸모가 없거나 비현실적인 것이라고 여기는 것이다. 느낀 욕구는 어디까지나 서비스 수혜자가 스스로 인지적 판단에 의해 욕구의 주관적 지각에 초점을 두고 있기 때문에, 전문가의 판단에 의한 욕구 수준과는 차이가 있을 수도 있다.

② 표현된 욕구(expressed needs)

대상자들이 어떤 서비스가 필요하다고 느끼면서, 이에 대해 충족되기를 요청하거나 요구하는 행동을 취하는 경우에 그 욕구를 말한다. 무엇인가에 대한 수요(demand)는 사람들이 서비스를 실제로 필요로 하고 있는 것이며, 이에 대해 어떠한 형태로 표현을 할 것이라는 가정을 하는 욕구이다. 이러한 욕구의 개념은 사회복지서비스 욕구측정에 가장 대표적으로 사용되고 있다. 기관은 일반적으로 클라이언트가 원하는 욕구의 리스트를 작성하고 파악되지 못한 서비스를 알아내고자 한다. 예를 들면, 병원에서 환자의 병을 진단할 때 몇 가지 체크 리스트를 만들어 사용하거나 심리학자가 환자의 심리측정을 하면서 MMPI 등 표준화된 측정도구를 사용하는 것이 표현된 욕구를 알고자 하는 시도이다. 클라이언트가 표출하고 있지 못하는 욕구를 겉으로 드러내게 함으로써 참된 욕구를 파악하고자 할 때 사용되는 욕구의 개념이다. 단점으로는 몇 가지 적혀진 리스트만을 체크하게 하므로 클라이언트가 기술된 욕구의 내용에 벗어난 욕구를 가지고 있다면 자신의 욕구를 표출하지 못하게 되는 것이다.

③ 비교 욕구(comparative needs)

서비스 대상자를 조사함으로써 얻어지는 욕구이다. 만약, 비슷한 상황에서 어떤 사람은 복지서비스를 받고 다른 사람은 서비스를 받지 못할 때, 후자는 욕구상태에 있는데, 이때의 욕구를 의미한다. 도시빈민이 많이 거주하는 지역의 독거노인인 경우 한 가구는 국민기초생활보장제도의 수급권자이고 다른 한 가구는 법적으로 자녀가 있다는 이유로 복지서비스를 받지 못할 때, 이러한 제도적 결함으로 인해 사회복지 사각지대에 놓여 있는 대상자들이 비교 욕구에 처해 있다고 볼 수 있다.

3) 욕구조사의 내용

욕구조사의 내용은 어떤 집단을 대상으로 하는지, 어떠한 목적으로 조사를 하는가에 따라 달라진다. 욕구를 측정하고자 하는 집단이 한부모가정일 경우 이들이 갖는 욕구나 바람은 장애인이나 노인의 경우와 다른 성격을 가질 것이다. 기본적인 욕구에 관한 것이라면 조사 대상 집단끼리 서로 관련된 내용이 많으나, 구체적인 욕구 내용은 대상 집단에 따라 질문방식과 척도, 분석 방법 등에서 다른 형태로 꾸며져야 할 것이다. 장애인이나 노인을 대상으로 욕구조사를 실시할 경우와 여성 가구주나 빈곤계층을 대상으로 할 경우 조사의 내용은 각 집단이 직면한 문제 또는 달성하고자 하는 목표에 따라 달라질 것이다.

욕구조사를 통해 조사자가 파악할 수 있는 내용은 크게 다음과 같이 세 분야로 분류될 수 있다(채구묵, 2005: 344-349).

첫째, 지역사회 및 조사 대상 집단의 일반적 특징에 관한 기초 자료를 구하고자 할 때이다.

둘째, 욕구 파악을 위해 기존 서비스 평가 및 새로운 서비스 개발에 자료를 얻고자 할 때이다.

셋째, 지역사회에 부족한 서비스 평가를 위한 자료가 필요할 때이다.

각 분야별로 조사내용과 사용 목적은 다음과 같다.

(1) 지역사회 및 조사 대상 집단의 특성에 관한 기초자료

욕구조사는 일반적인 설문조사처럼 기본이 되는 자료를 수집하기 위해 사용될 수도 있다. 기초 자료는 조사 대상 집단의 일반적인 내용을 담고 있다. 연령, 가족의 크기, 거주 지역, 거주 기간, 직업, 종교, 공공부조의 수급 여부 등이 포함된다.

주로 이러한 자료는 조사 대상의 일반적인 사회-인구학적인 특성을 기술하기 위한 목적으로 사용되나, 단순한 조사가 아닐 경우 독립변인이나 통제변인의 역할을 수행할 수도 있다. 이러한 자료를 사용하는 목적은 다음과 같다.

- 대상지역이나 집단의 특성에 대한 개략적인 정보 제공
- 자료분석 시 통제 목적 및 복지수혜 대상 집단 파악에 사용
- 잠재적 서비스 수혜자 비율이 높은 지역 및 집단의 특성 파악
- 대상지역 및 집단 내 하부지역 및 하부집단의 사회-인구학적 구조 파악

(2) 서비스 평가 및 새로운 서비스 개발에 필요한 욕구 파악을 위한 자료

좋은 효과 또는 치료를 줄 수 있는 서비스가 욕구집단에 잘 알려져 있지 않을 경우 이를 조사하고자 할 때 사용된다. 조사 내용으로 서비스는 욕구가 있는 사람들에게 알려져 있는가? 잘 활용되고 있는가? 서비스 존재에 대한 홍보 부족 여부는 무엇인가 등이 파악된다. 이에 대한 결과는 기존 서비스의 인지를 높이고 활용에 대한 정보 또는 장애요소를 알려 준다.

새로운 서비스 개발에 필요한 자료를 파악할 목적으로 욕구조사를 하는 경우이다. 대상 지역에서 심각하다고 생각되는 문제(예: 육아 문제, 청소년 비행 문제, 학교 문제 등)를 파악하여 수혜자들이 원하는 서비스를 제공하고자 조사를 실시하

는 경우이다.

(3) 활용자원에 관한 자료

대상자의 욕구에 맞는 서비스를 개발했을 때 현실적으로 실천에 옮길 수 있는 가능성을 갖고 있어야 한다. 실행 가능성이 희박할 경우 욕구를 파악한 계획이 문제해결을 하지 못할 뿐만 아니라, 조사 수행 과정상의 자원의 낭비만 초래할 것이기 때문이다. 생활정보지, 언론매체, 전단지 등의 지역사회 정보체제를 활용하여 이용이 가능한 서비스를 대상자에게 알려야 한다.

2 욕구조사의 종류 및 자료수집

욕구조사는 조사를 실시하는 사회복지기관의 형태나 프로그램의 형태에 따라 달리 구분된다. 여기에서는 클라이언트 중심(client-oriented)의 욕구조사, 서비스 중심(service-oriented)의 욕구조사, 지역사회 중심(community-based)의 욕구조사로 구분하여 설명하고자 한다.

1) 클라이언트 중심의 욕구조사

클라이언트 중심의 욕구조사는 특정한 욕구를 가진 계층(아동, 노인, 장애인 등)을 대상으로 하여 기관에서 바람직한 서비스나 프로그램의 범위와 방향을 설정하기 위해 실시되는 욕구조사이다. 이 조사는 한정된 지역이나 대상자를 표본으로 삼게 되므로 욕구집단의 규정이 선행되어야 하며, 조사결과를 바탕으로 하여 문제의 인식과 필요한 서비스의 내용을 알아내고 기관의 정책적 결정에 도움이 되고자 한다. 지역사회복지관에서 특정 지역의 노인들에게 제공할 서비스의 종류와 내용을 알고자 할 때 유용하게 사용된다.

2) 서비스 중심의 욕구조사

서비스 중심의 욕구조사는 상담 서비스 또는 의료 서비스 등과 같은 특별한 서비스를 기관이 제공하고자 할 때 실시하게 된다. 이러한 특정 서비스를 필요로 하는 대상자를 표집하여 이들에게 적합한 욕구의 범위를 알고자 할 때 사용된다. 이 조사에서는 먼저 대상 집단이 가지고 있는 특정한 문제를 해결할 수 있는 기관의 시설이 구비되어야 하며 전문 종사자들이 배치되어 이들의 특별한 욕구를 해결할 수 있어야 한다. 따라서 조사결과를 바탕으로 해서 서비스의 종류와 수준을 정하게 된다. 장애인복지관에서 장애인을 대상으로 하는 장애등급과 관련하여 그들의 욕구를 조사하고, 그 결과에 따른 재활 프로그램을 계획할 때 이러한 욕구조사를 하게 된다.

3) 지역사회 중심의 욕구조사

지역사회 중심의 욕구조사는 지역사회 주민들의 전반적인 욕구와 문제를 해결하고자 할 때 실시하게 된다. 클라이언트와 서비스 중심의 욕구조사가 다양한 인구집단을 포함하지 못하고 지역사회에 존재하는 서비스의 내용을 통합, 조정하는 서비스의 계획이 결여된 점을 보완하기 위해 실시되는 조사이다. 일반적으로 종합사회복지관에서 해당 지역의 주민들에게 그들의 욕구와 복지관 이용 실태 조사를 기본적으로 하는 경우가 이 조사에 해당된다.

이것은 클라이언트와 서비스 중심의 욕구조사를 통합하여, 지역사회 문제의 우선 순위를 정하고, 적절한 개입 대상 인구와 서비스의 내용을 파악하고자 할 때 유용하게 사용된다. 단점으로는 주민 전체가 욕구 파악의 대상이기는 하나 여러 상이한 욕구를 모두 반영하여 프로그램을 실시하는 데 어려움이 있다(최성재, 2005).

4) 욕구조사의 자료수집 방법

욕구조사를 위한 자료를 모으는 방법은 일반조사와 매우 비슷하지만, 욕구조사는 대상자의 욕구 파악을 전제로 하며 대상이 반드시 해당 당사자일 필요는 없으며 관련된 집단을 통해 여러 가지 형태로 자료수집이 가능하다. 주요한 자료수집 방법은 지역사회 공개 토론회, 주요 정보제공자 조사, 사회지표 조사, 일반 인구 조사, 표적 인구 조사, 델파이 기법, 2차적 자료분석, 프로그램 운영자 또는 서비스제공자 조사, 통합적 방법 등이 있다(성규탁, 2000: 149-166; 김기원, 2001: 398-403).

(1) 지역사회 공개토론회(community forum)

지역사회 공개토론회를 개최하여 어떤 특정 지역사회 내에 거주하는 모든 사람들이 참여하여 해당 주민 당사자들로 하여금 그 지역의 욕구나 문제에 대해 의견을 발표하도록 하여 자료를 수집하는 방법이다.

지역사회에 거주하거나 활동하는 사람들은 자신들이 생활을 하는 가운데 직접 경험하거나, 관찰하거나, 간접적 체험을 통해서 스스로의 문제나 욕구에 대해 알고 있다. 이 방법은 공개 토론회를 가짐으로써 지역사회 주민이 누구보다도 자신의 욕구나 문제를 잘 알고 있다는 전제하에 주민들의 의견을 수렴하여 자료를 수집하고자 한다. 가급적 지역사회의 관련된 주민 모두가 참석하여 자신의 문제나 욕구를 파악하고자 한다.

이 방법의 장점은 다음과 같다.

첫째, 상당히 폭넓은 계층과 지역 전체 의견을 수렴하게 되는 데 비해 소요되는 비용이 상대적으로 적어 비용이 경제적이다.

둘째, 자료수집에 소요되는 시간도 비교적 적게 들므로 시간상으로 경제적이다.

셋째, 광범위한 지역, 계층 및 집단의 의견을 수렴할 수 있다.

넷째, 주제에 대한 다양한 의견이 표출됨으로 인해 서베이 조사를 준비하는 탐색적인 기회가 될 수 있다.

다섯째, 프로그램이나 정책 실시상 주민의 지지나 협조를 얻을 수 있는 계기가 된다.

이 방법의 단점은 다음과 같다.

첫째, 의견을 발표하는 사람의 수가 적다. 주민이 모두 참석할 수 없을 뿐만 아니라 설령 참석했다 하더라도 모두 의견을 발표할 수 있는 기회를 갖기 어렵다.

둘째, 관심 있는 사람들만 참석하기 때문에 이들만의 욕구가 반영되는 표집자 편의(selection bias) 현상을 나타내어 표본의 대표성을 확보하기 어렵다.

셋째, 자기 선택(self selection)으로 인한 표본의 편의(bias) 현상이 나타나며, 관심 있는 참석자 집단의 견해가 집중적으로 모아질 수도 있다.

이러한 단점을 극복하기 위해 소규모 토론회를 여러 번에 걸쳐 실시하여 여러 지역에서의 의견을 모두 수렴하는 방법이 사용될 수 있다.

(2) 주요 정보제공자 조사(key informant survey)

주요 정보제공자 조사는 해당 지역의 전문가로 구성된다. 그 지역의 사회복지 단체 전문가, 관련 직종의 전문직 종사자, 지역의 유지, 정치적 지도자, 행정관료 등 해당 지역의 문제에 대해 직접적으로 잘 알고 있다고 생각되는 사람들로부터 욕구조사의 내용을 설명하고 의견을 모으는 방법이다. 이 방법의 장점은 비용이 적게 들고, 표본선정이 용이하며, 그 지역의 전반적인 문제를 쉽게 파악할 수 있고, 지역사회의 유지, 행정관청 및 정치적 지도자들이 지지하거나 반대하는 서비스 또는 프로그램을 파악할 수 있으며, 주민 중 정치적으로 활동적이고 의견 주장이 강한 집단의 관심 사항을 파악할 수 있다는 점이다. 단점으로는 일단의 전문가를 선정하는 과정에서 표본이 편중될 우려가 있고, 이러한 전문가들의 지적사항이 해당 주민의 욕구와 일치하지 않을 수도 있다는 점이다.

(3) 사회지표 조사(social indicator analysis)

사회지표는 분석 단위나 관찰 단위가 개인이 아니고, 개인들의 집합(aggregate)의 어떤 특성에 대한 대푯값을 말한다. 예를 들면, 소득 수준, 빈곤인구 비율, 실업률, 영아 사망률, 주택보급률, 범죄율, 공공부조 수급자 수 등이다. 이러한 점수는 개인들의 집합체이며 특정 지역이나 특정 계층에 대한 전체를 대표하는 수치이다. 사회지표는 지리적 범위에 따라 전국 지표, 광역시 지표, 또는 특정 지역 지표 등으로 나누어질 수 있으며, 대상별로도 장애인, 아동, 청소년, 노인 등에 관한 자료로도 나누어질 수 있다.

사회지표조사는 조사자가 자료를 수집하기 위해 대상자를 직접적으로 표집하는 방법이 아니다. 관심이 되는 특정 지역이나 대상 집단의 생활 상태나 문제에 관한 공공 기록문서와 보고서에 기록된 통계자료를 바탕으로 욕구를 추정하는 방법이다. 이러한 자료에 나타난 사회경제적 상태나 빈곤 수준 등을 파악할 수 있다.

일반적으로 가장 잘 알려진 사회지표 조사는 5년에 한 번씩 실시하는 인구조사 보고서이다. 여기에는 인구밀도, 연령, 소득, 직업 종류, 주거 형태, 거주기간 등과 같이 인구와 주민의 특성에 관한 자료가 있다. 보건복지통계연보를 통해 사회보험, 공공부조, 사회복지서비스에 관한 지표를 조사할 수도 있다.

(4) 일반 인구 조사(general population survey)

일반 인구 조사 방법은 해당되는 지역주민을 대상으로 하여 직접적으로 정보를 수집하는 방법이다. 주로 전체 주민 가운데 표본조사를 통해 선정된 지역주민들에게 면접 또는 질문지를 가지고 욕구를 알아내고자 한다. 일반 인구 조사 방법은 다음과 같은 장점이 있다. 조사도구가 정확할 경우 실제적인 서비스 이용자 또는 잠정적인 이용자가 인식하는 욕구 파악이 가능하며, 표본의 대표성이 갖추어질 경우 표본을 통하여 대상자 전체의 욕구를 파악할 수 있다는 점이다. 단점은 비용이 많이 들고, 우편으로 설문지를 송부하는 경우 회수율이 낮고, 사회적으로 바람직한 응답만을 얻게 되는 문제가 발생할 수 있다.

이 방법을 통해 다음에 관한 정보를 얻을 수 있다. 첫째, 주민 개개인이 인정하는 문제, 둘째, 문제를 가진 개인과 이들의 특성, 셋째, 개개인이 이용할 수 있는 서비스 또는 혜택, 종류, 이를 이용할 의욕 및 이용하는 데 장애가 되는 요인, 넷째, 사회문제와 서비스 또는 혜택 제공자에 관한 정보 등이다.

(5) 표적 인구 조사(target population survey)

표적 인구 조사는 일반 인구 가운데 일정한 특성을 가진 사람들만 선정하여 이들의 욕구를 조사하는 방법이다. 예를 들어, 노인, 청소년, 장애인, 여성인구 등을 중심으로 하여 이들의 소득 수준, 연령, 건강상태, 거주 지역, 수혜요건 등을 조사하고자 할 때 사용된다. 표적 인구 조사의 절차는 일반 인구 조사의 방법과 거의 비슷하다. 모든 사람이 관심의 대상이 아니므로, 일반 인구 조사에 비해 표본의 크기가 작다.

어떤 특정 집단의 문제나 욕구에 대한 조사가 주된 목적이므로 특정 인구집단의 문제, 충족되고자 하는 혜택에 대해 구체적이고 면밀한 조사가 가능하다.

표적 인구 조사 방법의 장점은 유사한 조사에서 사용된 조사 방법과 조사도구를 활용할 수 있고, 조사결과의 타당성이 상대적으로 높다. 단점으로는 표적 인구로부터 얻은 정보는 그 집단 이외에는 적용할 수 없고, 표적 집단이 이미 혜택을 받고 있을 경우 이들을 대상으로 한 욕구는 프로그램 개발자에게 커다란 영향을 주지 못한다는 점이다.

(6) 델파이 기법

이 기법은 어떤 문제에 대한 올바른 판단을 도출하기 위해 전문적인 지식을 가지고 있는 주요 정보제공자 사이에 공통적인 인식을 확보하여 지역문제나 욕구를 해결하고자 하는 방법이다. 델파이 기법은 체계적으로 만들어진 몇 단계의 질문을 사용한다.

델파이 기법은 광범위하고 장기적인 정책을 세우는 데 널리 사용되고 있으며, 집단의 판단을 체계적으로 유도해 내서 정리하기 위한 기법으로 세 가지 특색이 있다. 첫째, 설문에 대한 응답을 무기명으로 하고, 둘째, 반복 또는 통제된 환류를 정보 수집 과정의 여러 단계에서 제공하고, 셋째, 집단의 반응을 통계분석해서 집약할 수 있다.

이 방법의 장점은 첫째, 참가자들이 무기명으로 의견을 내기 때문에 발언권이 세고 우세한 참가자의 영향력을 줄일 수 있고, 둘째, 환류를 체계적으로 통제하기 때문에 개인 이권행사로부터 오는 부정적 영향력을 최소한으로 줄일 수 있으며, 셋째, 참가자의 익명성이 보장되기 때문에 집단의견에 개인의 의견을 순종시키려는 집단의 압력을 줄일 수 있고, 넷째, 응답자가 독립적으로 의견을 제출만 하면 되므로 시간을 효율적으로 쓸 수 있다.

단점은 반복적인 과정으로 의견수렴을 거쳐야 하므로 시간이 많이 걸리고 예외적인 의견은 합의 도출과정에서 소멸된다는 점이다.

델파이 방법은 다음과 같은 절차로 진행될 수 있다.

첫째, 학자, 관련 사회복지사, 기업인, 지역지도자 등 관련 전문가를 선정한다.

둘째, 주요 관심사에 관한 설문지를 작성한다.

셋째, 개방형(open-ended) 설문지를 발송한다. 전문가들은 해당 문제에 대해 자신들의 관점을 깊이 있게 응답(in-depth answer)해 줄 것을 요청받는다.

넷째, 응답내용이 회수되면 응답내용을 합의된 부분과 합의되지 않은 부분으로 나누어 집계한다.

다섯째, 초기 분석의 결과에서 합의도가 낮으면 그 결과를 다시 선정된 전문가들에게 보내서 1차 분석의 결과를 참조한 각자의 의견을 묻는다.

여섯째, 회수된 응답을 재분석한다. 이러한 과정을 거치면서 일정한 정도의 합의점에 도달할 때까지 반복 응답케 한다.

(7) 2차적 자료분석(secondary data analysis)

1차적 자료분석 방법은 지역사회주민이나 전문가들로부터 직접 자료를 수집해 분석하는 방법이다. 이에 비해 2차적 자료분석은 지역사회 내의 사회복지기관의 서비스 이용자에 관련된 기록을 검토하여 욕구를 간접적으로 파악하는 방법이다. 조사자가 사전에 조사계획을 갖고 조사를 시작하는 1차적 자료수집 방법과 달리, 이미 조사된 내용을 갖고 자료를 분석하게 된다. 이러한 2차적 자료가 될 수 있는 것은 인테이크 자료, 면접상황 기록표(face sheet), 기관의 각 부서별 업무일지, 서비스 대기자 명단(waiting list) 등이다. 비록 대상자들로부터 직접 도출된 자료는 아니지만, 서비스 욕구, 현재 발생하고 있는 사회 문제, 서비스의 수요 등의 추 정이 가능하다. 예를 들어, 사회복지기관의 기록을 분석한 결과 이혼 문제 상담이 많이 늘어나는 경향이 발견되었다면, 부부 문제의 심각성을 알 수 있고 부부 문제 치료 서비스의 수요를 산정할 수 있다.

이 방법은 직접적으로 조사를 하여 자료를 도출할 필요가 없기 때문에 비용이 적게 들고, 대상자의 선정이나 자료수집상의 문제점이 존재하지 않으므로 조사에 신축성을 기할 수 있으며, 다른 욕구조사 방법을 보완할 수 있다. 단점은 첫째, 그 자료의 비밀보장 필요성 때문에 기관 외부에서의 접근이 어렵다. 둘째, 기관 간의 자료분석의 기회가 주어지더라도 자료의 기록양식 등이 통일되어 있지 않아 필요한 자료를 통일되게 정리하기 어렵다. 셋째, 2차적 자료분석은 사전에 이미 특정 목적을 가지고 조사된 내용을 갖고 분석하게 되기 때문에 여기서 얻은 결과가 전체 수혜 대상자가 원하는 욕구인지가 불분명하다.

(8) 프로그램 운영자 또는 서비스 제공자 조사

프로그램 운영자나 서비스 제공자를 통해 간접적으로 지역사회 주민이나 대상 집단의 욕구를 파악하는 방법이다. 이 방법으로 약물중독자나 학대아동, 위기에 처한 부부 등과 같이 사회적으로 접근하기 어려운 대상 집단의 욕구나 문제에 관한 정보를 얻을 수 있다. 이들을 대면하고 있는 현장 전문가들로부터 대상 집단의 욕구나 문제를 조사하는 것이다. 단점으로는, 이들이 제공한 욕구 내용이 제공자의 계급적 편견에 의해 영향을 받을 수 있으며, 전문가의 좁은 식견으로 판단된 내용일 수도 있다.

(9) 통합적 방법

통합적 방법은 일반 인구, 주요 정보제공자, 표적 집단 등의 여러 가지 욕구조사 방법을 각각 별도로 시행한 다음 그 결과를 종합하여 전체적인 시각으로 지역사회 주민이나 대상 집단의 욕구를 파악하는 방법이다. 이 방법은 타당성과 신뢰도가 있는 유용한 욕구자료를 얻을 가능성이 매우 높으나, 시간과 비용이 많이 들고 일관된 조사결과가 나오지 않을 경우 판단이 어렵게 된다.

3 프로그램 평가조사

1) 프로그램 평가의 정의

프로그램은 설정된 목표나 바람직하다고 여겨지는 가치를 실천하기 위해 계획된 일련의 행동체계라고 할 수 있고, 평가란 프로그램을 통해 성취하고자 하는 활동에 관해 정보를 수집하고 분석하며 해석함으로써 그 가치를 판단하는 것이다.

프로그램 평가란 프로그램의 효과성, 효율성, 적절성, 만족도 등을 체계적으로 분석하여 결정권자로 하여금 합리적인 결정을 내릴 수 있도록 정보를 산출하는 사회적 과정이다.

사회복지기관에서 실시하는 여러 가지 프로그램은 이용자에게 만족을 주어야 할 뿐만 아니라, 제한된 예산 범위 내에서 책임성, 효과성, 효율성 등을 고려해서 시행되어야 한다. 프로그램에 대한 평가는 사회복지기관의 목적달성과 정체성 확립에 직접적으로 영향을 미치며, 사회복지기관의 사회적 책임성과도 밀접한 관계를 갖고 있다. 즉, 서비스 대상자의 욕구와 특성에 적합한 프로그램을 실시하 기 위해 관련 정보의 체계적 수집과 분석이 필요하게 되었다. 또한, 프로그램의 재정적 후원을 하고 있는 공적 및 사적 관련 단체에 프로그램의 본래 의도대로 이용자들에게 혜택이 돌아가고 있음을 입증해야 한다.

프로그램 평가조사는 응용조사의 한 형태이며, 사회복지기관에서 실시된 프로그램을 평가하기 위한 조사이다. 프로그램 평가는 사회복지 관련 단체의 책임성을 증명하기 위해서 효과성, 효율성, 수행능력, 내용의 문제를 다루는 방법론 중의 하나(Lohmann & Lohmann, 2002)이며, "사회과학적 조사 방법론을 사용해서 프로그램이 성취하려는 목적을 성취하였는지를 그 프로그램이 소속되어 있는 정치, 사회, 경제적 조건 하에서 체계적으로 조사하는 것"(지은구, 2005)이라고 정의하기도 한다.

특정 프로그램에 관한 평가조사는 매우 다양한 영역을 포함하고 있다. 주요한 관심은 계획된 목표가 얼마나 성취되었는가를 알아내고자 하는 데 있지만, 다음과 같은 분야도 평가조사의 대상이 된다. 의도한 표적 집단에 대해서 적절한 서비스가 제공되었는지, 설정된 목표에 대해 결과(성과)가 어떠한지를 따져 보는 프로그램의 효율성과 효과성에 관한 영역, 애초에 설정한 시행계획과 시행결과 사이의 차이에 대한 비교, 실제 프로그램의 시행 과정상의 평가를 통해 문제점이나 수정내용에 관한 평가조사도 포함된다. 응용조사의 형태를 띠고 있으므로 예상하지 못했던 부정적 영향은 없었는가에 대한 비판적 조사까지 다양한 영역이 평가될 수 있다.

2) 프로그램 평가의 중요성

복지예산의 쓰임새에 대한 책임성 문제의 고조와 더불어 대상자들에게 만족을 극대화하고 주어진 목표가 제대로 달성되었는지에 대한 평가조사의 중요성이 더욱 부각되고 있다. 사회복지 책임성에 대한 사회적 요구가 심각히 제기되는 시기에 프로그램 평가는 중요시된다. 역사적으로 볼 때, 사회복지 지출비용이 증가할 수록 복지프로그램에 대한 효율성과 책임성 문제가 대두되었다. 자원의 희소성으로 인해 복지예산은 한정적으로 사용될 수밖에 없고, 이에 따른 프로그램의 평가도구의 개발이 시대적 요청으로 여겨지고 있다. 사회복지사업을 단순히 행하는 데 목적을 두는 것이 아니고, 사회복지사업이 사회적으로 공인된 목표를 달성하는 데 어떠한 적절한 수단이 사용되었는가에 대한 의문을 해결해 주고자 한다.

대상자 누구를 성공적으로 도와주었다는 단순한 사례 보고식의 사업 설명으로는 정부나 관련 단체로부터 사업의 당위성을 인정받기가 힘들다. 기관들이 수행하고자 하는 프로그램에 투입한 사업비가 얼마나 사회에 공헌하는가를 입증할 필요가 있다. 이것은 사회복지 기관이 수행하는 일이 사회에 대해서 책임성을 지녀야 한다는 것이다(최일섭 · 이창호, 1993).

평가조사는 일반조사와 방법론상에서 많은 부분을 공유하고 있으나 다음과 같은 몇 가지 측면에서 차이가 있다(오혜경, 1998: 70-71).

첫째, 일반조사는 궁극적으로 일반화를 시도하기 위해 이론적 지식을 축적하고자 하나, 평가조사는 이론적 지식을 창출하는 것보다는 대상자들에게 개입의 효율성 등을 점검하는 응용조사의 성격을 띠고 있다.

둘째, 일반조사는 조사자의 관심 대상이 되는 문제를 탐구하고자 하지만, 평가조사는 정책집행자나 사회복지기관의 사회복지사가 프로그램을 실시하고자 할 때 의도된 목표가 제대로 달성되었는지에 초점을 두고 있다.

셋째, 일반조사는 결국 객관화가 가능한 진리를 발견하고자 하지만, 평가조사는 이미 알려진 사실과 새로 개입된 프로그램의 결과를 비교하여 개입 여부의 타당성을 따지고자 한다.

넷째, 일반조사에서는 조사자가 독립변인을 조작하여 자유롭게 실험적 상황 설정이 자유롭지만, 평가조사에서는 주어진 프로그램의 내용을 평가하기 위한 목적이므로 프로그램 조사절차의 변경이 허용되지 않는다.

다섯째, 일반조사의 결과는 과학사회에 널리 알리고자 하나, 평가조사의 결과는 일반적으로 발표되지 않는다.

3) 프로그램 평가의 목적

프로그램 결과와 프로그램 운영에 대한 평가는 다음과 같은 세 가지 목적을 지닌다고 볼 수 있다. 첫째, 정책의 결정 및 집행에 필요한 정보를 제공하였는가? 둘째, 책임성을 제대로 이행하였는가? 셋째, 이론을 형성하는 데 기여하였는가?(성규탁, 2000: 187-189)

첫 번째 목적으로 정보제공 여부는 프로그램 계획이나 운영과정에 필요한 정보를 확보하여 이 과정이 바람직하게 추진되도록 노력하는 것으로서 프로그램 과정상의 환류기능을 담당할 목적이다. 평가는 운영자에게 프로그램의 중단, 축소, 유지, 확대 여부를 결정하는 데 필요한 정보를 제공하게 된다. 프로그램의 내용을 수정해야 할지, 효율적인 운영에 필요한 정보가 무엇인지에 대해 알려 주게 된다. 프로그램이 의도했던 효과를 발생시켰는지, 효과보다 비용이 더 들어갔는지 등을 프로그램의 효과성과 효율성 척도로 평가한다. 효과성이 낮으면 중단하거나 축소할 수 있고 효과성이 높으면 유지 또는 확대할 수 있는 판단의 근거가 된다. 그리고 프로그램의 효과성과 효율성을 따져서 프로그램의 내용 수정을 가능하게 해준다. 프로그램 목표의 수정은 여러 개의 프로그램 목표 중 비용과 효과 면을 고려해서 보다 바람직한 목표를 다시 선정하거나 그 내용을 변경할 수가 있다.

두 번째 평가의 목적은 프로그램 과정상의 책임성을 이행하게 하는 것이다. 프로그램 운영에 대해서 사회복지조직체가 책임성을 진다는 것은 사회복지제도의 가장 중요한 원칙을 제대로 준수하고 있다는 것이며, 사회복지 재원의 공공재에 대해 정당한 책임성을 인식하고 있다는 의미이다. 책임성의 이행 여부는 세 가지로 분류할 수 있다. ① 재무 회계적 책임으로 운영과정에서 법에 합치되도록 수행하여야 하며, 재무 회계규정에 따라 자금이 사용, 지출되고 있음을 말한다. ② 관리상의 책임성은 수행과정의 평가를 통해서 운영계획, 절차, 활동 등을 살펴서 집행 관리자에게 보다 효과적이고 능률적인 관리를 하게끔 자극, 유도, 강제함으로써 이행할 수 있을 것이다. ③ 정치적 책임성은 정치체제의 당국자가 국민들에게

지는 책임인데, 많은 자금을 투입한 프로그램이 효과가 없다거나, 비능률적으로 집행되었다고 평가된다면 선거에서 집행 담당자를 교체함으로써 그 책임을 물을 수가 있다.

마지막으로, 프로그램 속에 내재된 변인 간의 인과관계를 검증하여 이론형성에 기여하고자 하는 목적이다. 프로그램 평가는 프로그램 운영방법에서부터 프로그램 결과에 이르는 인과 경로를 검토, 확인, 검증을 가능하게 해 준다. 검증결과 타당성이 있는 것으로 확인된 가설은 법칙이 되고 법칙이 집합되어 이론이 형성된다. 이에 따라 과거의 이론 중에서 틀린 부분에 대해서는 수정도 가능하게 해 줄 것이다.

4) 프로그램 평가의 기준

프로그램의 목표와 목적 설정에 따라 다양한 평가 내용에 대한 기준이 존재하기 마련이고, '3E'라고 부르는 노력(effort), 효과(effectiveness), 효율(efficiency)과 관련된 정보는 프로그램을 평가할 때 기준으로 공통적으로 사용되고 있다.

(1) 노력성

노력은 프로그램의 수행을 위해 투입된 모든 노력을 말한다. 복지사업을 위한 투입의 양과 질 전체를 일컫는 개념이다. 클라이언트의 수와 종류에 관한 정보, 사회사업의 종류 및 요원의 노력, 소요된 자금 및 기타 자원, 법으로 규정된 사업 운영 한계 및 기대가 포함된다. 프로그램 진행자의 노력을 포함한 프로그램에 투입되는 모든 비용을 총합한 것이다. 노력은 계획된 목표의 달성을 위하여 필요한 프로그램 활동의 양과 종류를 말하는데, 투입시간, 금전적 및 물질적 자원의 배분 및 사용이 포함된다. 또한, 클라이언트의 참여, 프로그램 담당자의 제반활동, 이외 프로그램을 실시하는 동안의 기회비용까지 사업에 투입되는 모든 노력이 포함된다.

(2) 효과성

효과성은 프로그램을 실행한 후에 얻어진 결과에 의해 결정된다. 즉 프로그램의 목표가 실제로 달성된 정도를 의미한다. 프로그램을 시작하였을 때 기대되었던 것에 비해서 프로그램 실시 후 실제로 나타난 바가 어느 정도였는가를 판단하는 것이다.

(3) 효율성

이는 투입(노력)과 산출의 비율로서 투입을 프로그램의 비용으로 보고, 산출을 효과로 보면 된다. 효율성은 산출/투입 혹은 효과/비용으로 표현된다. 효율적으로 프로그램이 수행되었다면 적은 비용이나 투입요소에 비해 많은 효과나 산출이 일어난 경우이다. 그러나 효율성은 모든 비용과 혜택을 화폐 단위로 환산해야 한다는 어려움이 있다.

4 프로그램 평가의 종류

프로그램 평가는 목적에 따른 분류, 대상에 따른 분류, 규범에 따른 분류, 범위에 따른 분류, 시점에 따른 분류, 주제에 따른 분류 등으로 분류한다.

1) 목적에 따른 분류

(1) 총괄평가모델(summative evaluation model)

총괄평가는 목적 지향적 평가(objective-oriented evaluation)라고도 한다. 연역적, 객관적으로 어떤 기관의 정책이나 프로그램이 달성하고자 했던 목표를 얼마나 잘 성취했는가의 여부를 조사하는 것이다.

이미 시행 중인 프로그램을 지속할 것인지?, 두 개 이상의 대안 가운데 어떤 쪽을 택해야할지 결정해야 할 때 실시한다.

총괄평가조사는 프로그램 운영이 끝난 후에 행해지는 평가조사로서 프로그램이 의도한 목적을 달성했는지, 예기치 못한 부정적인 효과는 없었는지 등을 평가한다. 이는 어떤 프로그램을 시작해야 하는지, 해야 할지 등 총괄적인 의사결정을 할 경우에 유용하다. 총괄평가는 프로그램이 원래 의도한 목표달성을 따지는 효과성과 비용을 고려하는 효율성이 평가의 주요한 내용을 차지하고 있고, 대개 프로그램 시행이 종결된 후에 실시한다.

(2) 형성평가모델(formative evaluation model)

형성평가는 평가의 목적이 프로그램을 형성하는 자체에 초점을 두기 때문에 형성평가라고 말한다. 과정 지향적 평가(process-oriented evaluation)라고도 하며, 서비스 전달방법의 개선이나, 프로그램 결과의 향상, 서비스의 효율성을 증진할 목적으로 실시한다. 형성평가조사는 프로그램 운영 도중에 이루어지는 조사로서 프로그램의 수정, 보완을 통해 프로그램 개선을 목적으로 하는 평가조사이다. 과정평가를 통해 얻어진 그 결과의 내용이 향후 프로그램 개선을 위한 피드백의 역할을 수행하게 된다. 결국, 서비스나 그 전달계획을 증진하거나, 프로그램의 결과를 향상시키고, 궁극적으로 서비스의 효율성을 증진하려는 목적으로 실시되는 평가이다.

(3) 통합평가

형성평가와 총괄평가를 합쳐 놓은 평가 방법으로 형성평가를 실시한 후 총괄평가를 실시하는 경우이다.

2) 대상에 따른 분류

평가 대상에 따른 분류에서 프로그램평가와 기관평가로 분류된다. 첫째, 프로그램 평가는 프로그램의 효과성, 효율성, 만족도 등을 평가하게 된다. 둘째, 기관평가는 프로그램평가를 포함하지만 시설관리, 재정관리, 인력관리, 지역사회관계 등 평가 영역이 포함된다.

3) 규범에 따른 분류

규범에 따른 분류는 효율성, 효과성, 공평성 평가 등이 포함된다. 첫째, 효과성은 프로그램의 목적 달성정도를 평가하게 되는데, 목적달성은 산출평가와 성과평가로 분류하여 실시한다. 둘째, 효율성 평가는 프로그램에 투입과 산출을 비교하여 평가하게 되는데, 프로그램에 투입되는 물적 · 양적 자원들이 프로그램 진행되는 과정에서 원활하게 진행되어 산출을 극대화하는가를 평가하게 된다. 셋째, 공평성 평가는 프로그램에 투입되는 비용과 효과가 서비스를 필요로 하는 사회집단간에 공평하게 분배되었는지를 평가하게 된다.

4) 범위에 따른 분류

평가범위에 따른 분류는 단일평가와 포괄평가로 분류 된다. 첫째, 단일평가는 표적집단 문제의 개념화 및 개입의 설계와 관련된 평가, 프로그램의 효용성 평가, 프로그램 집행평가 등 중에 하나를 평가하는 경우이다. 둘째, 포괄평가는 표적집단 문제의 개념화 및 개입의 설계와 관련된 평가, 프로그램의 효용성 평가, 프로그램 집행평가를 모두 실행하는 경우이다.

5) 시점에 따른 분류

시점에 따른 분류는 프로그램 시작 전에 평가인 경우 사전평가라고 하고 프로그램이 종료된 후에 이루어지는 평가를 사후평가라고 한다.

6) 주체에 따른 분류

주제에 따른 분류는 누가 평가를 시행하느냐의 문제로 자체평가, 내부평가, 외부평가로 분류하곤 한다. 첫째, 자체평가는 프로그램을 담당하는 담당자 스스로 실행하는 평가로 많은 정보의 활용이 가능하고, 비용적으로도 효과적이라고 할 수 있다. 둘째, 내부평가는 자체평가와 다르게 프로그램을 담당하지 않는 기관의 내부자에 의하여 이루어지는 평가를 의미한다. 프로그램 담당자의 협조가 필수적이며 외부평가에 비하여 객관성의 결여가 지적된다. 셋째, 외부평가는 프로그램을 실행하는 기관의 외부 전문가를 초빙하여 이루어지는 평가이다. 평가결과의 객관성은 유지할 있으나 제정적인 부담이 단점으로 작용한다.

5 프로그램 평가의 절차 및 내용

1) 평가조사의 절차

프로그램평가의 절차는 첫째, 평가의 목적과 대상자를 결정하게 된다. 둘째, 프로그램 책임자와 담당자의 이해와 협조를 구하게 된다. 셋째, 프로그램의 목표를 확인하고 조사대상 변수를 선정하게 된다. 넷째, 평가에 활용될 자료와 측정도구를 결정한다. 측정도구가 적합하지 않을 경우 새로운 측정도구를 개발한다. 다섯째, 적절한 평가조조사 설계를 구축하고 평가를 수행하게 된다. 여섯째, 평가 결과를 분석 및 해석하고 결과 보고서를 작성한다.

2) 프로그램평가조사의 내용

프로그램 평가조사 내용은 프로그램 평가의 기준, 프로그램 평가조사 기법, 프로그램 효과성 평가, 프로그램 효율성 평가로 분류된다.

(1) 프로그램 평가의 기준

프로그램 평가의 기준에 따른 평가 내용은 첫째, 합법성으로 사회복지프로그램 관련 법률과 운영 규정 등에 따라 적합하게 운영되었는가를 평가하게 된다. 둘째, 노력성이다. 프로그램 활동시간, 내용 등 프로그램 운영자들이 얼마나 노력을 했는지에 대한 평가이다. 셋째, 효과성이다. 목적과 목표의 달성 정도를 평가하는 것으로 프로그램의 성공과 실패를 판단하게 된다. 넷째, 효율성이다. 투입과 산출과의 관계에 대한 평가로 최소 투입으로 최대의 산출을 냈는지에 대한 평가이다. 다섯째, 적절성이다. 현실적으로 프로그램의 질과 양이 적합한 수준에서 제공되었는지를 평가하게 된다. 여섯째, 접근 가능성이다. 잠재적 프로그램 이용자들이 시간적, 공간적, 심리적, 지리적으로 이용이 가능한지를 평가하게 된다. 일곱째, 만족도이다. 프로그램 이용자들이 이용 후 만족도 정도를 평가하게 된다. 여덟째, 지속성이다. 프로그램 이용자들이 중단없이 지속적으로 이용이 가능한 정도를 평가하게 된다. 아홉째, 적합성이다. 욕구가 다른 대상자들에 맞게 프로그램이 제공되었는가에 대한 평가이다. 열 번째, 포괄성이다. 프로그램 이용자들이 가능하면 배제되지 않게 욕구 충족의 포괄성을 평가하게 된다. 열한 번째, 통합성이다. 분절된 프로그램이 아닌 통합적인 프로그램이 제공되었는가를 평가하게 된다. 열두 번째, 형평성이다. 욕구가 비슷한 이용자들이 비슷한 대우를 받는지에 대한 평가이다.

(2) 프로그램 평가조사 기법

프로그램평가조사 기법은 모니터링기법, 사회조사기법, 그리고 비용분석기법으로 분류된다. 첫째, 모니터링기법은 자원할당, 수혜의 일관성, 정확성과 같은 책임성 모니터링, 프로그램 수행자들의 업무실적에 대한 행정 모니터링, 그리고 프로그램에 투입된 시간과 목표달성과 관련된 시간활동 모니터링으로 나누어진다.

둘째, 사회조사기법은 프로그램 활동과 목표달성간의 인과관계에 대한 조사, 표본조사, 그리고 사례조사로 나누어진다.

셋째, 비용분석기법은 프로그램의 산출 평가(상담횟수, 이용자 수 등), 비용과 목표 달성 평가, 비용과 결과 간의 관계 평가로 나누어진다.

(3) 프로그램 효과성 평가

효과성은 프로그램 목표 달성 정도를 평가 결과이다.

① 측정대상

측정의 대상은 서비스 대상자의 욕구상태 또는 행동의 변화의 효과성을 평가할 수 있다. 또한 프로그램이 진행되는 동안에 전달체계상의 효과성도 평가할 수 있다. 이때에는 접근성, 안정성, 지속성, 책임성 등이 평가된다.

② 효과성 측정관련 자료

효과성 측정관련 자료는 첫째, 서비스 대상자이다. 면접, 설문조사 등을 통하여 서비스 대상자의 변화를 평가하게 된다. 둘째, 프로그램 담당자이다. 사례기록, 평가지표 등이 원천이며 프로그램을 운영한 담당자의 전문성에 근거한 자료이다. 셋째, 대상자 주변 사람들이다. 프로그램에 참여하지는 않지만 어느 정도 관련 정보를 가지고 있어 객관적인 평가가 가능하다.

③ 평가조사와 프로그램 오류

효과성 평가 결과 효과성이 없다고 평가되는 경우 이론적 오류와 실행오류로 나누어 고민할 필요가 있다. 첫째, 이론적 오류란 매개변인의 상호작용을 이해하지 못하는 경우에 발생한다. 즉, 프로그램 개입이 매개변인의 변화를 초래 했지만 개입목표의 성과 ㅈ표에는 변화하지 않는 경우이다.

④ 성과변인(지표)과 기준

성과변인(지표)는 절대적 목표 기준과 상대적 목표기준으로 분류된다. 첫째, 절대적 목표 기준은 프로그램의 성과 목표를 사전에 정하고 달성 여부를 평가하게 된다. 둘째, 상대적 목표는 유사한 프로그램의 목표와 비교하는 상대적인 개념으로 제시하는 목표를 일컫는다.

(4) 프로그램 효율성 평가

효율성은 프로그램 목표 달성을 위하여 투입되는 자원 활용을 평가하는 방법이다. 즉, 효율성은 투입과 산출 간의 관계에 대한 평가이다.

① 비용-편익(성과)분석

프로그램에 소요되는 비용과 성과를 비용단위로 나타내며 프로그램 실행과정에서 비용과 편익의 산술적인 비율을 평가는 방법이다.

장점으로 결과를 화폐단위로 표현이 가능하여 서로 다른 목표를 갖는 프로그램 간의 비교가 가능하다. 단점으로는 사회복지 프로그램은 비용편익으로만 판단할 수 없는 점이 있다는 것이다.

② 비용-효과(산출)분석

단지 비용적인 측면만을 화폐적 가치로 분석하고 편익에 대해서는 화폐단위로 평가하지 않는 평가방법이다. 여러 목표를 가진 프로그램 중 최소 비용으로 최대 효과를 내는 프로그램이 가장 효율적이라고 판단한다.

요 약

• **욕구조사 목적**

① 지역사회 및 조사 대상 집단의 특성에 관한 기초 자료
② 기존 서비스 평가 및 새로운 서비스 개발에 필요한 욕구 파악 자료
③ 활용자원에 관한 자료

• **욕구조사 종류**

① 수혜자 중심 욕구조사
② 서비스 중심의 욕구조사
③ 지역사회 중심의 욕구조사

• **욕구조사 자료수집 방법**

① 지역사회 공개 토론회
② 주요 정보제공자 조사
③ 사회지표 조사
④ 일반 인구 조사
⑤ 표적 인구 조사
⑥ 델파이 기법
⑦ 2차적 자료분석
⑧ 프로그램 운영자 또는 서비스 제공자 조사
⑨ 통합적 방법

• **프로그램 평가 목적**

① 정책의 결정 및 집행에 필요한 정보제공 여부
② 책임성을 제대로 이행하였는지 여부
③ 이론형성 기여 여부

• **프로그램 평가 기준**: 노력성, 효과성, 효율성

• **프로그램 평가 종류와 내용**

① 총괄평가모델
② 형성평가모델

CHAPTER 11 연습문제

1 욕구조사의 유형에 관한 설명으로 옳지 않은 것은? (9회 기출)

① 지역주민서베이는 수요자 중심의 욕구사정에 적합하다.
② 지역자원재고조사는 지역사회 서비스 자원에 대한 정보획득이 용이하다.
③ 사회지표조사는 지역사회 주민욕구의 장기적 변화를 파악하기 쉽다.
④ 지역사회포럼은 조사대상자를 상대로 개별적으로 자료를 수집하는 데 유리하다.
⑤ 주요 정보제공자(key informant) 조사는 정보제공자의 편향성이 나타날 수 있다.

2 욕구조사를 위한 자료수집방법에 관한 설명으로 옳지 않은 것은? (15회 기출)

① 지역의 통반장을 통해 자료를 수집한다.
② 지역사회 공청회를 통해 자료를 수집한다.
③ 지역주민에게 서베이를 실시한다.
④ 정부기관에서 발표하는 사회지표를 활용한다.
⑤ 일반인을 대상으로 델파이 기법을 활용한다.

3 다음 내용에서 프로그램 평가의 오류에 관한 설명으로 옳지 않은 것은? (9회 기출)

> A 노인복지센터에서는 상담을 통해 노인의 일에 대한 태도를 변화시켜 취업률을 향상시키는 프로그램을 시행하였다. 프로그램 시행 이후 효과성 평가를 실시한 결과, 효과적이지 못한 것으로 나타났다.

① 이론오류 – 노인의 취업기회가 부족하여 취업률이 낮다.
② 이론오류 – 노인의 취업은 노인의 일상생활 수행능력과 관계가 있다.
③ 이론오류 – 노인은 집단상담보다 개별상담을 선호한다.
④ 실행오류 – 노인복지센터 상담자의 연령에 따라 다르게 나타난다.
⑤ 실행오류 – 노인은 밝은 상담장소를 선호한다.

4 A 복지관에서는 전년 대비 예산축소로 인해 현재 운영하고 있는 서로 다른 프로그램들의 성과를 동일한 가치기준으로 평가하여 차등 지원하였다. 이때 사용된 평가방법은? (9회 기출)

① 메타(meta)평가
② 형성(formative)평가
③ 비용편익(cost-benefit)평가
④ 비용성과(cost-outcome) 평가
⑤ 비용효과(cost-effectiveness)평가

5 대규모 설문조사와 비교하여 주요정보제공자(key informants)를 활용한 욕구조사에 관한 설명으로 옳지 않은 것은? (10회 기출)

① 표본추출이 용이하다.
② 표본의 대표성이 높다.
③ 비용이 적게 든다.
④ 양적정보 뿐만 아니라 질적 정보도 파악할 수 있다.
⑤ 정보제공자들이 가지고 있는 정보의 양과 질에 의존하게 한다.

6 욕구조사에서 지역사회공개토론회의 특징으로 옳은 것을 모두 고른 것은? (10회 기출)

ㄱ. 모든 지역주민이 동등하게 의견을 제시할 기회를 갖는다.
ㄴ. 표본의 대표성이 높다.
ㄷ. 현실적 실행가능성이 낮다.
ㄹ. 이익집단의 영향을 배제할 수 없다.

① ㄱ, ㄴ, ㄷ　② ㄱ, ㄷ　③ ㄴ, ㄹ
④ ㄹ　⑤ ㄱ, ㄴ, ㄷ, ㄹ

7 외부평가자와 비교하여 내부평가자를 활용할 때의 장점이 아닌 것은? (10회 기출)

① 프로그램 관련 정보에 대한 접근성이 용이하다.
② 프로그램에 관한 지식을 갖고 있다.
③ 현실적인 제약요건들을 융통성있게 감안하여 평가할 수 있다.
④ 프로그램 운영자로부터 평가에 대한 협조를 구하기가 수월하다.
⑤ 해당기관으로부터 객관성과 독립성을 유지할 수 있다.

8 델파이조사에 관한 설명으로 옳지 않은 것은? (14회 기출)

① 전문가 패널의 의견을 수렴하는 방법으로 활용된다.
② 외형적으로 설문조사 방법과 유사하다.
③ 연구자가 사전에 결정한 방향으로 패널의 의견이 유도될 위험이 있다.
④ 패널의 후광효과를 방지하기 어렵다.
⑤ 반복되는 설문을 통하여 패널의 의견이 수정될 수 있다.

9 집단조사 방법에 관한 설명으로 옳은 것은? (16회 기출)

① 초점집단조사에서 집단역학에 관한 것은 분석대상이 될 수 없다.
② 델파이기법은 대면집단의 상호작용을 중요시한다.
③ 델파이기법은 일반인들을 대상으로 한 일반적 주제에 대한 견해를 도출하는 데 유용하다.
④ 네트워크분석은 조직간 전달체계 분석에 부적절하다.
⑤ 네트워크 구조분석에는 관계형 변수를 주로 사용한다.

10 초점집단(focus group) 조사와 델파이 조사에 관한 설명으로 옳은 것은? (13회 기출)

① 초점집단 조사에서는 익명 집단의 상호작용을 통해 도출된 자료를 분석한다.
② 초점집단 조사는 내용타당도를 높이는 목적으로 사용될 수 있다.
③ 초점집단 조사의 자료수집 과정에서는 연구자의 주관적 개입이 불가능하다.
④ 델파이 조사는 비구조화 방식으로 정보의 흐름을 제어한다.
⑤ 델파이 조사는 대면(face to face) 집단의 상호작용을 통해 도출된 자료를 분석한다.

11 프로그램 평가연구에 관한 설명으로 옳지 않은 것은? (15회 기출)

① 종속변수는 프로그램이다.
② 유사실험설계를 사용하여 효과를 측정할 수 있다.
③ 외생변수에 대한 고려가 필요하다.
④ 투입된 비용에 대한 효과를 평가할 수 있다.
⑤ 결과를 해석할 때 정치적 관점이 개입될 수 있다.

12 욕구조사의 방법으로 각각 바르게 짝지어진 것은? (11회 기출)

가. 기존자료를 활용하는 방법
나. 전문가를 대상으로 직접 수집하는 방법
다. 지역의 일반주민을 대상으로 직접 수집하는 방법

	가	나	다
①	사회지표조사	델파이조사	지역사회 서베이
②	서비스 이용기록 분석	주요 정보 제공자 조사	이차적 자료분석
③	델파이조사	주요 정보 제공자 조사	공청회
④	서비스 이용기록 분석	지역사회 서베이	이차적 자료분석
⑤	델파이조사	공청회	사회지표조사

정답 1. ④ 2. ⑤ 3. ③ 4 ③ 5. ② 6. ④
7. ⑤ 8. ④ 9. ⑤ 10. ② 11. ① 12. ①

CHAPTER 12

질적 조사

1 질적 조사의 개요

1) 질적 조사의 개념

질적 조사는 사회복지와 관련된 현상이나 사건을 직 · 간접적으로 관찰하는 방법으로 현장 조사라고 할 수 있다. 일반적으로 질적 조사는 양적 자료인 계량 및 통계를 사용하지 않고 조사의 결과를 산출하는 모든 방법을 의미한다. 그러나 질적 조사를 한마디로 정의하기 어렵기 때문에 양적 조사와 대비하여 조사문제 형성, 조사 설계, 자료수집 방법, 자료분석 방법 등을 설명함이 질적 조사를 이해하는 데 도움이 될 수 있다.

첫째, 조사문제의 형성과정에 차이가 있다. 조사문제의 형성에 있어서 양적 조사는 사전에 명확하게 정리되지만, 질적 조사는 탐색 수준에서 방향성만을 제시하고 조사가 진행되는 과정에서 구체화되는 경우가 많다.

둘째, 조사 설계의 엄격함에 차이가 있다. 양적 조사는 조사 설계를 명확하게 하고 외생변인을 엄격하게 통제하는 반면에, 질적 조사에서는 조사 설계가 엄격하게 조직화되어 있지 않아 다양한 변인을 탐색적으로 수용한다.

셋째, 자료수집 방법에 차이가 있다. 양적 조사는 자료수집을 위한 표본이 매우 큰 반면에, 질적 조사에서는 표본이 매우 작다. 이뿐만 아니라 양적 조사보다는 질적 조사가 매우 구체적인 자료를 수집하게 되며, 특히 관찰과 같은 질적 조사는 조사 대상자와 매우 밀착상태에서 자료를 수집하게 된다.

넷째, 자료분석 방법에 차이가 있다. 양적 조사에서는 유형화된 자료를 풀어서 설명을 시도하나 질적 조사는 흩어진 자료를 유형화하여 설명을 시도하는 경우가 많다. 양적 조사에 비하여 질적 조사는 조사결과를 상세하게 진술한다.

〈표 12-1〉 양적 조사와 질적 조사의 비교

구분	질적 조사	양적 조사
목표	• 각성시키는 개념을 개발 • 다양한 현실세계를 기술 • 근거 있는 이론을 개발 • 이해를 높임	• 이론 검증 • 사실을 구성 • 통계적 기술 • 변인 간의 관계 제시 • 예측
자료 표본	• 기술적 • 개인적 기록 • 현장 노트 • 사진 • 사람들이 한 말 • 공식적 문서와 다른 작품 • 작음 • 비대표적임 • 이론적인 표집	• 양적 • 양화가 가능한 부호화 • 계산하고 측정함 • 조작화된 변인 • 통계적 • 큼 • 계층화되어 있음 • 통제집단이 있음 • 정확함 • 무선 선정 • 외생변인에 대한 통제

구분	질적 조사	양적 조사
기법	• 관찰 • 다양한 기록과 사물 검토 • 참여 관찰 • 개방식 면접	• 실험 • 조사조사 • 구조화된 면접 • 유사실험 • 구조화된 관찰 • 자료 세트
대상자와의 관계	• 공감적 • 신뢰를 강조 • 평등함 • 강력한 접촉 • 친구관계	• 제한됨 • 다기간적임 • 격리됨 • 거리를 유지 • 대상자-조사자 관계
자료분석	• 지속적 • 모형, 주제, 개념 • 귀납적 • 분석적 귀납법 • 연속적 비교법	• 연역적 • 자료수집이 끝날 때 이루어짐 • 통계적
문제점	• 시간이 오래 걸림 • 자료축소가 어려움 • 신뢰성 확보 • 표준화된 절차가 없음 • 많은 사람을 대상으로 하는 조사가 어려움	• 다른 변인의 통제가 어려움 • 구체화(reification) • 강요적 • 타당성 확보

2) 질적 조사의 특징

질적 조사는 모두 동일한 수준에서 질적인 특징을 갖추고 있지 않다. 같은 질적 조사로 불리지만 조사에 따라서는 보다 질적인 특징이 강한 조사가 있고 약한 조사가 있다. 질적 조사는 일반적으로 다음과 같은 특징이 있다(신옥순, 1991: 43-49).

첫째, 질적 조사에서는 자연적인 환경으로부터 직접적으로 자료를 수집하며, 조사의 주된 도구는 조사자 자신이다. 질적 조사자는 그들이 관심을 갖고 있는 조사의 대상이 생활하거나 활동하는 현장에 직접 들어가 자료를 수집한다. 왜냐하면 사람의 행동은 그 행동이 일어나고 있는 바로 그 상황에 의해 상당한 영향을 받기 때문에, 조사자는 가능한 그 현장을 직접 찾아가서 직접 보고 조사를 해야 한다.

둘째, 질적 조사는 기술적(記述的, descriptive)이다. 자료는 숫자가 아닌 말이나 그림의 형태를 띤다. 조사보고서는 구체적인 방법으로 기술하기 위해 면접내용 기록, 현장 노트, 사진, 비디오테이프, 메모, 개인적 소품, 다른 공식적인 기록 등과 같은 다양한 자료를 직접 인용한다. 이해를 돕기 위해서, 질적 조사자는 구체적인 대화 내용을 담은 자료들을 숫자의 형태로 변형시키지 않는다. 질적 조사자는 그 자료들이 기록될 당시의 바로 그 상태에서 자료를 분석하고자 노력한다. 기술(description)은 상세하고 구체적인 내용설명이 이루어질 때만 자료수집 방법으로서 의의가 있다.

셋째, 질적 조사자는 결과나 산물에 관심을 갖기보다 그 결과에 이르는 과정에 더 많은 관심을 기울인다. 어떻게 특수한 용어와 명칭이 적용되는가? 어떻게 특정개념이 상식적으로 수용되어지는가? 특정 행동이나 사건이 어떠한 역사적 전개과정에 따라 발생되고 있는가? 질적인 조사는 조사자와 조사 대상자 간의 상호작용과정에서 풍부하고 깊이 있는 자료를 수집할 수 있다.

넷째, 질적 조사자는 모은 자료를 귀납적으로 분석하는 경향이 있다. 질적 조사자들은 그들이 개별적으로 수집한 구체적인 자료를 통합하고 분석함으로써 이론적 체계를 형성한다. 이러한 방법으로 개발된 이론은 바닥에서 위로 형성된 것으로, 상호 관련이 있는 여러 증거자료로부터 만들어진 것이다. 이러한 이론을 현실기반이론(grounded theory) 또는 기초이론이라 부른다. 질적 조사자에게 자료분석과정은 깔때기 모양과 같다. 처음 시작하는 단계에서는 광범위한 자료가 수집이 되지만, 조사가 진행되어 갈수록 보다 제한적이고 세부적인 내용의 자료가 수집되기 때문이다. 질적 조사자는 조사가 시작되기 전에는 조사문제를 발견하기에 충분할 만큼의 내용이 알려져 있지 않기 때문에 중요한 조사문제는 조사를 진행하는 과정에서 찾아내게 된다.

다섯째, 질적 조사자는 조사 대상자에게 다음과 같은 질문을 계속적으로 한다. 즉, 그 사람들은 어떤 경험을 하고 있는가? 그 사람들은 어떻게 자신의 경험을 해석하는가? 그 사람들 자신은 그들이 살고 있는 세계를 어떻게 구성하는가? 사람들은 그들의 삶에 대해 어떤 생각을 가지는가? 혹은 그들이 당연하게 생각하는 일은 무엇인가? 질적 조사자는 사람이 그들의 삶에 의미를 부여하는 방법에 관심을 가진다. 즉, 질적 조사자는 참여자의 관점에 대해 관심을 갖는다.

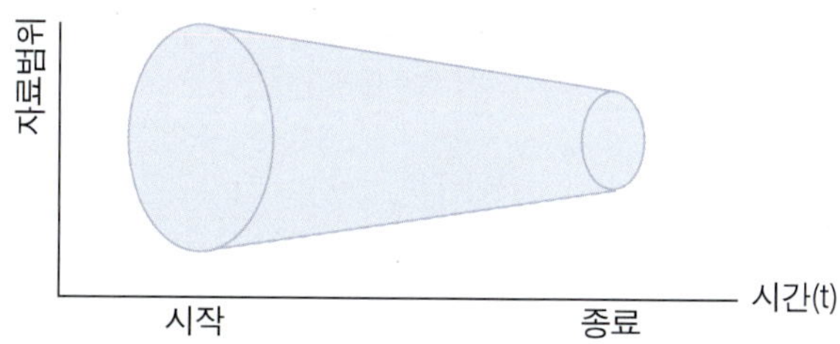

[그림 12-1]

2 자료수집 방법

1) 관찰

앞에서 언급된 양적 조사를 위한 자료수집의 방법과는 다르게, 관찰은 응답자가 아닌 관찰자가 자료를 산출하는 방법으로 특정 행동이나 상황적 특성을 파악하기 위한 자료수집과 관련된 질적 접근이라고 할 수 있다. 그러나 조사의 목적에 따라 구조화된 관찰 기록지를 이용하여 양적인 접근이 시도되기도 한다. 때문에 관찰에 의한 자료수집을 통하여 객관적인 계량화를 위하여 관찰의 목표가 구체화되고 기록체계가 잘 구축되어야 한다.

관찰은 과학적 조사에서 광범위하게 이용되는 방법이다. 관찰이 가능한 모든사건/현상을 대상으로 하며 실험과 비실험 조사에서 모두 사용된다.

관찰을 통하여 어떤 행동에 대하여 처음부터 끝까지 완벽하게 추적하는 것은 거의 불가능하다. 그러므로 어느 시점을 결정(time-sampling schedule)하여 관찰이 이루어지게 되며 연역법과 귀납법을 모두 사용한다.

관찰의 주요한 특성은 주어진 조사 환경 내에서 오감을 통하여 조사자에 의하여 직접적으로 이루어진다는 점이다. 때문에 관찰은 피조사자의 내면에 대한 특성 파악보다는 겉으로 드러나는 현상적인 특성 파악에 적격하다는 특성이 있다.

(1) 관찰의 유형

① 참여 관찰과 비참여 관찰

관찰은 개인이나 집단의 가치 이해에 주안점을 두는 참여 정도에 따라 참여 관찰과, 폐쇄회로나 일방향 거울(one-way mirror) 등을 사용하는 비참여 관찰로 분류한다.

참여 관찰(participant observation)은 조사자가 조사주제에 대하여 심도 깊은 지식이 없을 뿐만 아니라 선행조사물이 부족한 경우에 사용하는 탐색적 조사에 적합하다.

참여 관찰은 조사자가 관찰을 위한 대상 집단의 내부에 들어가 구성원이 되어 관찰하는 방법이다. 관찰 대상자를 통제하지 않는 비통제적 관찰방법으로 관찰자가 사회복지사나 수퍼바이저로 참여하는 경우도 있고, 피관찰자와 같은 위치에서 관찰할 수도 있다. 즉, 관찰자는 장기간 관찰 대상자와 생활하든지, 늘 그들과 함께 할 수 있어야 한다. 관찰의 기간은 프로그램에서 처음부터 관찰할 수도 있지만 조사의 목적에 맞게 일정 시점에서 일정 기간 관찰할 수도 있다.

참여 관찰은 관찰자가 관찰 대상자들의 실질적인 생활에 참여하기 위하여 그들의 언어와 습관과 같은 것을 배우기도 하며, 사회적 상호작용 과정에서 조사주제를 파악할 수 있도록 관찰을 위한 조건을 형성하며 관찰한다. 참여 관찰은 공개-비공개, 공식-비공식, 적극적-소극적 관찰자로 분류하기도 한다.

세세한 자료의 수집이 가능하나 조사결과의 객관성을 유지하느냐가 관건이다.

일반적으로 시간이 많이 소요되고 동일 대상에 대한 반복 관찰이 쉽지 않다. 관찰자는 자기의 관심 영역에서의 관찰에 한정하며 집단 내의 활동으로 관찰에 제약을 받게 된다.

비참여 관찰(non-participant observation)은 관찰 대상자의 활동에 직접 개입하지 않고 일정의 거리를 유지하는 관찰이다. 그래서 비참여 관찰은 관찰과정에 대한 계획을 작성하여 체계적으로 관찰이 가능하여 참여 관찰에 비하여 표준화하기가 용이하다. 그러나 계획표에 의한 체계적인 관찰의 범위가 한정적이다. 예를 들어, 장애아를 위한 유치원 프로그램의 관찰에서 기술적으로 모니터를 통하여 장애어린이들의 행동 관찰이 가능하다.

비참여 관찰의 장점은 일정한 공간에서 관찰이 이루어짐으로써 특정 행동에 대하여 집중적인 관찰과 반복 관찰이 가능한 점이다.

조사자는 상황에 따라 자신의 신분을 밝힐 수도 있고 밝히지 않을 수도 있다.

② 구조적 관찰과 비구조적 관찰

관찰 대상의 환경에 따라 첫째, 신체의 행동과 같은 비언어적인(non-verbal) 행동의 관찰, 둘째, 공간적인(spatial) 행동으로 자신을 둘러싼 공간을 구조하는 시도, 사람들의 움직임, 이동성의 범주, 빈도 등에 대한 관찰, 셋째, 언어 외적(extralinguistic) 행동으로 말의 횟수, 크기, 발음의 독특성에 대한 관찰, 넷째, 언어적(linguistic) 행동의 관찰 등이 있다.

관찰은 구조화의 정도에 따라 구조적 관찰(structured observation)과 비구조적 관찰(unstructured observation)로 구분된다. 관찰의 구조화 정도는 조사의 주제나 성격과 밀접한 관계가 있다. 풍부하고 다양한 선행조사에 의한 구체적 가설 도출이 가능한 경우에는 구조화가 강한 도구를 이용한 관찰이 이루어진다.

구조적 관찰은 관찰 대상을 구체적으로 정하고 관찰도구를 사용하여 관찰을 하게 된다. 구조적 관찰은 주로 인과관계 설명을 위한 기술 또는 설명 목적으로 사용하게 된다.

비구조적 관찰은 관찰 기준을 사전에 마련하지 않고 결과의 표준화를 시도하지 않는다. 비구조적 관찰은 인과관계의 파악보다는 탐색 목적으로 사용된다.

(2) 관찰의 과정

① 목표의 설정

조사가 어떤 방법이건 간에, 관찰과정에서 조사 목적을 달성하기 위한 구체적이고 명확한 목표설정이 제일 처음 이루어지므로 매우 중요한 과정이다.

② 대상 집단과 관찰의 유형 결정

가설 또는 조사 문제를 근간으로 관찰 대상 집단을 선정하고 관찰의 유형, 참여/비참여 관찰, 직접/간접관찰, 구조적/비구조적 관찰 등을 결정한다.

③ 관찰 승인

관찰 대상 또는 관찰 대상의 보호자들로부터 사전 승인이 요구된다. 조사자가 본인이 관찰자임을 피관찰자에게 알리고 관찰을 시작할 것인지 알리지 않고 관찰을 시작할 것인지에 따라 승인받아야 할 대상이 다를 것이다.

④ 라포(유대감) 형성

관찰 대상자와의 유대감 형성은 매우 중요하다. 특히, 참여 관찰을 통하여 관찰자가 독립변인의 조작을 시도할 경우 유대감의 형성은 무엇보다도 중요하다.

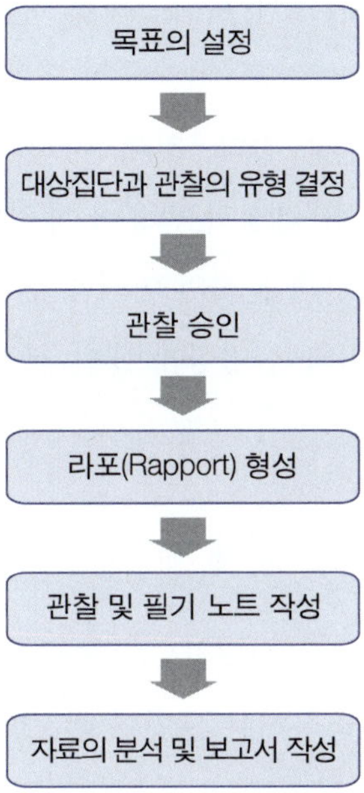

[그림 12-2] 관찰의 절차

⑤ 관찰 및 필기 노트 작성

관찰을 언제 기록할 것인가는 관찰 환경에 의하여 결정된다. 일반적으로 관찰 후 기록을 하게 되며 필기 노트 작성은 매우 중요하다. 일지의 내용은 구체적이고 간결해야 한다. 응답자의 대답을 있는 그대로 기록하여야 하며 가능하면 녹음기, 캠코더, 비디오를 이용한 녹취/녹화가 이루어져야 한다.

기록의 형식은 대화적 서술, 척도에 따른 등급기록, 일정한 범주체계에 따른 기록 등이 있다.

⑥ 자료의 분석 및 보고서 작성

조사자는 선행조사를 통하여 조사 관련 대상자의 행위 유형을 확인하고 관찰기록을 정리한다. 관찰 기록의 정리 후에 관찰 대상자들이 갖고 있는 상호작용 유형의 유사성과 일반적 규칙에서 벗어나는 차이점을 분류하고 정리한다. 일반적으로 상호작용 유형의 유사성은 빈도, 크기, 구조, 과정, 원인, 결과의 여섯 가지로 분류한다.

자료분석 시 유의할 점은 다음과 같다. 첫째, 자신의 편견에 의한 자료 해석에 유의한다. 둘째, 조사자의 과도한 감정적 반응이 개입된 해석에 유의한다. 셋째, 관찰하는 문화에 동일시되어 객관적 분석의 어려움에 유의한다.

보고서 작성 시에는 비밀유지와 신빙성에 대한 근거의 제시에 유의하도록 한다.

(3) 관찰의 타당도와 신뢰도 문제

관찰은 직접적인 자료수집이므로 신뢰할 수 있다는 생각이 일반적이다. 그러나 관찰에서도 신뢰도와 타당도를 좌우하는 요인이 존재한다.

① 타당도에 영향을 주는 요인

첫째, 기대하는 요인을 중심으로 관찰이 이루어진다. 지식 습득 과정에서 선별적 관찰의 오류를 야기하게 된다. 즉, 편견이 개입된 관찰과 기록이 이루어질 개연성이 크다.

둘째, 관찰자는 상황에 대한 개입과 피관찰자의 반작용의 자극에 영향을 받게 된다. 반작용의 자극에 의하여 본래 설정한 관찰 요인에 영향을 주게 된다.

셋째, 관찰자의 긴장, 피로와 같은 컨디션에 의하여 타당도를 담보한 관찰을 어렵게 할 수 있다.

넷째, 관찰을 위한 지각기관은 한계가 있다. 인간은 지각기관을 통하여 한 번에 여러 가지의 관찰이 불가능하다. 때문에 녹음기와 캠코더와 같은 보조기기를 사용하게 된다.

다섯째, 관찰 범위의 불명확에 의한 관찰의 오류와 기록과정에서의 오류가 타당도에 영향을 주게 된다.

② 신뢰도에 영향을 주는 요인

첫째, 관찰하고자 하는 행동 · 현상의 접근이 직접적으로 이루어지는 직접 관찰로 관찰자의 상호 주관적 관찰이 용이하다. 관찰 대상이 간접적인 접촉 또는 추상적이면 왜곡의 가능성이 높아진다.

둘째, 관찰의 범위가 좁을수록 관찰의 추리가 적게 작용하여 신뢰도의 확보에 유리하다. 또한, 관찰자의 정신적 · 신체적 조건이 신뢰도가 높은 자료수집에 영향을 주게 된다.

(4) 관찰의 장 · 단점

① 장점

첫째, 즉각적인 자료수집이 가능하다. 관찰은 실시간에 자료가 수집되기 때문에 편견이나 기억에 의한 심각한 자료의 왜곡을 시키는 매개변인의 영향을 줄일 수 있다.

둘째, 자연스런 환경이다. 서베이를 통한 조사는 인위적 상황 설정이 부자연스러움을 유발할 수 있지만, 관찰을 통한 조사는 인위적이지 않은 환경이므로 자연스럽다.

셋째, 비언어적 상황에서도 조사가 가능하다. 의사소통이 불가능한 언어 장애인 또는 의미전달이 어려운 특정 행동을 하는 사람을 조사 대상자로 할 경우도 가능하다.

넷째, 시간의 경과에 따른 자료수집이 가능하여 시간적 변인 도입이 용이하다. 또한, 장기간에 걸쳐 자료가 수집됨으로 종적 분석이 가능하다.

다섯째, 귀납적 자료수집 방법이다. 예비조사/사전조사에 유용하며, 상황에 따른 폭넓은 자료수집과 추가 자료수집이 용이하다.

여섯째, 다양한 관찰 기법을 통한 접근의 다양성 확보가 가능하다. 주된 목적인 기술적 목적뿐만 아니라 탐색의 목적, 보완을 위한 조사 목적, 조사의 수정 목적 등 다양하다.

② 단점

첫째, 관찰의 대상 제한되어 있다. 예를 들어, 부부간의 관계에 대한 주제에 대한 조사를 실시할 때 관찰을 통한 자료수집은 한계가 있을 수밖에 없다.

둘째, 변인의 통제가 어렵다. 자료수집 과정에서 변인의 통제가 어려워 결과가 어떤 외부적인 영향에 의한 것인지 판별이 어렵다.

셋째, 내면적 의식 파악이 어렵다. 현상학적 접근으로 내면의 의식에 대한 접근은 한계가 있다. 예를 들면, 겉으로는 웃으나 속으로는 슬플 수도 있다.

넷째, 익명성의 부재로 조사 대상자가 의식적 행동이 유발되어 조사결과가 왜곡될 수 있다. 타인에게 드러내기 거북한 행동은 자연스럽게 표출되기 어렵다.

다섯째, 관찰자의 주관이 개입될 수 있다. 관찰자의 주관의 개입으로 신뢰도와 타당도 문제가 제기되곤 한다.

여섯째, 조사결과의 수량화의 한계가 있다. 관찰한 자료는 실험 또는 표본조사의 자료보다 수량화가 쉽지 않다.

일곱째, 표본크기의 제한이 있다. 관찰은 즉시성의 장점이 있는 반면에 수량의 확대에는 한계가 있다. 대규모의 집단은 한 번에 관찰이 불가능하며 이것은 결과의 일반화의 한계를 초래한다. 대규모 자료를 수집한다고 해도 처리과정에 상당한 시간이 요구된다.

여덟째, 허락의 어려움이 있다. 보안을 필요로 하는 집단의 경우 접근이 금지되며, 접근이 가능하다고 할지라도 자료의 수집에는 한계가 있다.

아홉째, 경제적, 시간적으로 부담이 많이 된다. 자연스러운 관찰은 장시간이 요구되며 관찰을 위하여 장기간 체류하게 되어 시간과 경비가 많이 소요된다.

3 문헌 조사

1) 문헌 조사

어떠한 형태의 조사이든 기본적으로 문헌의 고찰로부터 시작된다고 할 수 있다. 조사자가 양적 조사를 시도한다고 할지라도 경험적 자료수집에 앞서 조사의 주제와 관련된 선행조사 또는 이론을 고찰하게 된다.

순수한 문헌 조사 입장에서 본다면 자료수집뿐만 아니라 분석까지도 문헌을 통하여 이루어지게 된다. 즉, 문헌을 참고로만 사용하지 않고 내용을 정밀하게 분석하고 논의하여 결론에 이르게 된다.

(1) 문헌 자료의 종류

① 정기간행물

정기간행물은 넓게는 주간, 월간, 분기별 그리고 연간 정기적으로 발행되는 모든 간행물을 의미하며, 좁게는 정기적으로 발행되는 학술지를 의미한다.

정기간행물, 특히 좁은 의미의 정기간행물(학술지)은 가장 신뢰할 수 있는 문헌이라고 할 수 있다. 왜냐하면 학술지에 게재된 논문의 경우 일정 수의 그 분야에서 권위 있는 심사위원들의 심사를 거치기 때문이다. 최근에는 학술지 수준의 정도를 알 수 있도록 한국학술진흥재단(http://www.krf.or.kr)에서 심사를 거쳐 등재지, 등재후보지 등으로 분류하고 있다. 전국 규모 학술지의 경우 학술단체연합회에 등록하여 일반 학술지로서 인정받을 수 있다.

대부분의 국내 논문의 경우 한국교육학술정보서비스 KERIS(www.riss4u.net)나 한국학술정보㈜(http://search.koreanstudies.net)에서 검색이 가능하다.

외국 학술지의 경우 예술 및 인문학의 경우 ANHC(Arts and Humanities Citation Index), 자연과학은 SCI(Science Citation Index), 사회과학과 응용사회과학은 SSCI(Social Science Citation Index)와 각 분야의 확장지(예: SSCIE, Social

Science Citation Index Expended) 등으로 분류하여 학술지의 권위 정도를 나타내고 있다. 외국 학술지의 경우 조사자의 인용 빈도수로 학술지의 권위 등급을 매긴다. 이들 자료는http://scientific.thomson.com에서 확인할 수 있다.

선진 외국의 경우 논문을 데이터베이스화해서 유료 서비스를 제공한다. 예를 들어, 영국의 경우 BIS(Bath Information System)에 일정의 비용 및 수수료를 제공하면 팩스(fax), 우편, 인터넷 출력으로 자료를 받아볼 수 있다. 국내에서 외국 논문을 검색할 경우 전자 저널을 제공하는 학술정보 데이터베이스 NDSL(www.ndsl.or.kr)를 이용하면 편리하다.

② 단행본

단행본은 흔히 말하는 공식 · 비공식적으로 출판된 책을 중심으로 출판된 보고서를 포함한다. 단행본은 저서, 편저, 편역, 역서, 보고서 등이 있다. 단행본은 공공 또는 대학 도서관 또는 조사소 도서관 등에서 찾을 수 있으며, 일반적으로 조사자들은 대학도서관, 국회도서관, 국립중앙도서관, 사회과학 도서관 등을 이용한다. 최신 국내 단행본 구입의 경우 인터넷 서점 또는 대형서점 홈페이지를 이용하며, 외국 서적의 경우 아마존(http://www.amazon.com)과 같은 인터넷 서점을 이용할 수 있다.

③ 석 · 박사 학위 논문

석사와 박사학위 논문은 일정 수의 심사위원에 의하여 심사를 거치기 때문에 조사 성과물로서 상당한 권위를 인정받을 수 있다. 석 · 박사 학위 논문은 여의도 국회도서관에 가장 많이 소장되고 있으며 복사 및 출력이 가능하다. 외국학위의 경우 국제학위논문초록집(Dissertation Abstract International)에서 확인이 가능하며, UMI(University Microfilm Index, http://www.umi.com)에서 유료로 논문제공 서비스를 받을 수 있다.

④ 정부 및 조사기관 보고서

정부/지방정부 및 관련 조사소에서 출판된 보고서 및 간행물은 해당 관청/조사소의 도서관에서 자료를 찾을 수 있다. 정부출연 조사소(예: 한국보건사회조사원) 간행물은 대형서점의 조사소 간행물 코너에서 구입이 가능하다.

⑤ 학술대회 발표논문

대부분의 학회는 정기적으로 춘계와 추계학술대회를 연 2회 개최하며 부정기적으로 세미나, 워크숍 또는 특강이 이루어지며 결과물을 자료집으로 발간하게 된다. 이때 발간되는 논문(proceeding)은 심사를 거친 학술지 논문(article)과는 구별된다.

(2) 문헌 자료의 장 · 단점

① 장점

첫째 접근성이 용이하다. 역사적 사건과 같이 직접적 접근이 불가능한 경우 문헌은 결정적인 조사 자료가 된다.

둘째, 비반응성을 들 수 있다. 조사를 위한 목적으로 이루어지지 않은 문헌인 경우 조사자와 자료원 간의 상호작용에 의한 오류가 발생하지 않는다.

셋째, 종적 조사 및 분석에 유리하다. 문헌을 통한 조사는 조사주제 설정 시 종단적 시간의 제약을 받지 않고 접근할 수 있다.

넷째, 표본의 크기에 제약을 받지 않는다.

다섯째, 자료의 자발성이다. 관찰과 유사하게 자료가 어떠한 형태의 범주 내에서 한정하는 것이 아니고 자료원의 자발적인 기록을 조사자가 조사의 주제에 맞게 재해석하게 된다.

여섯째, 저렴한 경제성이 담보된다. 다른 조사 방법과 비교하여 상대적으로 비용이 적게 든다. 대부분 도서관 또는 인터넷을 통하여 자료수집이 이루어지기 때문에 직접적인 경비가 그렇게 많이 소요되지 않는다.

② 단점

첫째, 자료원의 편견의 문제가 대두된다. 현재, 조사자를 위한 조사의 목적으로 자료가 만들어진 것이 아니다. 즉, 조사자의 조사 목적과 문헌 자료의 기술 목적이 일치하는 경우는 거의 없다. 전기 또는 위인전의 경우 인물에 대하여 과장되게 기술될 수 있다.

둘째, 자료의 선별적 존재이다. 역사적 자료가 선택적으로 남아 있는 것이 일반적이다. 자료가 존재한다고 할지라도 보관의 상태에 따라 사용 가능 여부가 결정되기도 한다.

셋째, 가용성의 제한이다. 고문서에 대한 접근이 제한되어 있고 어떠한 자료는 대외비라는 명목으로 분류하여 공개하지 않는 자료도 있다.

넷째, 샘플링의 편견이다. 문헌 자료 그 자체에 편견이 있을 수 있다. 왜냐하면, 문헌 자료는 모든 사람에 의하여 쓰이고 남겨지기 어렵다. 즉, 일부 특정 사람에 의하여 글이 쓰이기 때문에 그 자체에 비자발적으로 표집의 편견이 개입될 수 있다.

다섯째, 언어적 행동에 제한이 있다. 글로 쓴 표현은 말로 표현할 수 있는 행동에 비하여 제한을 받게 된다. 일상적으로 이루어지는 언어 또는 비언어적 표현을 글로 표현하는 데에는 한계가 있다.

여섯째, 표준화된 양식의 부재이다. 문헌의 외형적 형식뿐만 아니라 표현형식까지도 일정치 않기 때문에 각양각색이다. 예를 들어, 개인적인 문서와 공공문서를 표준화하여 분석하기는 쉽지 않다.

일곱째, 코딩의 어려움이 있다. 문헌 자료는 조사자가 부호화를 하고 코딩을 시도하여야 한다. 이러한 어려움을 해소하기 위하여 내용분석 기법을 개발하였으나 완전한 극복에는 한계가 있다. 이외에도 시계열 자료의 비교가 어렵다. 예를 들어, 자료에 대한 기록의 단위가 시간의 변화에 따라 변화한 경우도 있다.

(3) 문헌 자료분석의 유형

① 내용분석

가. 내용분석의 개념

내용분석의 개념적 정의는 학자마다 조금씩 다르다. 학자들의 공통적인 견해는 다음과 같다. 분석의 내용은 내재한 내용과 외재한 내용으로 분류한다. 외재한 내용은 특정 단어나 색과 같이 객관적으로 우리 눈으로 확인할 수 있는 내용을 말한다. 내재한 내용은 대화의 행간 뜻과 같이 조사자의 판단을 필요로 하는 내용을 말한다. 좀 더 구체적으로 살펴보면 다음과 같다.

첫째, 분석의 대상이 인간의 상징적 행동, 언어적 의사소통의 내용, 기록된 언어의 전문, 문서 형태의 증거 등이 있다. 출판물, 대중매체, 각종 메시지, 노래, 그림 등 언어적 기호뿐만 아니라 상징적 조형물도 포함된다.

둘째, 분석의 속성에 대하여 의사전달의 일반적 내용에서부터 본문의 흐름, 암묵적 · 잠재적 내용, 의사소통의 선행 조건까지 포함한다.

셋째, 분석 방법의 특징으로는 과학적 방법의 적용, 체계적 기술을 위한 조사기법, 측정수단을 적용하여 본문을 체계적으로 요약하는 작업뿐만 아니라 자료 및 내용의 부호화까지 포함한다.

이러한 내용분석의 속성을 정리하면 인간의 의사소통을 위한 기록, 기호 등의 내용과 특성을 파악하여 현상(흐름)을 체계적으로 정리/기술하고 그 현상의 원인, 과정, 결과를 분석하는 객관적인 조사 방법이라고 할 수 있다.

내용분석은 수량화를 전제로 할 필요가 없다는 주장도 있으나, 최근에는 컴퓨터를 이용한 수량적인 내용분석 기법이 시도되고 있다.

나. 내용분석의 목적

첫째, 의사전달의 특성 파악을 목적으로 한다. 둘 이상의 자료가 포함하고 있는 특성/내용의 비교, 시계열상 자료 간의 특성 비교, 또는 두 가지 이상의 변인의 관계 분석을 목적으로 한다.

둘째, 의사전달자의 원인, 의도, 선행조건 등의 추리를 목적으로 한다. 이것은 의사전달 내용에 나타나 있는 의미를 그대로 받아들여야 하는 의문에 대한 해답을 찾기 위한 목적이다.

셋째, 의사전달 내용의 효과에 대한 추리의 목적이다. 문헌을 통하여 전달하고자 하는 내용으로 피전달자에게 얼마나 영향을 주었는가를 파악하기 위한 목적이다.

다. 내용분석 기법의 특징

내용분석 기법의 특징은 다음과 같다. 첫째, 인간의 의사전달과 관련된 조사에 적합한 방법으로 단어, 문단, 주제, 특정 인물 등을 기록 단위로 경제성과 조사 문제에 대한 적합성이 고려되어 선정된다.

내용분석의 범주는 상호 배타적이고 포괄적이어야 하며, 일정한 개념적 틀에의하여 원 자료를 표준화하고 양적인 형태로 전환시켜 코딩하게 된다. 질적 자료를 수적인 자료로 환산할 때 어떤 기준 적용의 결정이 우선이며, 계량화의 체계는 유무, 빈도, 공간 차지, 강도 등을 고려한다.

라. 내용분석의 과정

㉠ 조사문제 형성

내용분석 기법을 적용하여 조사 목적을 달성할 수 있는 조사문제를 선택하여야 한다. 어떠한 조사 방법보다도 문헌 조사를 통해 효과적으로 조사문제를 해결할 수 있다는 것을 전제로 하여야 한다.

㉡ 조사 대상 모집단 규정

조사의 문제를 해결하고 목적을 달성할 수 있는 문헌과 기록 등의 종류와 범위를 규정하여야 한다. 예를 들어, 책, 논문, 신문 등이 분석 대상이 되는 모집단이 된다

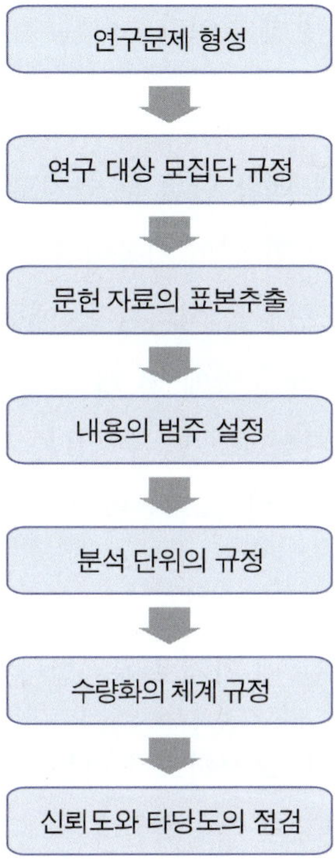

[그림 12-3] 내용분석 철차

㉢ 문헌 자료의 표본추출

일반적으로 문헌 자료의 표본추출은 층화와 군집을 곁들인 다단계 표집을 한다. 예를 들어, 학술지의 논문을 분석하고자 한다면 시간을 단위로 몇 년에서 몇 년까지를 표집하고 어떠한 주제를 선택할 것인지를 결정한다. 가능하면 무작위 추출을 권고하지만 시간 순으로 배열된 자료의 경우 체계적 표집이 무작위표집의 효과를 초래할 수 있다.

㉣ 내용의 범주 설정

내용분석에서도 내용의 범주를 정하는 것은 매우 중요하다. 일반적인 범주의 원칙인 범주 간 상호 배타성, 포괄성의 원칙, 상호 독립성, 그리고 주제와의 상관관계 등이 적용된다. 학술지의 내용분석에서 자주 쓰는 범주는 주제, 저자 수, 한

글, 외국어, 조사 방법, 분석 방법 등이다.

ⓜ 분석 단위의 규정

내용의 분석 단위는 기록과 맥락 단위 두 가지로 분류할 수 있다. 기록 단위의 최소 단위는 특정 사건에 대한 한 번의 기록이며 맥락 단위는 기록 단위의 명확화를 위한 도구로 내용의 최대 단원을 의미한다. 예를 들어, 신문기사에 쓰인 용어가 기록 단위라면 그 용어가 한 문장에 몇 개 쓰였는지, 또는 한 문단에 몇 개 쓰였는지 규정하는 것은 맥락 단위라고 할 수 있다. 분석 단위는 단어, 용어, 주제, 인물 등 다양하게 조사자가 조사의 주제에 맞게 규정할 수 있다.

ⓑ 수량화의 체계 규정

일반적으로 수량화의 체계는 네 가지로 분류한다.

첫째, 출현 유무의 체계이다. 조사하고자 하는 특정의 현상 또는 사건의 요소가 출현했는지 안 했는지를 기준으로 수량화한다.

둘째, 빈도의 체계이다. 조사하고자 하는 특정 사건이나 현상이 몇 번 나타났는지 몇 번을 주기로 나타났는지를 수량화한다.

셋째, 시간, 공간 단위 체계이다. 출현 빈도뿐만 아니라 상대적 강조 또는 편향도를 수량화한다.

넷째, 강도체계이다. 주로 태도 또는 의식에 관한 조사를 수행할 때 이용하며 서열 또는 등간의 수량화를 이용한다.

ⓢ 타당도와 신뢰도의 점검

문헌 자료의 신뢰도와 타당도에 관한 점검은 일반적인 조사에서의 점검과 유사하다. 문헌 조사에서 타당도의 쟁점은 내용과 기준타당도 측면에서 강조한다.

첫째, 내용타당도 측면에서 조사자가 직접 기록함으로 내적 일관성의 유지가 가능하며 문장의 스타일을 자세히 관찰할 수 있어 저술자의 진위를 쉽게 알 수 있다.

둘째, 기준타당도 측면에서 조사주제와 관련된 사람, 자료 등을 통하여 타당성의 점검이 가능하다.

신뢰도는 비슷한 문헌 자료의 두 시점 간 비교 또는 두 조사자의 비슷한 조사물 비교 등에 의하여 이루어질 수 있다.

마. 내용분석의 장 · 단점

첫째, 시간과 경제적인 부담을 줄일 수 있다. 모든 조사 과정이 도서관 또는 인터넷상에서 이루어지므로 시간과 경비의 부담이 적다.

둘째, 안전도를 담보할 수 있다. 표본조사의 경우 한 번 실수하면 다시 자료를 수집하여야 하지만 문헌 조사의 경우 기존 문헌의 재점검으로 수정과 보완이 가능하다.

셋째, 장기간 발생했던 현상 또는 사건에 대한 조사에 적격하며, 반작용에 의한 오류가 발생하지 않는다.

넷째, 상호 의사전달과 관련된 기록에 의지한 조사에만 적격하다는 단점이 있다.

② 역사/비교분석

역사적 맥락에서 일정한 유형을 발견하기 위한 조사로 주된 조사 자료는 역사적 기록에 의존한다. 조사의 특성상 한정된 인적 또는 물적 자료에 의존할 수밖에 없기 때문에 자료원에서 드러나는 편견에 유의하여야 한다.

자료분석은 현상학적 접근이 아닌 해석학적 접근의 사용이 일반적이다. 역사/비교분석의 장점은 접근성과 경제성에서 효율적이며, 종단적 분석이 가능하다.

그러나 편견의 문제, 선별적인 자료 존재, 표준화된 양식의 부재, 시계열 자료 비교의 어려움이 있다.

4 질적 조사 방법

1) 현상학

현상학이란 용어는 민속지학, 민속학방법론 또는 다른 질적 탐구의 용어에서 내포하고 있는 철학적 가정을 설명하는 데 사용될 수 있다.

현상학에는 몇 가지 세부적인 형태가 있다.

첫째, 자기 발견적 탐구(heuristic inquiry)이다. 자기 발견적 탐구에서 조사자는 공평한 관찰자가 되도록 노력하고, 실제로 조사하고 있는 현상을 직접 경험하며, 그 현상을 경험하면서 갖고 있는 자기 생각과 감정을 조사하기 위해 자기성찰(introspection)을 행한다.

둘째, 해석학(hermeneutics)이다. 해석학은 해석의 과정을 강조한다. 해석의 과정에서 조사자는 매우 많은 복잡하고 구체적인 내용으로부터 일정한 유형을 찾고자 노력한다.

셋째, 붸르스테엔(verstehen)은 이해란 말이다. 질적 탐구는 조사자가 관찰하는 사람들을 그 사람들의 관점에서 이해하려는 시도이다. 즉, 조사자가 관찰하는 대상이 그들에게 주는 특별한 의미를 이해하고자 하는 시도이며, 이는 사회복지 실천 개념인 감정이입(empathy)과 상당히 유사하다.

2) 근거이론

글레이저와 스트라우스(Glaser & Strauss)는 귀납적인 과정을 거쳐 현실적인 자료에 근거하여 개발된 이론을 현실기반이론 또는 기초이론이라 부른다. 선험적인 가정으로부터 연역적 추론을 거쳐 만들어진 이론과는 대조적으로, 현실기반 이론은 경험적인 세계의 관찰에 근거하여 만들어진 이론이다. 현실기반이론은 기본적으로 다른 질적 조사자가 사용하는 것과 같은 현장관찰 방법을 사용한다. 이는 참여 관찰이나 개방형 면접과 같은 것이다.

현실기반이론은 귀납적인 과정을 주로 강조하지만, 지속적인 비교(constant-comparison)를 사용하여 연역적인 과정도 포함시킨다. 조사자는 귀납적 관찰에서 유형을 발견해 내면서 그 유형에 기초한 개념과 작업가설(working hypothesis)을 발전시킨다. 그러고 나서 더 많은 사례를 찾고 더 많은 관찰을 하여 그 관찰을 이전의 관찰에서 발전시킨 개념 및 가설과 비교한다.

현실기반이론이 지속적 비교를 사용한 예를 들면, 먼저 실천가들에게 가장 성공적인 사례의 기억을 되살려서 그 사례에 사용했던 개입방법을 이야기하도록 요청하는 것이다. 모든 면접에서 공통적인 유형이 발견되었다고 가정하자. 여기서 행동주의적 개입방법을 사용하는 것이 이 분야에서 효과적인 실천과 비효과적인 실천을 구분한다는 작업가설을 발전시킨다. 가설이 경험세계에 좀 더 기반을 두도록 하기 위해 몇 명의 실천가를 더 면접한다. 현실기반이론 과정을 계속하면서, 조사자는 더 많은 실천가와 면접을 하고 다른 유형의 사례에 대해 묻는다. 이 시점에서 조사자는 모든 사례가 부모와 함께 살고 있는 클라이언트라는 것을 깨닫는다.

조사자가 현실기반이론 과정을 완수했을 때쯤에는 많은 다른 실천가를 면접하여 많은 다른 유형의 사례를 물어봤을 것이다. 이렇게 추가적인 면접을 통해서 조사자는 가설을 여러 번 수정했을 수도 있다.

3) 문화기술지

본질적으로 모든 질적 탐구가 현실기반이론 접근법과 일치하지만 일반적으로 다른 명칭을 갖고 있다. 어떤 경우에는 질적 조사가 매일의 구체적인 생활이 실제로 자연스럽게 펼쳐질 때의 생활을 관찰하는 것을 강조하기 위해 자연주의적 조사(naturalistic research)라고도 부른다. 다른 경우에는 그 문화 속에서 생활하는 사람들의 관점에서 문화를 조사한다는 것을 강조하기 위해 문화기술지 조사

(ethnographic research) 또는 민속지학이라고도 부른다. 예를 들어, 아동복지시설의 문화를 그 기관의 생활지도 교사나 시설아동의 관점에서 조사하거나 장애인 근로자의 노동문화를 장애인이면서 근로자의 관점에서 조사하는 것이다.

일부 문화기술적 조사자는 사람들의 규범, 명명(命名, labeling), 언어적 표현, 이해, 가정을 사용하는 데 초점을 두는 조사를 문화기술학적 방법론(ethno-method-logy)이라 부른다(Patton, 1990; 신경림 외, 2007). 로프랜드 & 로프랜드(Loafland & Loafland, 1995)는 분석적 문화기술지학(analytic ethongraphy)의 특징을 다음과 같이 설명한다. 첫째, 궁극적으로 인간의 사회생활의 유형에 대한 일반적 명제를 구축하는 데 기여한다. 둘째, 기본적으로 어떤 대상이라도 공정한 탐구의 대상이라는 견해를 갖는다. 셋째, 조사자는 가능한 한 자신을 조사자가 이해하기를 원하는 사람들의 위치에 놓는다(易地思之). 조사자는 그 사람들이 생활에서 일어나는 일에 반응하는 동안 가능한 그들 가까이 위치한다. 넷째, 실제로 진행되고 있는 일을 정확하게 파악할 기법을 발전시키고 사용한다. 다섯째, 각 조사에 새로운 관찰과 새로운 분석을 만들려는 목적을 갖고 있다. 여섯째, 관찰한 자료의 제시와 그 자료를 대표하고 이해할 수 있도록 하는 이론적 개념의 정교화 간에 균형을 유지한다.

4) 사례 조사

사회복지분야에서 사례 조사는 임상적인 개입 효과를 평가하는 수단으로 흔히 이용되어 왔다. 일반적인 사례 조사에 관한 정의는 '개별적인 사례에 관한 정보의 제공과 체계적인 조작방법'이다. 그러나 학자마다 강조점을 어디에 두느냐에 따라 다르게 정의하고 있다. 로프랜드(Lofland)는 "사람, 사건, 조직과정 등의 실제 환경에서 조사가 이루어지는 것으로 그 과정은 발견을 포함한다."라고 정의함으로써 무엇인가 발견을 위한 과정의 중요성을 강조하였다. 반면에 오룸(Orum, 1991)은 "하나의 사회현상에 대하여 질적인 조사 방법을 사용한 심층, 다차원적 조사"라고 정의하여 계량적 조사와의 차이점을 강조하였다. 때문에 사례 조사는 하나의 개별 또는 집단 사례를 심층, 다차원적, 종합적으로 발견하기 위한 접근방법이라고 정리할 수 있을 것이다.

사례 조사는 탐색이나 기술의 기초적인 조사 목적으로 이용되기 때문에 일반적으로 조사주제에 관한 기초 지식이 부족한 경우에 사용한다. 즉, 설명적 조사를 위한 예비지식 습득의 단계에서 사용된다고 할 수 있다.

〈표 12-2〉 질적 조사 방법 비교

구분	현상학	근거이론	문화기술지	사례 조사
초점	현상에 대한 경험의 본질을 이해	현장에서 수집한 자료에 근거하여 이론을 개발	문화적, 사회적 집단을 기술하고 해석	단일사례 혹은 복합적인 사례에 대한 심층 분석
학문적 기원	철학, 사회학, 심리학	사회학	문화인류학, 사회학	정치학, 사회학, 평가, 도시 조사, 기타 사회과학
자료 수집	10명까지 오랫동안 면접	범주가 '포화'되고 이론을 상술할 수 있을 때까지 20~30명 면접	현장에서 상당한 기간 동안(6개월~1년) 머물면서 주로관찰, 면접, 부수적 인공물 사용	자료수집원이 다양–문서, 문서기록, 면접, 관찰, 물리적 인공물
자료 분석	진술, 의미, 의미 주제, 경험에 대한 일반적 기술	개방코딩, 축코딩, 선택코딩, 조건 매트릭스	기술, 분석, 해석	기술, 주제, 주장
내러티브 형식	경험의 '본질'을 기술	이론 혹은 이론적 모델 제시	집단 혹은 개인의 문화적 행동기술	사례 혹은 사례에 대한 심층 조사

요 약

- **질적 조사:** 양적 자료인 계량 및 통계를 사용하지 않고 조사의 결과를 산출하는 모든 방법
  ① 조사문제의 형성 시 탐색 수준에서 방향성만을 제시
  ② 조사 설계 조직화가 엄격하지 않아 다양한 변인을 탐색적으로 수용
  ③ 자료수집 표본이 매우 작고, 대상자와 밀착하여 구체적 자료수집
  ④ 흩어진 자료를 유형화하여 상세하게 설명 시도

- **관찰의 유형**
  ① 참여 관찰과 비참여 관찰
  ② 구조적 관찰과 비구조적 관찰

- **관찰의 장점**
  ① 즉각적인 자료수집 가능
  ② 자연스러운 환경
  ③ 비언어적 상황 조사 가능
  ④ 시간변인 도입으로 종적 분석 가능
  ⑤ 귀납적 자료수집
  ⑥ 다양한 관찰 기법을 통한 접근의 다양성 확보 가능

- **관찰의 단점**
  ① 관찰 대상 제한
  ② 변인통제 어려움
  ③ 내면적 의식 파악 어려움
  ④ 익명성 부재
  ⑤ 관찰자의 주관개입 가능: 신뢰도와 타당도 문제
  ⑥ 조사결과의 수량화 한계
  ⑦ 표본크기의 제한
  ⑧ 허락의 어려움
  ⑨ 시간과 경비 부담

- **문헌 자료의 유형:** 정기간행물, 단행본, 석 · 박사 학위 논문, 정부 및 조사기관 보고서, 학술대회 발표논문

- **문헌 자료의 장점**
  ① 접근성 용이
  ② 비반응성

③ 종적 조사 및 분석 유리
④ 표본크기 제약 없음
⑤ 자표의 자발성
⑥ 저렴한 경제성 담보

- **문헌 자료의 단점**

① 자료원의 편견 문제
② 자료의 선별적 존재
③ 가용성의 제한
④ 샘플링의 편견
⑤ 언어적 행동에 제한
⑥ 표준화된 양식의 부재
⑦ 코딩의 어려움

- **문헌 자료분석의 유형: 내용분석, 역사/비교분석**

- **내용분석의 목적**

① 의사전달의 특성 파악: 둘 이상의 자료가 포함하고 있는 특성/내용의 비교, 시계열상 자료 간의 특성 비교, 변인 간의 관계 분석
② 의사전달자의 원인, 의도, 선행조건 등의 추리
③ 의사전달 내용의 효과에 대한 추리

- **내용분석의 장 · 단점**

① 시간과 경비 절약
② 안전도 담보
③ 장기간 발생했던 현상 또는 사건에 대한 조사 적격
④ 상호 의사전달과 관련된 기록에 의지한 조사에만 적격하다는 단점

- **현상학:** 현상에 대한 경험의 본질을 탐구

- **근거이론:** 귀납적 과정을 통해 현실에 기반을 둔 이론을 개발하는 탐구

- **문화기술지:** 특정 문화를 그 문화 속 사람들의 관점에서 탐구

- **사례조사:** 한 사례에 대한 심층적 기술

1 질적 연구에 관한 설명으로 옳지 않은 것은? (18회 기출)

① 풍부하고 자세한 사실의 발견이 가능하다.
② 문제에 대한 통찰력을 제공한다.
③ 연구참여자의 상황적 맥락 안에서 이루어진다.
④ 다른 연구자들이 재연하기 용이하다.
⑤ 현상에 대해 심층적으로 기술한다.

2 질적 연구방법에 관한 설명으로 옳지 않은 것은? (15회 기출)

① 근거이론의 목적은 사람, 사건 및 현상에 대한 이론의 생성이다.
② 문화기술지(ethnography)는 특정 문화를 이해하기 위한 방법, 과정 및 결과이다.
③ 현상학은 개인의 주관적인 경험의 본질과 의미에 초점을 둔다.
④ 자료 수집원을 다양화하여 연구의 엄격성을 높일 수 있다.
⑤ 부정적 사례(negative case)의 목적은 연구자가 편견에 빠지지 않게 동료집단이 감시기제로서의 역할을 하는 것이다.

3 내용분석에 관한 설명으로 옳지 않은 것은? (18회 기출)

① 역사적 분석과 같은 시계열 분석에 어려움이 있다.
② 인간의 의사소통 기록을 체계적으로 분석한다.
③ 분석상의 실수를 언제라도 수정할 수 있다.
④ 양적 조사와 질적 조사에 공통으로 사용할 수 있다.
⑤ 기존 자료를 활용하여 타당도 확보가 어렵다.

4 관찰법에 관한 설명으로 옳지 않은 것은? (16회 기출)

① 행위가 일어나는 현장에서 즉시 자료수집이 가능하다.
② 관찰자의 주관성이 개입될 수 있다.
③ 비언어적 상황에 대한 자료수집이 가능하다.
④ 서베이에 비해 자료의 계량화가 쉽다.
⑤ 질적 연구나 탐색적 연구에 사용하기 용이하다.

5 근거이론(grounded theory) 접근을 채택한 연구에 관한 설명으로 옳지 않은 것은? (9회 기출)

① 조사과정에서 조사자의 관점이 중요시된다.
② 자료 분석을 통해 이론을 도출하는데 관심을 갖는다.
③ 연구결과의 일반화를 극대화하기 위해 확률표집이 선호된다.
④ 비구조화된 인터뷰와 관찰을 사용하므로 자료의 체계화가 중요하다.
⑤ 조사연구의 상황에서 조사자와 조사 대상자 간 상호작용이 반영될 수 있다.

6 근거이론에서 다음 설명에 해당하는 것은? (16회 기출)

• 이론을 통합시키고 정교화하는 과정으로 이론적 포화(theoretical saturation)와 변화범위(range of variability)에 대한 작업을 진행한다.
• 주로 근거이론 코딩의 마지막 단계로서 모형 내 범주들의 관계를 진술하는 명제를 구체화하거나 범주들을 통합하는 이야기를 서술한다.

① 선택(selective)코딩
② 자료(data)코딩
③ 축(axial)코딩
④ 개방(open)코딩
⑤ 역(reverse)코딩

7 다음은 어떤 연구에 관한 설명인가? (11회 기출)

• 연구자가 연구대상자보다 우위에 있다는 암묵적 가정에 도전한다.
• 연구대상자는 자신의 문제와 해결책을 스스로 정의한다.
• 연구대상자는 연구설계에 주도적 역할을 수행한다.

① 현상학(phenomenology)
② 문화기술지(ethnography)
③ 근거이론(grounded theory)
④ 참여행동연구(participatory action research)
⑤ 내러티브탐구(narrative inquiry)

8 다음은 다양한 표집방법이 동원된 질적연구 사례이다. 이 사례에서 동원된 표집방법이 아닌 것은? (12회 기출)

> 희망복지지원단 사례관리자의 역할을 질적으로 분석하기 위하여 지난 1년간 담당한 사례가 가장 많은(302사례) 지자체와 가장 적은(51사례) 지자체 두 군데를 연구대상지역으로 우선 선정하였다. 아울러 전체 지자체의 연평균 담당 사례수가 약 150사례인 것을 확인하고, 담당사례수가 100사례 정도의 지자체와 200사례 정도의 지자체 두 군데를 추가로 표집하였다.

① 최대변화량 표집
② 예외사례 표집
③ 의도적 표집
④ 준예외사례 표집
⑤ 동질적 표집

9 질적 연구의 조사도구에 관한 설명으로 옳은 것을 모두 고른 것은? (12회 기출)

> ㄱ. 서비스평가에서 정성적 차원을 분석할 수 있다.
> ㄴ. 양적 도구가 아니므로 신뢰도를 따질 수 없다.
> ㄷ. 연구자 자신이 도구가 된다.
> ㄹ. 구조화와 조직화의 과정을 거친다.

① ㄱ, ㄴ, ㄷ ② ㄱ, ㄷ ③ ㄴ, ㄹ
④ ㄹ ⑤ ㄱ, ㄴ, ㄷ, ㄹ

10 장애인에 대한 인식의 변화를 알아보기 위해 지난 20년간 개봉된 영화 중 장애인이 등장하는 영화를 분석하기로 하였다. 이 연구에 관한 설명으로 옳지 않은 것은? (14회 기출)

① 연구 모집단을 규정하고 표본추출의 틀(sampling frame)을 구해야 한다.
② 사례 수가 많으면 표본추출하여 줄일 수 있다.
③ '장애인에 대한 인식'의 조작적 정의가 필요하다.
④ 이 조사에서 표본추출의 단위는 사람이다.
⑤ 장애인에 대한 인식에서 현재적 내용과 잠재적 내용을 구분하여 분석할 수 있다.

11. 다음 세 연구의 공통점으로 옳은 것은? (14회 기출)

- 한부모 관련 기존 통계의 분석연구
- 아동학대 관련 사례파일의 분석연구
- 물리적 흔적을 분석한 박물관 전시공간 재배치 연구

① 비관여적 연구이다.
② 기초선(baseline) 설정이 필요하다.
③ 도구효과가 존재한다.
④ 공통의 표본추출 단위를 활용한다.
⑤ 생태학적 오류에 취약하다.

12 혼합연구방법(mixed methodology)에 관한 설명으로 옳지 않은 것은? (18회 기출)

① 철학적, 개념적, 이론적 틀을 기반으로 한다.
② 설계유형은 병합, 설명, 구축, 실험이 있다.
③ 양적 설계에 질적 자료를 단순히 추가하는 것은 아니다.
④ 각각의 연구방법을 통해 얻은 결과가 서로 확증되는지 알아보기 위해 사용한다.
⑤ 질적 연구방법으로 발견한 연구주제를 양적 연구방법을 이용하여 탐구하기도 한다.

13 지난 20년 동안 A신문의 사회면 기사를 자료로 노인에 대한 인식변화를 알아보기 위해 진행한 연구에 관한 설명으로 옳은 것을 모두 고른 것은? (16회 기출)

ㄱ. 범주항목들은 시문기사 자료로부터 도출된다.
ㄴ. 주제보다 단어를 기록단위로 할 때 자료수집 양이 많다.
ㄷ. 맥락단위는 기록단위보다 더 큰 단위여야 한다.
ㄹ. 이 연구에서는 양적 분석방법을 사용할 수 없다.

① ㄱ, ㄴ　　② ㄱ, ㄷ　　③ ㄱ, ㄴ, ㄷ
④ ㄱ, ㄴ, ㄹ　　⑤ ㄴ, ㄷ, ㄹ

14 질적 연구의 엄격성(rigor)을 높이는 전략을 모두 고른 것은? (14회 기출)

ㄱ. 장기적 관여(prolonged engagement)를 위한 노력
ㄴ. 연구자의 원주민화(going native)를 경계하는 노력
ㄷ. 해석에 적합하지 않은 부정적인 사례(negative case) 찾기
ㄹ. 내부자적(emic) 시각을 유지하기 위해 완전관찰자 역할 지향

① ㄱ, ㄴ, ㄷ　② ㄱ, ㄷ　③ ㄴ, ㄹ
④ ㄹ　⑤ ㄱ, ㄴ, ㄷ, ㄹ

정답　1. ④　2. ⑤　3. ①　4. ④　5. ③　6. ①　7. ④　8. ⑤　9. ②　10. ④
11. ①　12. ②　13. ③　14. ①

CHAPTER 13

조사보고서 작성

1 조사보고서

조사보고서는 일반적으로 일정한 형태를 유지하지만 조사보고서 발주 기관, 활용목적, 독자 등 여러 여건에 따라 다르게 작성될 수 있다. 조사보고서는 관련 분야 전문가가 독자인 관계로 조사 방법, 내용, 해석 등이 그들의 수준에 맞게 구성되어져야 한다. 바꾸어 설명하면, 조사주제와 관련된 분야의 전문적 지식 기반체계에 공헌할 수 있는 수준이 되어야 한다. 또한, 주제와 관련하여 향후 조사 방향을 제시할 수 있어야 한다.

1) 보고서 작성

(1) 보고서 형식

① 겉표지

가. 목차

나. 요약

② 본문

가. 서론

나. 조사 방법

다. 조사결과 및 해석

라. 결론 및 제언

마. 참고 문헌

③ 부록

(2) 보고서 형식의 설명

① 겉표지

가. 표지: 제목, 저자, 출간일, 소속기관

나. 감사의 글

다. 목차: 내용 목차, 표 목차, 도표 목차

라. 요약: 조사목적과 조사 방법, 조사내용, 결론 순으로 가능하면 명료하고 간결하게 진술한다.

② 본문

가. 서론: 조사를 하고자 하는 주제의 중요성과 이슈들을 중심으로 조사의 필요성에 대하여 언급하고 이에 따른 조사문제 또는 가설을 도출하여 진술한다.

또한, 조사의 목적에 대하여 진술한다.

나. 조사방법: 조사 설계에서는 조사 방법, 내용, 질문의 수, 시간, 자료수집 기간 등을 기술한다. 표본추출 방법은 모집단에 대하여 진술하고 표본의 크기, 대상, 추출 방법 등을 기술한다. 설문지와 관련한 내용에서는 설문지의 신뢰도 및 타당도와 관련된 내용을 기술한다.

다. 조사결과 및 해석: 자료분석 방법(%, t-test, Anova 등)을 사용하여 결과를 분석하고 해석한다.

라. 결론 및 제언: 분석 결과를 요약하고 논의 및 해석을 근간으로 결론을 도출한다. 조사에서 나타난 조사 방법의 한계점도 진술한다. 제언에서는 조사에서 나타난 사실에 대해서만 언급하고 범위를 벗어난 지나친 제언에 주의해야 한다.

마. 참고 문헌: 보고서 발주 기관에 따라 참고 문헌 양식은 다를 수 있다. 국문 참고 문헌의 경우 저자명을 근간으로 가나다순으로 영문 참고 문헌의 경우 알파벳순으로 정리한다. 참고 문헌은 보고서에 인용한 문헌만을 기재하는 것을 원칙으로 하며 인터뷰 및 웹사이트 자료원도 기재한다. 일반적인 방법은 다음과 같다.

• 교재

– 단독인 경우

  ○ 김길동(2002), 『사회복지조사론』, 서울: 사복출판사

  ○ Challis, F.(2004), Social welfare research method, London, Sage

– 2인 공저인 경우

  ○ 김길동 & 이길삼(2004), 『사회복지조사 방법론』, 서울: 사복출판사

– 3인에서 5인인 경우

  ○ 김길동, 김길삼, & 심상지(2006), 『사회복지조사론』, 서울: 사복출판사

– 6인 이상인 경우

  ○ 김길동 외 5인(2007), 『사회복지조사론』, 서울: 사복출판사

• 학술 논문

  ○ 김길동(2004), "사회복지에서 질적 조사방법의 유용성에 관한 조사", 리서치 조사, 3권 4호, pp. 44–65.

ㅇ Challis, F(2004), "The factors affecting to the social work research", *Research study*, Vol. 3(4), pp. 54-69.

• **학위논문**

ㅇ 김길동(2004), 재가노인복지기관의 조직풍토성에 관한 조사, 박사학위, 조사대학교

• **인터넷 웹 자료**

ㅇ 통계청(2007), 노인인구통계, 2007. 3. 24, http://www.kso.go.kr

• **신문/잡지**

ㅇ 김길동(2007. 4. 24.), 노인학대의 유형과 현황, 사복일보, p. 5(사회면)

③ 부록: 내용상 보고서의 내용에 담기 어려운 각종 표, 설문지, 조사표 등 조사와 직접 관련이 있는 각종 자료를 싣는다.

2) 보고서 작성의 원칙

(1) 조사보고서 작성의 기본원칙

① 조사보고서를 기술하기 전에 세부계획을 세운다. 일반적으로 형식은 이용자 중심, 내용은 결과 중심으로 기술한 계획을 구상한다.

② 조사보고서는 간결하고 정확하게 기술한다.

③ 문장의 시제는 과거와 현재를 병행하여 사용한다. 조사 방법은 과거형으로 조사결과는 현재형으로 기술한다.

④ 표 또는 그래프는 조사내용을 충분히 전달할 수 있도록 적절하게 사용한다.

⑤ 출판할 경우 일반적인 편집 양식을 따른다.

(2) 장 · 절 구성의 원칙

보고서의 구성은 논리적인 순서에 따라 체계적으로 구성하는데 일반적으로 서

론, 본론, 결론으로 구성하고 각각의 부분을 장으로 간주한다. 장은 다시 여러 개의 절로 구성된다. 예를 들어, 본론을 하나의 장으로 취급하며, 본론에는 여러 개의 절을 배치할 수 있다. 이때 하나의 절은 일반적으로 조사목적 하나를 커버하는 내용으로 구성된다. 장의 제목은 절의 제목과 일치하지 않을 수가 있다. 이것은 하나의 장이 여러 개의 절의 내용을 포함할 수 있어야 하기 때문이다.

(3) 계층기호 표시

장과 절과 같은 보고서 내용의 체계적 위계질서의 표시는 기호, 숫자, 문자 등으로 일관성 있게 나타낸다. 위계질서의 범위는 보고서의 양에 의하여 결정되는 경우가 많다. 보고서의 양이 적을 경우 장과 절로 구성되지만, 양이 많은 경우 편, 장, 절, 항, 목까지 구성된다. 이렇게 분류되는 계층의 범위는 들여쓰기를 시도하여 종속관계를 쉽게 확인할 수 있게 한다. 절 이하의 하위제목은 적어도 둘 이상의 경우에만 설정하는 것이 일반적이다.

계층 기호를 숫자와 문자 또는 숫자만으로 표시하는 경우에 반드시 마침표를 찍어야 하나 괄호를 사용할 경우 마침표를 찍지 않는다.

예시 1	예시 2	예시 3	예시 4	예시 5
제1편	제1장	I.	I.	I.
제1장	제1절	가.	1.	1.
제1절	1.	1)	1.1	1)
제1항	1)	가)	1.2	(1)
제1목	(1)	①	1.2.1	①
제2목	(2)	②	1.2.2	②

(4) 표 작성의 원칙

한눈에 볼 수 있게 하는 표는 내용을 이해하는 데 도움이 된다. 표를 작성할 때는 다음 사항을 유의한다.

① 표의 상단에 제목을 붙인다.

② 단위는 오른쪽 상단에 표기한다.

③ 2차 데이터를 이용한다면 표 밑 부분에 출처를 밝힌다.

④ 표는 일관성이 있게 작성한다.

⑤ 표를 보고 내용을 이해할 수 있어야 하고 꼭 필요한 데이터만 기입한다.

(5) 그래프 작성의 원칙

그래프는 표와 함께 내용을 이해하는 데 큰 도움을 준다. 그러나 그래프를 과도하게 사용하면 보고서의 학술적인 면이 반감될 수 있다.

① 그래프는 하단에 제목을 붙인다.

② 2차 데이터를 이용할 경우 출처를 밝힌다.

③ 그래프 자체로 내용을 충분히 설명할 수 있어야 한다.

④ 그래프는 내용의 흐름을 이해할 수 있는 형태를 선택한다.

⑤ X축과 Y축에 눈금이 표시되어야 한다.

⑥ 그래프에는 숫자를 기입하지 않는다.

2 학위논문

학위논문 작성의 원칙은 여러 가지가 있으나 우리나라 및 세계의 여러 나라에서 많이 사용하는 APA(America Psychological Association) 양식을 중심으로 소개하고자 한다. 강진령 편저(1997)의 APA 논문 작성법을 요약하면 다음과 같다.

1) 학위논문 작성원칙

(1) 논리의 정연성

학위논문은 조사자가 조사결과를 중심으로 진술하지만 조사자의 생각이 글로 표현되는 과정이기 때문에 논문은 논리적으로 정연해야 한다. 즉, 논문은 조사주제를 근간으로 한 서론에서부터 결론에 이르기까지 논리적으로 연계성의 유지가 중요하다. 논리 전개의 연속성을 위하여 다양한 구두점을 사용한다. 독자가 논문을 읽어가는 데 안내자 역할을 한다. 그러나 지나칠 정도의 구두점 사용은 독자에게 혼란을 초래할 수도 있다.

(2) 표현의 유연성

글의 표현을 매끄럽게 하기 위하여 용어의 반복을 피하고 동의어 또는 유사어를 구사한다. 동의어 또는 유사어 사용에는 본래의 의미가 그대로 전달될 수 있는 용어를 사용한다.

논문을 매끄럽게 끌고 가기 위해서는 동사의 시제 사용에 유의한다. 본문에서 선택된 시제는 계속해서 사용한다. 일반적으로 조사의 결과는 과거를 사용하고, 조사결과의 논의 및 결론은 현재 시제를 사용한다.

(3) 표현의 경제성

논문에서는 짧은 단어/문장이 긴 단어/문장보다는 독자가 이해하기 쉽다. 때문에 전문 용어를 사용한 논문은 간결하여 이해도를 높일 수 있다. 장황한 표현은 비경제적인 표현 중의 하나이다. 창작과 같이 유연하고 부드러운 용어를 장황하게 늘어놓는다면 의미전달에 문제가 일어날 가능성이 커진다.

독자의 이해를 증진하기 위하여 중복적인 표현은 피한다. 과도하게 사용하는 중복적인 표현은 공감대를 잃게 된다.

(4) 정확성/명료성

① 정확한 단어 선택은 조사자가 표현하고자 하는 의미를 정확하게 표현할 수 있게 한다.

② 산만한 구어체를 피한다. 구어체는 문맥에 따라 다르게 해석될 수 있다.

③ 모호하거나 비논리적인 비교는 삼간다.

2) 학위논문의 구성

(1) 학위논문 구성의 순서

① 서두

가. 겉표지
나. 제목 페이지
다. 인준서
라. 감사의 글
마. 목차
바. 표 목자
사. 그림 목차
아. 부록 목차
자. 논문 초록

② 본문

가. 제1장 서론
나. 제2장 이론적 배경
다. 제3장 조사방법
라. 제4장 조사결과
마. 제5장 논의 및 결론

③ 참고 자료

가. 참고 문헌
나. 초록
다. 부록

(2) 학위논문 구성 순서의 설명

① 서두

가. 겉표지

논문의 용도(학/석사학위), 논문의 국 · 영문 제목, 소속 학교, 소속 학과 및 전공, 논문저자 이름, 논문 제출일을 기록한다.

나. 제목 페이지

논문의 겉표지와 유사하다. 반면에 논문의 용도가 생략된다. 논문지도 교수의 이름(지도교수 홍길동)과 논문제출 확인문(본 논문을 사회복지학 석사학위 논문으로 제출함)이 추가된다.

다. 인준서

인준서는 인준문, 심사위원 확인란, 소속 학교명 및 인준일이 표기된다.

예) 홍 길 동의
사회복지학 석사학위 논문을 인준함
심사위원 김길동 인
심사위원 김길성 인
심사위원 김길령 인
ㅇㅇ대학교 대학원. 2006. ㅇㅇ. ㅇㅇ

라. 감사의 글

학위논문에서 반드시 필요한 부분은 아니다. 경우에 따라서 논문의 끝 부분 또는 부록 다음에 삽입하기도 한다.

마. 목차

차례라는 단어로 혼용하기도 한다. 논문 전체 내용의 안내 역할을 한다.

바. 표 목차

논문에 실린 표를 쉽게 찾을 수 있도록 표 번호, 표 제목, 표가 삽입된 페이지 순서대로 기입한다. 표가 부록에 삽입되더라도 표 목차에 기록한다. 논문 전체에서 표가 하나일지라도 표 목차 페이지를 따로 만들도록 권고한다.

사. 그림 목차

표 목차와 마찬가지로 그림 번호, 그림 제목, 삽입 페이지를 순서대로 기입한다.

아. 부록 목차

부록 번호, 부록 제목, 그리고 부록이 시작되는 페이지를 순서대로 기입한다.

자. 논문 초록

논문 초록은 논문 전체를 이해할 수 있도록 간략하게 요약한 것이다. 일반적으로 논문 각각의 장 끝부분에 핵심을 추려 놓은 것을 요약이라고 하고, 논문 전체의 요점을 추려 놓은 것을 초록이라고 한다. 논문 초록의 작성 요령은 다음과 같다.

첫째, 정확하여야 한다. 논문에 나타난 내용만을 기술한다.

둘째, 자기 설명적이어야 한다. 약자와 용어는 설명한다.

셋째, 간결, 구체적이어야 한다. 150단어 내외로 300단어를 초과하지 않는다.

넷째, 비평가적이다. 보고하는 형식의 문장을 구성한다.

다섯째, 조리 있고 읽기 쉬워야 한다.

여섯째, 경험적 조사논문 초록은 조사문제, 조사 대상, 실험방법, 결과, 결론과 시사점 혹은 적용 가능 사항을 기록한다.

일곱째, 논평/이론적 논문 초록은 주제, 목적 및 범위, 사용 출처, 결론 및 시사점 등을 기술한다.

② 본문

가. 제1장 서론

본문의 서론에 진술할 내용은 조사문제와 조사의 배경 또는 필요성 등에 대한 내용이 기술된다. 각각의 내용은 다음과 같다.

- 문제제기: 잘 구성된 서론은 한두 단락 정도로 다음의 내용을 간략하게 진술한 것이다.
- 조사의 핵심 내용은?
- 조사가설과 실험 설계는 조사문제와 어떠한 관계가 있나?
- 조사의 이론적 시사점은?
- 관련 영역에서 선행조사와의 관계는?
- 검증된 이론적 주장은?
- 이론적인 주장의 도출과정은?
- 본 조사가 필요한 이유는?
- 조사의 배경/필요성
- 선행조사에 대한 논의는 하되 소모적인 역사적 개관은 포함되지 않는다.
- 선행조사들과 연재의 조사들 사이의 논리적 연계성을 증명한다.
- 논란이 되고 있는 문제와 관련 주제는 공정하게 다룬다.
- 조사의 목적, 용어 정의, 조사가설 등을 진술한다.

나. 제2장 이론적 배경

이론적 배경은 선행조사의 검토로 이루어진다. 서론과는 다른 페이지로 시작한다.

다. 제3장 조사방법

조사 대상자, 실험도구, 조사절차, 자료분석 방법 등이 진술된다.

라. 제4장 조사결과

우선 주요한 발견 사실은 간략하게 진술한다. 결론을 정당화할 수 있는 자료는 가급적 상세하게 기록한다. 표, 그림, 그리고 통계자료를 제시한다(조사보고서 작성요령 참고).

마. 제5장 논의 및 결론

일반적으로 요약, 결론, 시사점, 조사의 한계, 제언 등이 진술된다. 조사결과에 대한 이론적 결과와 조사자가 도출해 낸 결론의 타당성을 강조한다.

먼저 간략한 요약으로 독자를 이해시키고 조사자가 세운 가설의 지지 또는 기각에 대한 명확한 입장을 정리한 다음, 조사결과와 선행조사의 유사점과 차이점에 대하여 논의하여 결론을 명확히 한다. 조사의 한계에 대하여 논할 수는 있으나 불필요하게 강조할 필요는 없다.

③ 참고 자료

참고 자료 부분에는 참고 문헌, 영문 초록, 부록을 기술한다.

3) 학위논문의 기술요령

(1) 구두점

① 마침표: 문장이 완전하게 끝나면 찍는다. 마침표는 약자, 인용, 그리고 참고 문헌을 작성할 때도 찍는다.

② 쉼표

가. 세 개 이상의 항목이 연속적으로 나열될 때 사용된다. '그리고'와 '또는' 앞에 쉼표를 찍는다.

> 예) 성별, 연령, 또는 학업성적 대하여…
>
> 김기동 · 김길성, 그리고 기성동(2004)의 조사에 의하면…

나. 접속사에 의하여 연결된 두 개의 독립절을 분리할 때 찍는다.

예) 한 사람은 시험지를 나누어 주고, 다른 사람은 감독했다.

다. 1,000 이상의 숫자에서 세 자리씩 끊을 때 찍는다.

라. 중문에서 두 술어 부분 사이에 쉼표를 찍지 않는다.

예) 김길동(2004)이 제시한 모형을 사용하였고 결과가 동일하였다.

③ 세미콜론(;)

가. 접속사에 의하여 연결되지 않은 두 개의 독립절을 분리할 때 찍는다.

나. 이미 쉼표를 포함하고 있는 요소를 분리할 때 찍는다.

예) 좋아하는 색의 종류는 적, 백, 청; 청, 백, 적; E는 백, 적, 청인가? 김길도 · 김길서, 2004; 김성동, 2005

④ 콜론(:)

가. 앞에 나온 내용을 예시하거나, 확장하는 마지막 구나 절 앞에 찍는다.

나. 비율을 표시할 때 사용한다.

다. 참고 문헌에서 출판지와 출판사 사이에 사용한다.

⑤ 대시(–): 문장의 구두점은 정지를 의미한다. 정지는 구두점의 종류와 길이에 따라 달라진다. 대시는 계속되는 문장 안에서 갑작스런 정지를 필요로 할 때사용한다.

⑥ 인용부호(" ", ' '): 원 자료를 인용하는 경우에 큰 따옴표(인용)를 사용하고 그 이외의 사항은 다음과 같다.

가. 은어, 새로운 표현으로 사용된 단어 또는 구를 사용할 때 사용한다. 한 번 사용하고 그 후에는 사용하지 않는다.

예) 행동이 "정상적인" 것으로 간주된다. 정상적인 행동은…

나. 제목이 본문에서 언급되어지는 정기간행물이나 문헌 내부에 포함되어 있는 본문 또는 장의 제목이 시작될 때 사용한다.

예) 김길동(2004)의 논문, "케어 매니지먼트의 효과성"에 대한…

다. 검사 문항의 내용에서 피험자에게 주어지는 축어적 지시문에 사용한다.

예) 정기적이란 의미는 "규칙적이라고 기대하는지"

라. 중요한 단어를 인용할 때는 '이탤릭체'로 사용한다.

⑦ 소괄호(( ))

가. 구조적으로 독립적인 요소가 시작될 때 사용한다.

예) 처음 설명은 의도된 것이다(〈표 3〉 참고).

나. 문장 내에 참고 문헌이 인용될 때 사용한다.

예) 김길동(2004)에 의하면

다. 약자로 다시 나타낼 때 사용한다.

예) 김길동을 사랑하는 모임(길사모)

⑧ 중괄호([ ])

가. 괄호 안에서 다시 삽입할 내용을 묶을 때 사용한다.

예) (통제 그룹의 결과 [8, 7]에 의하면)

나. 만약에 내용이 쉼표로 구분하여도 의미가 혼동되지 않는다면 중괄호를 사용하지 않는다.

예) (김길동, 2004, 후속 조사)

⑨ 외래어: 표기교육부의 외래어 표기법에 근거하여 표기한다.

가. 발음이 쉬운 경우 외국 발음법을 준용하여 표기한다.

예) 케어 매니지먼트(care management)

나. 지명의 경우 원어 그대로 표기하거나 발음으로 표기하고 (　　) 안에 원어로 표기한다.

예) 아브리부르스위스(Abribrswith)

다. 이름의 경우 성만 한글로 표기하고 (　　) 안에 성과 이름을 표기한다.

예) 먼데이(Brian Munday)

⑩ 논문 내용 중 저자 표기:

논문의 내용에서는 경칭/경어를 사용하지 않는다.

예) 타인 인용의 경우에는 'ㅇㅇㅇ 교수에 의하면, ㅇㅇㅇ 박사의 조사 결과에 의하면',
예) 자신의 지칭인 경우에는 '필자는, 조사자는, 논자는' 등으로 표기한다.

⑪ 숫자의 표기:

문장 내에서 숫자를 표기할 때 문자 또는 숫자를 일관성 있게 사용해야 한다.

가. 종류와 횟수는 한글과 아라비아 숫자를 혼용하지 않는다.

예) 네 번 또는 네 가지

나. 관용어의 경우 숫자, 한글 또는 아라비아 숫자를 혼용하여 사용하지 않는다.

예) 三位一體 또는 삼위일체

다. 화폐 단위의 경우 아라비아 숫자와 한글을 혼용하여 사용할 수 있다.

예) 1,000만 원

⑫ 약자 표기:

약자를 표기할 경우 완전한 용어를 표기하고 (　) 안에 약자를 표기한다.

예) 한국사회복지사협회(한사협)
European Union(EU)

⑬ 인용방법

가. 직접 인용의 경우 직접 인용한 내용을 쌍 따옴표(“ ”)로 표시한다.

나. 간접 인용의 경우 ( )를 이용한 내주 처리를 한다.

다. 두 번째 인용의 경우 여러 형태로 표기된다.

예) 상게서 또는 ibid. (바로 앞에서 인용된 것(저자)을 재인용) 전게서 또는 op. cit. (바로 앞의 주보다 더 앞의 내용에서 재이용) loc. cit. (동일문헌의 동일 페이지를 반복 인용할 때)

⑭ ‘주’ 달기

가. 참조 주의 경우 인용한 내용을 독자가 좀 더 세세히 인지하도록 돕기 위한 것과 다른 사람의 견해를 참고했을 때 내용의 정당성을 확보하기 위하여 사용한다.

나. 내용 주의 경우 문맥 속의 특수한 개념 또는 용어를 설명할 때 사용한다.

다. 각주는 주를 필요로 하는 페이지 부분의 하단에 표기하는 것을 말하고 후주는 장 또는 절 끝에 표기하게 된다.

〈부록 1〉 난수표

• 무작위 숫자를 뽑는 방법: 어느 한 곳에서 출발해서 위, 아래, 옆, 대각선 중 어느 방향이든지 체계적으로 따라가면서 숫자를 선택한다. 같은 숫자가 나오면 버리고, 다른 수를 계속해서 뽑아 가면 된다.

04433	80674	24520	18222	10610	05794	37515
60298	47829	72648	37414	75755	04717	29899
67884	59651	67533	68123	17730	95862	08034
89512	32155	51906	61662	64130	16688	37275
32653	01895	12506	88535	36553	23757	34209
95913	15405	13772	76638	48423	25018	99041
55864	21694	13122	44115	01601	50541	00147
35334	49810	91601	40617	72876	33967	73830
86299	83430	33571	23309	57040	29285	67870
84842	68668	90894	61658	15001	94055	36308
56970	83609	52098	04184	54967	72938	56834
83125	71257	60490	44369	66130	72936	69848
55503	52423	02464	26141	68779	66388	75242
47019	76273	33203	29608	54553	25971	69573
84828	32592	79526	29554	84580	37859	28504
68921	08141	79227	05748	51276	57143	31926
36458	96045	34024	98420	72925	40729	22337
95752	59445	36847	87729	81679	59126	59437
26768	47323	58454	56958	20575	76746	49878
42613	37056	43636	58085	06766	60227	96414
95457	30566	65482	25596	02678	54592	63607
95276	17894	63564	95958	39750	64379	46059
66954	52324	64776	92345	95110	59448	77249
17457	18481	14113	62462	02798	54977	48349
03704	36872	83214	59337	01695	60666	97410
21538	86497	33210	60337	27976	70661	08250
57178	67619	98310	70348	11317	71623	55510
31048	97558	94953	55866	96283	46620	52087
69799	55380	16498	80733	96422	58078	99643
90595	61867	59231	17772	67831	33317	00520
33570	04981	98939	78784	09977	29398	93896
15340	93460	57477	13898	38431	72936	78160
64079	42483	36512	56186	99098	48850	72527
63491	05546	67118	62063	74958	20946	28147
92003	63868	41034	28260	79708	00770	88643
52360	46658	66511	04172	73085	11795	52594
74622	12142	68355	65635	21829	39539	18988
04157	50079	61343	64315	70836	82857	35335
86003	60070	66241	32836	27573	11479	94114
41268	80187	20351	09636	84668	42486	71303

〈부록 2〉 이항분포표

Binomial probabilities: $\binom{n}{x}p(1-p)^{n-x}$

n	x	0.1	0.2	0.25	0.3	0.4	0.5	0.6	0.7	0.75	0.8	0.9
1	0	0.900	0.800	0.750	0.700	0.600	0.500	0.400	0.300	0.250	0.200	0.100
	1	0.100	0.200	0.250	0.300	0.400	0.500	0.600	0.700	0.750	0.800	0.900
2	0	0.810	0.640	0.563	0.490	0.360	0.250	0.160	0.090	0.063	0.040	0.010
	1	0.180	0.320	0.375	0.420	0.480	0.500	0.480	0.420	0.375	0.320	0.180
	2	0.010	0.040	0.063	0.090	0.160	0.250	0.360	0.490	0.563	0.640	0.810
3	0	0.729	0.512	0.422	0.343	0.216	0.125	0.064	0.027	0.016	0.008	0.001
	1	0.243	0.384	0.422	0.441	0.432	0.375	0.288	0.189	0.141	0.096	0.027
	2	0.027	0.096	0.141	0.189	0.288	0.375	0.432	0.441	0.422	0.384	0.243
	3	0.001	0.008	0.016	0.027	0.064	0.125	0.216	0.343	0.422	0.512	0.729
4	0	0.656	0.410	0.316	0.240	0.130	0.063	0.026	0.008	0.004	0.002	0.000
	1	0.292	0.410	0.422	0.412	0.346	0.250	0.154	0.076	0.047	0.026	0.004
	2	0.049	0.154	0.211	0.265	0.346	0.375	0.346	0.265	0.211	0.154	0.049
	3	0.004	0.026	0.047	0.076	0.154	0.250	0.346	0.412	0.422	0.410	0.292
	4	0.000	0.002	0.004	0.008	0.026	0.063	0.130	0.240	0.316	0.410	0.656
5	0	0.590	0.328	0.237	0.168	0.078	0.031	0.010	0.002	0.001	0.000	0.000
	1	0.328	0.410	0.396	0.360	0.259	0.156	0.077	0.028	0.015	0.006	0.000
	2	0.073	0.205	0.264	0.309	0.346	0.312	0.230	0.132	0.088	0.051	0.008
	3	0.008	0.051	0.088	0.132	0.230	0.312	0.346	0.309	0.264	0.205	0.073
	4	0.000	0.006	0.015	0.028	0.077	0.156	0.259	0.360	0.396	0.410	0.328
	5	0.000	0.000	0.001	0.002	0.010	0.031	0.078	0.168	0.237	0.328	0.590
6	0	0.531	0.262	0.178	0.118	0.047	0.016	0.004	0.001	0.000	0.000	0.000
	1	0.354	0.393	0.356	0.303	0.187	0.094	0.037	0.010	0.004	0.002	0.000
	2	0.098	0.246	0.297	0.324	0.311	0.234	0.138	0.060	0.033	0.015	0.001
	3	0.015	0.082	0.132	0.185	0.276	0.313	0.276	0.185	0.132	0.082	0.015
	4	0.001	0.015	0.033	0.060	0.138	0.234	0.311	0.324	0.297	0.246	0.098
	5	0.000	0.002	0.004	0.010	0.037	0.094	0.187	0.303	0.356	0.393	0.354
	6	0.000	0.000	0.000	0.001	0.004	0.016	0.047	0.118	0.178	0.262	0.531
7	0	0.478	0.210	0.133	0.082	0.028	0.008	0.002	0.000	0.000	0.000	0.000
	1	0.372	0.367	0.311	0.247	0.131	0.055	0.017	0.004	0.001	0.000	0.000
	2	0.124	0.275	0.311	0.318	0.261	0.164	0.077	0.025	0.012	0.004	0.000
	3	0.023	0.115	0.173	0.227	0.290	0.273	0.194	0.097	0.058	0.029	0.003
	4	0.003	0.029	0.058	0.097	0.194	0.273	0.290	0.227	0.173	0.115	0.023
	5	0.000	0.004	0.012	0.025	0.077	0.164	0.261	0.318	0.311	0.275	0.124
	6	0.000	0.000	0.001	0.004	0.017	0.055	0.131	0.247	0.311	0.367	0.372
	7	0.000	0.000	0.000	0.000	0.002	0.008	0.028	0.082	0.133	0.210	0.478

참고 문헌

강진령 (1997). APA논문작성법. 경기: 양서원.

국립특수교육원 (1996). 자폐아동교육진단검사. 도서출판 특수교육.

김경동 · 이온죽 (1995). 사회조사방법. 서울: 박영사.

김광운 (1983). 사회과학조사 방법론. 서울: 박영사.

김기원 (2001). 사회복지조사론. 서울: 나눔의집.

김범종 (1988). 사회과학 조사조사 방법론 워크북. 석정.

김범종 (2005). 조사조사방법 에센스. 대전: 도서출판 대경.

김병하 (1992). 질적 조사의 이해와 실천. 도서출판 특수교육.

김성이 · 채구묵 (1997). 욕구조사론. 아시아미디어리서치.

김영필 (2001). 현대철학. 울산: 울산대학교 출판부.

김종천 (1999). 사회복지조사론. 대학출판사.

김환준 (2004). 사회복지조사조사방법론. 경기: 나남출판.

김해동 (1994). 조사방법론. 경기: 법문사.

박이문 (1993). 과학철학이란 무엇인가. 서울: 민음사.

고성호 외 공역 (2002). 사회조사방법론. 서울: 도서출판 그린.

박정호 역 (1984). 사회과학의 역사. 경기: 한울아카데미.

서인해 (2003). 욕구조사의 이론 및 실제. 사회복지욕구조사 워크숍.

성규탁 (1994). 사회복지행정론. 경기: 법문사.

신옥순 (1991). 교육 조사의 새 접근: 질적 조사. 경기: 교육과학사.

신용하 · 박명규 (1980). 사회사상사. 경기: 일지사.

오혜경 (1998). 사회조사방법론. 서울: 아시아미디어리서치.

우수명 (2002). SPSS 10. 서울: 인간과복지.

우수명 (2002). TP사회복지조사. 서울: 인간과복지.

우수명 · 하경환 · 이정하 (2001). 지역사회복지 욕구조사 모델 개발 조사. HS Research Center 창립 2주년 기념 세미나 논문집.

유태균 역 (2001). 사회복지 질적 조사방법론. 경기: 나남출판.

이관우 (1974). 신조사방법론. 서울: 형설출판사.

이군희 (2001). 사회과학조사방법론. 경기: 법문사.

이종승 (1989). 교육조사법. 서울: 배영사.

이창호 (1991). 사회복지서비스 프로그램의 계량화. 사회복지조사, 2, pp. 169–200.

이홍탁 (1994). 사회조사방법론. 경기: 법문사.

임상심리학회 (1992). K-WAIS 실시요강. 한국가이던스.

장상희 · 홍동식 (1990). 사회통계학. 서울: 박영사.

장인협 · 이정호 (1999). 사회복지행정론: 이론과 실무. 서울: 서울대학교 출판부.

전재일 · 배일섭 · 이상복 · 박충선 (1998). 사회과학조사방법론. 경북: 대구대학교 출판부.

정원식 (1969). 가정환경진단검사 실시요강. 한국교육개발원.

정창수 (1996). 사회과학방법론. 서울: 대영문화사.

지은구 (2005). 사회복지프로그램 개발과 평가. 서울: 학지사.

채구묵 (2003). 사회복지조사방법론. 경기: 양서원.

채서일 (1993). 사회과학조사방법론. 경기: 학현사.

최성재 (2005). 사회복지조사방법론. 경기: 나남출판.

김명자 역 (1999). 과학혁명의 구조. 서울: 까치글방.

홍경준 (2000). 사회복지욕구조사 워크숍. 전북대학교 사회복지학과.

홍성열 (2001). 사회과학도를 위한 조사방법론. 서울: 시그마프레스.

Ainsworth, M. (1966). The effects of maternal deprivation: A review of findings and controversy in the context of research strategy. *Maternal care and health and deprivation of maternal care*. NY: Schocken Books.

American Educational Research Association (1985). *Standards for educational and psychological testing*. Washington DC: American Psychological Association.

Anastas, J. W. & Macdonald, M. L. (1994). *Research design for social worker and the human service*. NY: Lexington Books.

Anastasi A. (1997). Psychological testing(7th ed.). *Englewood Cliffs*. NJ: Prentice-Hall.

Apter, S. J. (1997). Application of ecological theory: Toward a community special education model for troubled children. *Exceptional Children, 43*(6), pp. 366-373.

Babbie, E. (1990). Survey research methods(2nd ed.). Belmont, CA: Wadworth Publishing. (1999). *The basic of social research*. NY: Wadworth Publishing Company.

Babbie, E. R. (1975). *The practice of social research. Belmont*. CA: Wadworth Publishing.

Bailey, K. D. (1982). *Method of social research*(2nd ed.). NY: The Free Press.

Berdnard, H. (1994). *Research methods in culture anthropology.* CA: Sage Publications.

Bernal, J. D. (1979). *Science in History*. Cambridge: MIT press.

Bohrnstedt, G. W. & Knoke, D. (1988). *Statistics for social data analysis*(2nd ed.). IL: F. Wiley &Sons.

Bowers, J. W. (1970). Contest analysis. In W. Brooks(eds.), *Methods of research in communication*. Boston: Hougton Miffin Press.

Brandt, T. M. (1972). *Studying behavior in natural settings*. NY: Holt, Rinehart and Winston.

Cambell, D. T. & Fiske, D. W. (1959). Convergent and discriminant validity by the multi- trait-multimethod matrix. *Psychological Bulletin, 56*, pp. 81-105.

Cambell, N. R. (1957). *Foundations of science: The philosophy of theory and experimen*t. NY: Dover.

Carr, E. H. (1960). *The new society*. London: Macmillan & Co.

Christensen, L. B. (1993). *Experimental methodolog*y. MA: Allyn and Bacon, Inc..

Cohen, P. B. (1980). *Developing sociological knowledge: Theory and method*. NJ: Prentice-Hall.

Dawe, H. C. (1934). An analysis of two hundred quarrels of preschool children. *Chiled Development, 5*, pp. 139-157.

Denzin, N. K. (1970). *The Research act: A Theoretical Introduction to Sociological Methods.* IL: Aldine.

Dilthey, W. (1974). *On he special characer of the human science*s. In M. Truzzi (eds.), Verstehen: Subjective understanding in the social sciences. Philippines: Addison-Wesley.

Fegsbach, S. & Singer, R. D. (1971). *Television and aggression: An experimental field study*. San Francisco, CA: Jossey-Bass.

Feyerabend, P. (1970). How to be a good empiricist–a plea for tolerance in matters epistemological. In B. A. Brody(eds.), *Readings in the philosophy of science* (pp. 304-305). NJ: Prentice-Hall.

Feyerabend, P. (1975). *Against method*. The Thetford Press Ltd.

Fischer, J. (1978). *Effective casework practice: An eclectic approach*. NY: McGraw-Hill.

Gibson, J., Ivancevich, J., & Donnelly, J. (1994). *Organization: Behavior, structure process*(5th ed.). Piano, TX: Business Publications.

Goode, W. J. & Hatt, R. K. (1952). Methods in social research. NY: McGraw-Hill.

Graziano, A. M. & Raulin, M. L. (2000). *Research methods: A process of inquiry*. MA: Allyn and Bacon, Inc..

Halfpennym, P. (1982). *Positivism and sociology: Explaining social life*. London: George Allen & Urwin.

Harmon, M. M. (1981). *Action theory of public administration*. NY: Longman.

Hersen, M. & Barlow, D. H. (1979). *Single-case experimental designs: Strategies for studying be-havior change*. NY: Pergamon Press.

Holsti, O. (1968). Content analysis. In G. Lindzey & E. Aronson(eds.), *The Handbook of Social Psychology, Reading*. MA: Addison-Wesley.

Holsti, O. (1969). *Content analysis for the social sciences and jumanities readin*g. MA: Addison-Wesley.

Jocob, E. (1987). Qualitative research traditions: A review. *Review of Educational Research, 57*(1), pp. 1-50.

Johnson, John H. (1975). *Doing field research*. NY: The Free Press.

Jones, C. (1977). *An introduction to the study of public policy*(3rd ed.).

Jordan, L. A., Marcusm, A. C., & Teeder, L. G. (1980). Response styles in telephone and household interviewing: A field experiment. *Public Opinion Quarterly, 44*, pp. 210-222.

Kerlinger, F. N. (1973). *Foundations of behavioral research*. NY: Holt, Rinehart & Winston.

Kounin, J. & Gump, P. (1961). The comparative teachers upon children's conception of school misconduct.*Journal of Educational Psychology, I*. II, pp. 44-49.

Kuhn, T. S. (1962). *The structure of scientific revolution*. Chicago: Chicago University Press.Lacatos, I. (1974). *Falsificaton and the methodology of research programmes.* In I. Lacatos & A._Musgrave(eds.), Criticism and the growth of knowledge. London: Cambridge University Press.

Laswell, H. D. (1965). *The language of politics: studies in quantitative semantics.* Cambridge: MIT Press.

Latane, B. & Darley, J. M. (1970). *The unresponsive bystander: Why doesn't he help?*. NY:Appleton-Century.

LeCompte, M. D. (1982). Ethnographic data collection in evaluation research. *EducationalEvaluation and Policy Analysis*, 4(3), pp. 387-400.

Leiter, K. (1980). *A Primer on Ethnomethodology*. NY: Oxford University Press.

Loafland, J. & Loafland, L. H. (1995). *Analysis Social Settings: A Guide to Qualitative ob-servation and analysis*. CA: Wadsworth.

Mark, R. (1996). *Research Made Simple*. CA: Sage Publications.

Mayer, R. R. & Ernest G. (1980). *Design of Social Policy Research*. NJ: Prentice-Hall.

McBurney, D. H. (2001). *Research Method. Belmont*. CA: Wadsworth/Thomson Learning.

McGaw, D. & George W. (1976). *Political and Social Inquiry*. NY: John Wiley & Sons, Inc..

McGuire, J. E. (1992). Scientific change: Perspectives and proposals. In M. H. Salmon et al. (eds.) *Introduction to the Philosophy of Science*. NJ: Prentice Hall.

McMillan, J. H. & Schumacher, S. (1989). *Research in education: A conceptual introduction*. NY: Harper Collins Publishers.

Miller, D. T., Weinstein, S. M., & Karniol, R. (1978). Effects of age and self-verbalization on child-ren's ability to delay gratification. *Developmental Psychology, 14*, pp. 569-570.

Monette, D. R., Sullivan, T. J., & Dejong, C. R. (2002). *Applied social research: Tool for the human services*. NY: Harcourt College Publishers.

Moorhead, G. & Griffin, R. (1995). *Organizational behavior*(3rd ed.). Boston: Houghton Mifflin.

Nachmias, C. & Nachmias, D. (2000). *Research methods in the social sciences*(6th ed.). London: Worth Publishers.

Nachmias, D. & Nachmias, C. (1976). *Research methods in the social sciences*. NY: St. Martin's Press.

Naisbitt, J. & Aburdene, P. (1990). *Megatrends 2000: Ten new directions for the 1990's*. NY: Morrow.

Northcraft, G. & Neale, M. (1990). Organizational behavior. FL: The Dryden Press. O'Neill, M. & Jones, R. S. P. (1997). Sensory-perceptual abnormalities in Autism: A case for more research?. *Journal of Autism and Developmental Disorders, 27*(3).

Ormu, A. (1991). *A case study for the Case Study*. University of North Carolina Press.

Patton, M. Q. (1990). *Qualitative evaluation and research methods*(2nd ed.). CA: Sage Publications.

Philips, B. (1997). *Social research: strategy and tactics*. NY: Macmillian.

Piaget, J. (1955). *The language and thought of the child*. NY: World.

Piaget, J. (1995). *The origins of intelligences in children*. NY: International Universities Press.

Popper, K. R. (1959). *The logic of scientific discovery*. NY: Harper Torchbooks.

Popper, K. R. (1974). *Conjectures and refutations: The growth of scentific knowledge*. London: Routledge and Kengan Paul.

Reaves, C. C. (1992). *Quantitative research for the behavioral scences*. NY: John Wiley & Sons, Inc..

Richards, L. & Morse, J. M. (2007). 질적 조사방법: 초보자를 위한 길잡이

(신경림 · 고성희 · 조명옥 · 이영희 · 정승은 공역). 서울: 현문사.

Rossi, P. H. & Freeman, H. E. (1990). *Evaluation: A systematic approach*(4th ed.). CA: Sage ublications.

Rubin, A. & Babbie, E. (2001). *Research methods for social work*. CA: Wadsworth/ Thomson Learning.

Rubin, A. & Babbie, E. R. (2001). 사회복지조사방법론(성숙진 · 유태균 · 이선우 공역). 경기: 나남출판.

Sekaram, U. (2003). *Research methods for business*. NY: John Wiley & Sons, Inc..

Selltiz, D., Lawrence S., & Stuart W. (1976). *Research methods in social relations*. NY: Holt, Rinehart & Winston.

Shulman, L. A. (1978). *A Study of Practice Skills*. Social Work, 23, pp. 274-280.

Smith, H. W. (1975). *Strategies of social research: The methodological imagination*. NJ: Prentice-Hall.

Sternberg, R. J., Conway, B. E., Ketron, J. L., & Bernstein, M. (1981). People's conceptions of intelligence. *Journal of Personality and Social Psychology, 41*, pp. 35-55.

Warwick, D. P. & Lininger, C. A. (1975). The sample survey: Theory and practice. NY: McGraw-Hill.

Weizmann, F., Cohen, L. B., & Pratt, R. J. (1971). Nevelty, familiarity, and the development of infant attention. *Developmental Psychology, 4,* pp. 149-154.

Wiliams, L. & Hopps, J. (1987). Publication as a practice goal. *Social Work*, pp. 373-376.

Wolfe, V. V. (1987). Negative affectivity in children: A multitrait-multimethod investigation. *Journal of Consulting and Clinical Psychology, 55*, pp. 245-250.

저자 소개

임병우

University of Kent MA in Social Work

University of Kent Ph-D in Social Work

현) 성결대학교 사회복지학부 교수

[주요 저서 및 논문]

노인복지론(공저, 2021)

노인일자리 참여 노인의 갈등 경험에 관한 근거이론 연구: 고령친화마을 만들기를 중심으로 (산업융합연구 제18권, 2020)

노인의 고독감이 자살생각에 미치는 영향-건강 수준 매개효과 검증(한국케어매니지먼트 35권, 2020)

주경희

서울대학교 사회복지학 박사

현) 한신대학교 사회복지학과 교수

[주요 저서 및 논문]

사회복지자료분석론-PASW(SPSS) 적용 및 활용(공저, 2015)

노인복지론(공저, 2021)

지역사회복지론(공저, 2021)

전 · 후기 베이비붐 세대의 특성 및 주관적 계층의식 예측변인 차이 분석(공저, 인문사회21 , 제11권 제3호, 2020)

노인차별경험과 자기연령주의(self-ageism)(공저, 한국노년학, 제40권 제4호, 2020)령자와의 상호작용을 중심으로(공저, 노인복지조사, 제71권 제2호, 2016)

이은아

성결대학교 대학원 사회복지학 박사

현) 군포시가야종합사회복지관 부장

성결대학교 사회복지학부 초빙교원

[주요 저서 및 논문]

노인의 차별경험과 상실감이 자살생각에 미치는 영향(한국융합학회, 제11권, 2020)

여성 결혼이민자의 문화적응 스트레스 경험에 관한 연구(공저, 한국디지털정책학회, 제18권, 2020)

노인장기요양시설 요양보호사의 직무스트레스와 조직몰입이 서비스 질에 미치는 영향 (공저,대한산업경영학회, 제18권, 2020)

제2판

사회복지조사론

초 판 1쇄 발행 2016년 10월 17일
증 보 1쇄 발행 2018년 2월 21일
제2판 2쇄 발행 2024년 1월 12일

지 은 이 | 임병우 · 주경희 · 이은아
펴 낸 이 | 김기섭
편 집 인 | 구자성 · 김민수 · 이윤미
펴 낸 곳 | 창지사 www.changjisa.com
08589 서울시 금천구 가산디지털 1로 83 파트너스타워 1차 9층
전화 (02)719-2211~3
팩스 (02)701-9386
등 록 | 1977년 4월 28일 · 제1-421호

ISBN 978-89-426-1402-8 (93330)

값 22,000원